SYRIEN
See Genezareth
Haifa
As Suwaida
Mittelmeer
Nazareth
Irbit
Netanja
Nablus
TEL AVIV
Jordan
AMMAN
Ramallah
Jerusalem
Gaza Stadt
Hebron
Totes Meer
Beerschewa
ISRAEL
ÄGYPTEN
Mizpe Ramon
JORDANIEN
N
Maan
0
50 km
Rotes Meer
Eilat
Madschdal
L
Kesiw
Naharija
Mon
Berg Meron
SYRIEN
Akko
Kapernaum
Galiläa
Tabgha
Haifa
See Genezareth (-212 m)
Karmel Stadt
Tiberias
En Gev
En Hod
Karmelgebirge
528
Kana
588
Degania Aleph
Ayn Hud
Berg Karmel
Nazareth
Berg Tabor
Afula
ISRAEL
Irbid
Umm al-Fahm
Bet Schean
Cäsarea
Dschenin
Chadera
Chadera
Mittelmeer
Netanja
Tul Karem
Faria
Jordantal
Nablus
Apollonia
Kalkilia
Herzlija
Scharonebene
Samarien
Ariel
TEL AVIV
Westjordanland
Karama
Rischon le Zion
Flughafen Ben Gurion
Bilin
Ofra
Amona (2006 geräumt)
Jordan
Modiin Illit
Ramallah
Jericho
Rechowot
JORDANIEN
Jerusalem
Aschdod
Ayn Karem
Qumran
Bethlehem
Totes Meer (-403 m)
Aschkelon
Judäa
Schigma
Gaza Stadt
Hebron
En Gedi
Gazastreifen
ISRAEL
Netiwot
Rahat
N
»Grüne Linie«
Tel Arad
Massada
0
20 km
Beerschewa
Arad

Michael Borgstede

Leben in Israel

Michael Borgstede

Leben in Israel

Alltag im Ausnahmezustand

Mit 25 Abbildungen

Herbig

Bildnachweis

Alle Bilder: National Photo Collection, Israel (S. 179, S. 193: Nathan
Alpert; S. 97: Amos Ben Gershon; S. 121: Teddy Brauner; S. 57, S. 91:
Fritz Cohen; S. 141: Nati Harnik; S. 18, S. 29, S. 173: Zoltan Kluger; S. 87,
S. 124, S. 157, S. 167, S. 238: Moshe Milner, S. 215, S. 226: Mark Neyman;
S. 111, S. 114: Avi Ohayon; S. 48: Hans Pinn; S. 71: Moshe Pridan;
S. 11: Frank Shershel)

Besuchen Sie uns im Internet unter:
www.herbig-verlag.de

Umschlaggestaltung: Wolfgang Heinzel
Umschlagbild: action press/Thomas Rasloff
Lektorat: Dagmar von Keller
Herstellung und Satz: VerlagsService Dr. Helmut Neuberger
& Karl Schaumann GmbH, Heimstetten
Gesetzt aus der 11,5/14,1 Punkt Minion
Druck und Binden: GGP Media GmbH, Pößneck
Printed in Germany
ISBN 978-3-7766-2553-0

Inhalt

Anstatt eines Vorworts:
Ein Besuch im Unabhängigkeitsmuseum

Nicht viele Touristen verirren sich in das unscheinbare Haus am Rothschild-Boulevard in Tel Aviv. Das ist durchaus verständlich, mangelt es Israel doch nicht an spektakuläreren Sehenswürdigkeiten. Jerusalem ist geradezu ein einziger historischer Erlebnispark, Christen besuchen gern den See Genezareth und die umliegenden Wirkungsstätten Jesu, Hobby-Archäologen kommen in den Ruinen von Cäsarea, Meggido oder Massada auf ihre Kosten und natürlich möchte jeder einmal auf der salzigen Brühe des Toten Meeres treibend Zeitung gelesen haben. Tel Aviv ist den meisten Touristen bestenfalls eine Stippvisite wert und das auch nur wegen seines lebendigen Nachtlebens und einiger Kilometer meist hoffnungslos überfüllter Sandstrände. Was soll eine Stadt, die sich gerade mal auf ihren hundertsten Geburtstag zubewegt, auch viel zu bieten haben? Und doch begann hier, am Rothschild-Boulevard Nummer 16, die Geschichte des modernen Israel.
Als am 15. Mai 1948 im Erdgeschoss der jüdische Staat ausgerufen wurde, hatte das Gebäude schon eine bewegte Geschichte hinter sich. Es war genau an jenem Punkt erbaut worden, an dem fast 40 Jahre zuvor, am 11. April 1909, 66 jüdische Familien auf einer Sanddüne Baugrundstücke verlost und so die Stadt Tel Aviv (Frühlingshügel) gegründet hatten. Und dort baute auch der spätere Bürgermeister der Stadt, Meir Dizengoff, sein Haus. Jahre später machte Dizengoff seine Residenz zum ersten Kunstmuseum der jungen Stadt.
Das Gebäude wurde allerdings nicht nur wegen seiner historischen Bedeutung als Ort der Staatsgründung gewählt, sondern

auch, weil der Saal halb unter der Erde liegt und deshalb bei Luft-angriffen zumindest ein wenig Schutz geboten hätte. Dass es aus-gerechnet ein Museum war, in dem an diesem Mainachmittag des Jahres 1948 der erste jüdische Staat seit zweitausend Jahren gegründet werden sollte, barg dann auch unvorhergesehene Pro-bleme: In letzter Minute mussten die Aktgemälde an den Wänden verhängt werden, damit niemand Anstoß nehmen würde.

200 Dollar durfte die Dekoration des Festsaals kosten. Ein Tep-pichhändler aus der Nachbarschaft erklärte sich bereit, das eilig zusammengezimmerte Podium kostenlos zu polstern. Hinter einem langen Tisch, an dem die Mitglieder der provisorischen Regierung sitzen sollten, hingen zwei israelische Flaggen von der Decke, dazwischen wurde ein Bild Theodor Herzls platziert.

So sah der Saal an diesem denkwürdigen Tag des Jahres 1948 aus und genauso findet der Besucher ihn heute noch vor. Die Stühle der Staatsgründer stehen unverändert an ihrem Platz und sind mit Namensschildern versehen. »Golda Meir« liest man da und wundert sich, wie die nicht gerade zart gebaute Golda auf diesen kleinen Holzstuhl gepasst hat. Auf dem Tisch liegt der hölzerne Hammer, mit dem David Ben Gurion die Versammlung eröffne-te, an dem Mikrofon vor seinem Platz hängt noch immer das Wer-beschild des Tontechnikers, der ohne Bezahlung zwei riesige Auf-nahmeapparate ins Museum gebracht hatte, um das Ereignis für die Nachwelt festzuhalten.

Doch das Eindrücklichste sind die vielen Entwürfe der Unabhän-gigkeitserklärung in den Vitrinen eines kleinen Nebenraumes. Da hängt der legalistische Wortbrei des späteren Außenministers und Ministerpräsidenten Moshe Scharett, den er – vielleicht der besse-ren Lesbarkeit wegen – von seiner halbwüchsigen Tochter hatte abschreiben lassen. Der Entwurf eines Zvi Berenson findet sich dort ebenso wie eine wortwörtliche Übersetzung der amerikani-schen Unabhängigkeitserklärung, die den Vätern und Müttern des ungeborenen Staates als Inspiration diente. Hinter Glas kann man auch eine Kopie jener Schriftrolle mit den 37 Unterschriften der Staatsgründer bewundern, deren Text Ben Gurion damals verlas. Den wenigsten Besuchern fällt auf, dass das handgeschriebene Dokument aus zwei Teilen besteht: Aus Zeitgründen konnte die Originalrolle nicht rechtzeitig zur Staatsgründung fertiggestellt werden. So verlas Ben Gurion die vorbereitete Erklärung von seinen handschriftlichen Notizen, unterschreiben mussten die Staatsgründer auf dem unteren Teil der Rolle. Nachdem auch der Text der Erklärung in Reinschrift fertig war, wurden die zwei Teile zusammengenäht. Der Charme des Provisoriums verlieh der Staatsgründung ein eigentümliches Pathos.

Nur drei Tage zuvor, am 12. Mai, trifft sich die jüdische Nationalverwaltung (*Minhelet HaAm*) in Tel Aviv, um einen Entwurf der Unabhängigkeitserklärung zu diskutieren. Eile ist geboten, denn am 15. Mai endet das britische Völkerbunds-Mandat für Palästina. Scharett – ganz Diplomat – will auf Zuraten des Weißen Hauses zunächst nur eine Regierungsbildung erklären und von der Staatsgründung absehen. Andere drängen darauf, einen Staat in den Grenzen des Teilungsplanes der Vereinten Nationen auszurufen. Doch dieser Vorschlag stößt auf den entschiedenen Widerspruch Ben Gurions: »Wir haben den Teilungsplan akzeptiert, die Araber nicht«, argumentiert er. Wenn die Zionisten den seit sechs Monaten andauernden Krieg gegen die arabischen Truppen gewinnen sollten, dann sei es besser, sich jetzt nicht auf die bescheidenen Territorien festzulegen, die der UN-Plan den Juden zuwies. Mit nur einer Stimme Mehrheit setzt Ben Gurion sich schließlich durch – eine schicksalshafte Entscheidung für die Zukunft des Nahen Ostens.
Auch über den Namen des jüdischen Staates herrscht 24 Stunden vor seiner Geburt noch keine Klarheit: »Zion«, »Judenstaat«, »Judäa«, »Das Land Israel« und »Ivri« stehen zur Debatte. Ben Gurion schlägt »Israel« vor und er setzt sich wieder durch. Schon

der Name des neuen Staates soll an die biblische Herrschaft der Israeliten erinnern und die Existenz Israels historisch legitimieren.

Am nächsten Tag kommen die Mitglieder der Nationalverwaltung um sechs Uhr abends noch einmal zusammen. Scharett hat den Entwurf der Unabhängigkeitserklärung überarbeitet. Über Nacht kürzt Ben Gurion den Text um ein Viertel und fügt eine Einleitung hinzu, die den Anspruch der Juden auf Palästina historisch untermauern soll. Noch in derselben Nacht erarbeiten Scharett und seine Mitarbeiter eine englische Übersetzung, die international verbreitet werden soll.

Am 14. Mai um 13:50 Uhr treffen die Mitglieder des Staatsrates, der *Moetzet HaAm*, zusammen, um den Entwurf endgültig abzusegnen. Ihnen bleibt wenig Zeit: Um 16:00 Uhr soll der Staat proklamiert werden. Es bleiben gerade noch zwei Stunden, um eine Nation zu gründen. Da bricht in letzter Minute ein unerwarteter Konflikt zwischen den religiösen und säkularen Mitgliedern des Nationalrates aus. Denn während die Vertreter der religiösen Parteien darauf bestehen, Gott in dem Dokument zumindest zu erwähnen, sehen die sozialistisch-säkularen Zionisten dadurch ihr Recht auf Nicht-Gläubigkeit gefährdet. Mosche Schapira, ein gläubiger Realpolitiker, macht schließlich den rettenden Kompromissvorschlag: Man solle die Formulierung »Gott Israels« einfach durch »Fels Israels« (*Tsur Israel*) ersetzen und jeder könne sich darunter vorstellen, was er wolle. Ein Fels ist nämlich nicht immer nur ein Fels. Manchmal kann ein Fels auch Gott sein. Zum Beispiel im zweiten Buch Samuel 23, 3 oder im ersten Buch Mose 49, 24.

In absichtlicher Zweideutigkeit heißt es also in der israelischen Unabhängigkeitserklärung: »Mit Zuversicht auf den Fels Israels setzen wir unsere Namen zum Zeugnis unter diese Erklärung, gegeben in der Sitzung des provisorischen Staatsrates auf dem Boden unserer Heimat in der Stadt Tel Aviv.«

14. Mai 1948: Eine aufgeregte Menschenmenge hat sich vor dem Museum versammelt, in dem an diesem Tag der Staat Israel ausgerufen wird.

Die Staatsgründung ist gerettet – und eine bis heute andauernde Auseinandersetzung um den Charakter des jüdischen Staates hat ihren ersten kuriosen Höhepunkt gefunden.

Nach dieser Einigung bleibt den Staatsgründern genau eine Stunde, um sich für das Ereignis »dunkel festlich« umzuziehen, wie es auf den Einladungen hieß, die am Morgen von Boten an ausgewählte Persönlichkeiten überbracht worden waren. Und während die meisten Teilnehmer tatsächlich europäisch-festlich im Anzug erscheinen, scheint eine andere auf der Einladung ausgesprochene Ermahnung weniger Beachtung gefunden zu haben: »Wir bitten Sie, den Inhalt dieser Einladung und den Zeitpunkt der Versammlung geheim zu halten.« Als die Mitglieder der Nationalverwaltung sich auf den Weg ins Museum machen, sind die Straßen voll von Menschen. Die aufregende Nachricht hat längst die Runde gemacht.

Derweil wartet Seev Scharif, der Sekretär der Nationalverwaltung, im Hauptquartier des Jüdischen Nationalfonds auf die maschinenschriftliche Endversion der Unabhängigkeitserklärung. In der Aufregung hat er vergessen, seine Fahrt ins Museum zu organisieren. Um das Dokument noch rechtzeitig zur Feier ins Stadtmuseum zu bringen, hält er einen Privatwagen auf der Straße an und lässt seinen zufälligen Chauffeur – der nicht einmal einen Führerschein hat – jede Geschwindigkeitsbegrenzung missachten. Prompt wird der Wagen von einem Polizisten angehalten, den Scharif erbost angeherrscht haben soll: »Sie verzögern die Staatsgründung!«

Trotz aller Hindernisse kann Ben Gurion schließlich pünktlich um vier Uhr mit dem hölzernen Hammer auf den Tisch schlagen und die »außerordentliche Sitzung« eröffnen.

Er braucht 16 Minuten, um die 979 Wörter der Unabhängigkeitserklärung zu verlesen, Rabbiner Fischmann rezitiert den *Schehehyanu*-Segen, mit dem die Juden jeden ihrer Feiertage einleiten und Gott dafür danken, dieses Ereignis miterleben zu dürfen. Dann verkündet Ben Gurion die erste Entscheidung der provisorischen Regierung: Die von der britischen Mandatsmacht im *White Paper* 1939 beschlossenen Einwanderungsbeschränkungen sind abgeschafft. Einer nach dem anderen unterzeichnen die 24 anwesenden Mitglieder des Staatsrates den einzigen Teil der Rolle, den der Kalligraf rechtzeitig fertigstellen konnte. (Elf weitere Staatsratsmitglieder saßen im belagerten Jerusalem fest, ein Mitglied befand sich im Ausland. Sie unterschrieben das Dokument erst nach der Staatsgründung.) Als Herzl Rosenblum das Podium betritt und zum Stift greift, herrscht Ben Gurion ihn an: »Unterschreib mit ›Vardi‹, nicht mit ›Rosenblum‹!« Rosenblum, der seinen hebräischen Schriftstellernamen im Privaten selten benutzte, gibt nach und unterschreibt widerstrebend mit »Vardi«.

Er habe eben möglichst viele hebräische Namen auf dem Dokument gewollt, erklärt Ben Gurion später. Mit der Staatsgründung

David Ben Gurion braucht 16 Minuten um die Unabhängigkeitserklärung zu verlesen. Dann verkündet er: »Der Staat Israel ist gegründet!«.

sollte die Diaspora endgültig ein Ende finden, nicht einmal ihre Namen sollten die neuen Israelis an ihre Vergangenheit als europäische Juden erinnern. So wurde aus Golda Myerson eine Golda Meir, aus Levi Schkolnik ein Levi Eschkol, aus David Grün wurde David Ben Gurion und aus Herzl Rosenblum wurde eben Herzl Vardi.

Nach nur 33 Minuten erklärt Ben Gurion lapidar: »Der Staat Israel ist gegründet. Die Versammlung ist beendet.« In siebeneinhalb Stunden, um Mitternacht, wird das britische Mandat offiziell enden.

Am nächsten Morgen ging ein alter Mann namens Samuel Brand in Israel an Land. Golda Meir beschreibt seine Ankunft in ihren Memoiren. Brand hatte das Konzentrationslager Buchenwald überlebt. Erschöpft nach der langen Seereise betrat er das israelische Festland, einen zerknitterten Zettel in der Hand, darauf die Worte: »Das Recht in Israel zu siedeln ist hiermit erteilt.« Es war das erste Visum, das der neue Staat erteilt hatte; zahllose Einwanderer sollten Samuel Brand folgen. 100 000 Menschen kamen allein in den ersten sechs Monaten der neugewonnenen Unabhängigkeit. Bis zum Ende des Jahres 1949 war die Bevölkerung des Landes um etwa 50 Prozent gewachsen. Drei Jahre nach der Unabhängigkeit lebten doppelt so viele Neueinwanderer im Land, wie vor der Staatsgründung dort gelebt hatten. Die Unterbringung, Versorgung und Integration dieser neuen Israelis sollte – neben der Verteidigung – über Jahre die wichtigste Aufgabe des Staates bleiben.

Von diesen Einwanderern der ersten Stunde, von ihren Kindern und Enkelkindern, von »den Israelis« handelt dieses Buch:
Wer sind die Bewohner dieses kleinen Landes, das uns fast täglich in den Schlagzeilen begegnet? Woher kamen sie? Warum kamen sie? Der erste Teil des Buches besteht aus kurzen Porträts, in denen Hoffnungen und Enttäuschungen der Immigration im Mittelpunkt stehen. Israel wurde als Einwandererland gegründet, und wenn auch längst nicht mehr verzweifelte Juden aus aller Welt ins Heilige Land strömen, so wurde jeder dritte Einwohner, der heute in Israel lebt, nicht in Israel geboren. Die Geschichten beschreiben Einzelschicksale, die jedoch über sich hinausweisen und die ethnische und kulturelle Vielfalt des Landes zeigen.
Der zweite Teil befasst sich dann auch, als Folge Vielfalt dieses israelischen Lebens, mit der Frage, wie aus diesen grundverschiedenen Menschen Israelis wurden und nähert sich damit automatisch der Frage, was das »Israelisch-Sein« ausmacht.
Wie leben die Israelis? Was verbindet sie, was trennt sie? Der letzte Teil widmet sich detailliert den Lebenswelten der unterschiedlichen Bevölkerungsgruppen und ihrem spannungsreichen Verhältnis zueinander. Seit Jahren versuchen die säkularen Juden die

Macht des orthodoxen Rabbinates zu begrenzen und die orientalischen Juden fühlen sich von einer aschkenasischen Elite diskriminiert. Arabische Israelis haben es im Judenstaat nicht leicht und Tausende asiatischer Gastarbeiter, die den Platz der billigen palästinensischen Arbeitskräfte eingenommen haben, leben fast ohne Rechte in Israel.

Nicht zuletzt ist da die seit 1967 andauernde Besatzung der Palästinensergebiete, die unübersehbar ihre Spuren in der israelischen Gesellschaft hinterlassen hat. Dennoch ist der Nahostkonflikt nicht das Hauptthema dieses Buches. Im Mittelpunkt stehen der Staat Israel und seine Bewohner. Israelische Siedler sind deshalb genauso selbstverständlich darunter wie arabische Bürger des Judenstaates. Das hochkomplizierte Miteinander der Bewohner dieses Landes besser verständlich zu machen ist das Ziel dieses Buches. Dabei möchte ich die Konflikte und Gegensätze benennen und erklären, die Israel heute kennzeichnen und deren Kenntnis auch für die nähere Beschäftigung mit dem Nahostkonflikt unerlässlich ist. Denn der Schlüssel für das Verständnis dieses, uns aus den Medien scheinbar so vertrauten Landes liegt in der Kenntnis seiner inneren Mechanismen, seiner Entstehungsgeschichte und – selbstverständlich – seiner Bewohner.

Um die historische Einordnung der hier beschriebenen Prozesse zu erleichtern, findet sich im Anhang eine Zeitleiste zur Geschichte Israels. Die Liste mit Literaturempfehlungen im Anhang ist nicht als vollständige Auflistung aller von mir genutzten Quellen zu verstehen. Sie soll Anregungen zur weiterführenden Lektüre geben.

Mein besonderer Dank gilt Daniel-Dylan Böhmer, der das Manuskript mit so vielen hilfreichen Anmerkungen versehen hat. Sein Einsatz hat mein Buch sehr bereichert.
Niemandem aber muss an dieser Stelle mehr gedankt werden als meiner Frau Lara. Sie hat nicht nur unerlässliche sachliche, struk-

turelle und inhaltliche Hilfe geleistet. Sie hat auch das Wunder vollbracht, jedem meiner Tage die paar Arbeitsstunden mehr zu verschaffen, die für die Entstehung dieses Buches nötig waren.

Meine Tochter Maayan muss ich um Entschuldigung dafür bitten, dass sie einige Monate mit weniger Vater vorliebnehmen musste, als wir es uns beide gewünscht hätten. Für sie, der dies bunte Durcheinander Alltag und Zuhause sein wird, bemühe ich mich täglich, ihr Heimatland ein wenig besser zu verstehen.

Michael Borgstede
Tel Aviv, im Januar 2008

Angekommen:
Traum oder Albtraum?

Junge Überlebende des Holocaust zeigen nach ihrer Ankunft im Hafen von Haifa ihre KZ-Nummern.

Der letzte seiner Art

Elijahu Amitzur ist ein Zionist wie er im Buche steht und wie man ihn eigentlich auch nur noch in Büchern findet. Vor 101 Jahren wurde er in Galizien geboren. Doch schon seit 82 Jahren lebt er in jenem Land, von dem er etwas archaisch stets als *Erez Israel* spricht, das »Land Israel«.

Seit er 1920 bei heftigem Seegang in Haifa ausgebootet wurde und *Erez Israel* betrat, das damals offiziell noch Palästina hieß und britisches Mandatsgebiet war, hat er es nie wieder verlassen. »Ich habe es auch nicht gewollt. 2000 Jahre haben wir Juden auf die Rückkehr in unsere Heimat gewartet. Und da soll ich sie nach ein paar Dutzend Jahren schon wieder verlassen?« Elijahu spricht sehr langsam, er legt die Hände auf den Tisch, würde gern gestikulieren, doch er muss mit seinen spärlichen Kräften haushalten. »Wenn ich ein paar Tage Urlaub gemacht habe – und das ist nicht oft geschehen – dann habe ich sie hier in der Gegend verbracht.« Als er nach Palästina kam, war er gerade 19 Jahre alt. »Das war nach dem großen Krieg«, erzählt er, erst dann fällt ihm ein, dass es da später noch einen »großen Krieg« gegeben hat. »Nach dem ersten Krieg natürlich«, stellt er klar und dann sagt er mit leuchtenden Augen einen Satz, den man in Israel so nicht oft zu hören bekommt: »Die deutschen Soldaten, die waren nett. Sie haben uns Bonbons mitgebracht und einer hat mich auf seinem Pferd reiten lassen.« Seine Kindheitserinnerungen sind verschwommen, zumindest im Rückblick läuft für Elijahu alles auf nur ein Ziel zu: »Ich wollte immer schon nach Palästina«, sagt er. Im Alter von zwölf Jahren habe er bei der zionistischen Jugend Pläne für die

Auswanderung geschmiedet. »Meine Familie war dagegen, auch später ist niemand nachgekommen – bis es zu spät war …« Seine Stimme klingt belegt. Es ist das einzige Mal in unserem Gespräch, dass er in irgendeiner Weise auf den Mord an seiner ganzen Familie zu sprechen kommt.

Schnell fasst er sich wieder. Wie besessen habe er mit einigen Freunden noch in Galizien Hebräisch gelernt. »Wir haben den Religionslehrer um Sonderstunden gebeten und der war natürlich ganz begeistert.« Er kichert, balanciert langsam eine Plastiktasse an den Mund, verschluckt sich und bekommt einen schier endlosen Hustenanfall. Schließlich lehnt er sich erschöpft zurück. »In meinem Alter ist man sehr anfällig«, bemüht er sich zu erklären und es klingt fast entschuldigend. Das Laufen falle ihm schwer, er sehe auch kaum mehr etwas und Appetit habe er schon lange keinen mehr. Trotzdem lebt er noch immer allein, in einer Art Laube im Garten seiner Tochter.

Zu seinem Leidwesen hat die Familie die Landwirtschaft fast komplett aufgegeben. »Dabei sind wir doch dafür gekommen: um das Land zu bebauen und *Erez Israel* fruchtbar zu machen.« Elijahu benutzt Sätze, wie man sie in den alten zionistischen Liedern findet. Doch dieses kleine Männlein mit dem fusseligen Rauschebart und der Fistelstimme meint es ernst, im Angesicht seiner Begeisterung wäre schon ein Schmunzeln eine grausame Beleidigung. Es gibt eben Dinge, die sind Elijahu heilig. Sein Land gehört dazu. »Wissen Sie, ich habe mir bei meiner Ankunft geschworen, nur noch die Sprachen dieses Landes zu sprechen.« Meint er Hebräisch und Jiddisch? »Ich meine natürlich Hebräisch und Arabisch. Als ich die Diaspora verlassen habe, habe ich auch mein Jiddisch vergessen.« Arabisch hingegen habe er bei der gemeinsamen Feldarbeit mit den arabischen Nachbarn gelernt.

Lebhaft erinnert er sich auch an den Araberaufstand von 1929: »Wir hatten die Situation falsch eingeschätzt. Wir haben geglaubt, die Araber würden uns ewig dankbar sein für unsere zivilisatorischen Errungenschaften, von denen sie doch auch hätten profitieren können.« Das sei ein fataler Irrtum gewesen. Die Zusammenarbeit habe sich von den Unruhen nie wieder erholt. »Leider!« Er schweigt. »Sie kommen aus Deutschland?«, fragt er dann.

»Seit über 70 Jahren spreche ich nur Hebräisch«, sagt der alte Mann. »Doch wer hat heute noch Prinzipien«, fügt er dann nachdenklich hinzu und beginnt zu singen, ganz leise, auf Deutsch: »Ich hatt' einen Kameraden …« Mittendrin weiß er den Text nicht mehr, es ist wohl auch zu anstrengend. Aber ab jetzt spricht er Deutsch. Es ist ein gutmütiges, warmes, österreichisch gefärbtes Deutsch, das auch nach siebzigjähriger Sprechpause melodisch dahinfließt.

Stolz zeigt er seine archäologische Sammlung. In einem uralten Eichenschrank hat er Töpfe, Krüge, Münzen, Öllampen und alte Scherben aufgereiht und mit klitzekleinen Buchstaben beschriftet. Man sieht es ihnen an, dass die Hände des Autoren mit rauer Feldarbeit vertrauter sind als mit der Beschriftung bronzezeitlicher Artefakte. »Die ersten Sachen habe ich beim Umgraben der Felder gefunden«, erzählt der Alte. »Später haben wir angefangen gezielt zu suchen und in alten Begräbnishügeln gebuddelt.« Sein Sohn habe richtig Feuer gefangen und sogar Archäologe werden wollen. »Aber dann ist er 1948 gefallen«, sagt Elijahu. Der Sohn, das muss der junge Mann in Uniform auf dem vergilbten Schwarz-Weiß-Foto an der Wand sein. »Nun ja, wir mussten alle Opfer bringen für den Judenstaat«, sucht Elijahu mit brüchiger Stimme die bösen Gedanken zu verscheuchen und schüttelt etwas verwirrt den Kopf, so als falle es ihm schwer, den Verlust des geliebten Kindes in ein notwendiges Übel der alles überstrahlenden Staatsgründung umzudeuten.

Seine Augen leicht gerötet, die dürren Hände ein wenig stärker zitternd als vorher, ruft er mit erstaunlich fester Stimme aus: »Unser *Erez Israel* ist ein Wunder, so einfach ist das.« Er sei glücklich, dass er es so viele Jahre habe bewohnen dürfen und er hoffe auf eine lange und gute Zukunft für das Land. Er sagt das so liebevoll, als würde er seiner Tochter ein langes, unbeschwertes Leben wünschen. Und wahrscheinlich hat er *Erez Israel* wirklich schon vor sehr langer Zeit adoptiert.

Elijahu Amitzur ist kurz nach unserem Gespräch im Alter von 101 Jahren verstorben.

Von Auschwitz nach Haifa

W ollen Sie die lange oder die kurze Version hören«, fragt
David Tscherny, stellt den frischen Pflaumenkuchen auf
den Tisch und trifft die Entscheidung gleich selbst: »Mir ist, ehrlich gesagt, die kurze lieber.« Mit monotoner Stimme rattert er
Ortsnamen herunter: »Biala Podlaska, das Warschauer Ghetto,
Auschwitz, Dachau, Israel – da haben Sie mein Leben.«
Eben noch hatte der zuvorkommende Mann mit dem sommer-
sprossigen Gesicht und dem weißen Haarschopf einen freund-
lich-schalkhaften Eindruck gemacht, doch auf einmal sieht es
danach aus, als meine er es mit seiner Erinnerungsverweigerung
ernst. »Ich erinnere mich nicht gerne.« Das klingt definitiv.
»Außerdem weiß ich alles über Verdrängung. Ich bin nämlich
nicht umsonst Psychologe geworden.« Und jetzt klingt er schon
wieder jungenhaft-schelmisch.
»Fangen wir also nach der Befreiung an«, ergreift er dann
bestimmt die Initiative. Nach Dachau sei er zunächst im DP-Lager
Föhrenwald gelandet, einer jener Sammelstellen der Alliierten für
die versprengten *Displaced Persons*, die das Wüten der Nazis
hinterlassen hatte. Erst als der Überlebenskampf ein Ende hatte,
sei ihm klar geworden, dass er eigentlich keine Zukunft hatte. »Ich
war 15 Jahre alt und plötzlich verstand ich: Meine Familie gibt es
nicht mehr, ich habe niemanden. Ich gehöre nirgendwohin und
niemand gehört zu mir.« Den Begriff *Displaced Person* habe er
schon damals nicht gemocht. »*Displaced* – das klang immer so, als
würden wir bald in unsere Heimatorte zurückkehren können,
als hätten wir uns nur ein wenig im Wald verlaufen. Dabei gab es

die meisten Orte nicht mehr. Wir waren nicht irgendwie mehr oder weniger zufällig in die falsche Gegend geraten, wir waren entwurzelt. Man hatte unsere Vergangenheit komplett ausgelöscht.« Wer in den DP-Lagern nach dem Krieg darüber nachgedacht habe, in die ehemalige Heimat im Osten zurückzukehren, sei mit der Ankunft von weiteren Flüchtlingen eines Besseren belehrt worden. »Da kamen polnische Juden nach Deutschland geflüchtet und berichteten von neuen Pogromen in Polen. Man hatte wohl Angst, wir Juden könnten unser Eigentum zurückfordern.« David wollte weg, er hielt es in dem verfluchten Europa mit all den Toten und den Erinnerungen nicht aus. »Hätte man mir damals die Emigration nach Amerika oder England oder Argentinien angeboten, ich wäre sofort gefahren. Ein Zionist war ich armes lebenshungriges Bürschchen nicht. Ich wollte halt irgendwie Wurzeln schlagen, wieder dazugehören.«

Ein Abgesandter der *Jewish Agency* überzeugte den jungen Mann, in Palästina ein neues Leben zu beginnen. Mit Hilfe einer Organisation namens *Bricha*, »Flucht«, reiste er durch das zerstörte Europa. Über die Tschechoslowakei und Österreich gelangte er schließlich nach Italien und bestieg mit anderen Überlebenden ein Schiff nach Palästina. »Erst auf See hat man uns gesagt, dass die Chancen auf eine Landung in Palästina sehr schlecht stünden.« Die britische Mandatsmacht habe damals, aus Angst vor einer Eskalation der Kämpfe zwischen Juden und Arabern, die jüdische Einwanderung beschränkt und Schiffe mit Neueinwanderern abgefangen. So endete Davids Reise wieder einmal hinter Stacheldraht.

Ein Jahr verbrachte er in einem Lager auf der Insel Zypern. »Im Lager haben wir uns das Gelobte Land zum Paradies geträumt«, erinnert er sich. Eines Tages seien Freudenschreie zwischen den Baracken zu hören gewesen: Am 29. November 1947 hatten die Vereinten Nationen die Teilung Palästinas in einen jüdischen und einen arabischen Staat beschlossen. Ein halbes Jahr später kannte die Freude im Lager keine Grenzen mehr; an jenem Tag im Mai 1948 hatte David Ben Gurion in Tel Aviv die Gründung des Staates Israel verkündet und gleichzeitig die Einwanderungsbeschränkungen aufgehoben. Wenige Wochen später landete David im Hafen von Haifa. »So richtig zu Hause habe ich mich nicht gefühlt«, erzählt er. »Es war mir auch viel zu heiß.« Dennoch fühlte er gleich einen gewissen Stolz auf seinen neuen Staat: »Die hebräischen Schriftzeichen überall, die siebenarmigen Leuchter in den Fenstern – hier musste man sein Judentum nicht mehr verstecken, hier wurden jüdische Feste offen gefeiert.«

Viel Zeit zum Eingewöhnen blieb ihm nicht. David war 18 Jahre alt und der Staat rief ihn zur Waffe. »Gerade angekommen, sollte ich schon mein Leben für den Staat riskieren. Aber wissen Sie, ich habe keinen Augenblick gezögert. So viele waren für nichts dahingemordet worden, jetzt ging es wenigstens um etwas.« Vielleicht habe auch noch ein anderer Gedanke eine Rolle gespielt: »Damals wurden wir Überlebende immer wieder dafür kritisiert, uns nicht gewehrt zu haben. Man nannte uns ›Hitlers Unvollendete‹ oder sogar *Sabon* – ›Seife‹. Jetzt bot sich mir endlich die Möglichkeit, mich zu wehren. Nie wieder würde ich mich und die meinen einfach abschlachten lassen, habe ich mir damals geschworen.«

Je weiter wir uns in seiner Biografie von der Nazizeit entfernen, desto flüssiger erzählt David. Plötzlich ergreift ihn Begeisterung, er scheint sich dem Höhepunkt seiner Geschichte zu nähern. »In einem Lazarett wurde ich von der schönsten Krankenschwester der Welt versorgt«, erzählt er und vergisst dabei fast zu erwähnen, dass die Verletzung ihn um ein Haar sein rechtes Bein gekostet hätte. »Ein halbes Jahr später haben wir geheiratet. Sie stammte aus einem Dorf ganz in der Nähe meiner Heimatstadt. Aber sie war mit ihrer Familie rechtzeitig nach Palästina geflüchtet.« Viele Gerichte schmecken bei seiner Frau genauso gut wie einst bei seiner Mutter. Das habe er aber erst nach der Hochzeit herausgefunden, beeilt er sich hinzuzufügen. Es soll schließlich niemand auf den Gedanken kommen, er habe seine Frau nur ihrer Kochkünste wegen geheiratet. »Mit Vera – so heißt sie – begann mein zweites Leben, ein glückliches Leben. Wir haben vier Kinder und neun Enkelkinder. Ein richtiger kleiner Stamm.« Zu seinem Geburtstag habe seine Enkeltochter ihm einen Stammbaum geschenkt, den sie selbst gezeichnet hat. »Ein Stammbaum mit grünen Ästen, auf denen unsere Namen stehen – und das alles aus dem Nichts!«

»Operation Fliegender Teppich«

An jenen Tag, als sie ihr Dorf im Jemen verließ und sich mit ihrer Familie auf den Weg in die Hafenstadt Aden machte, erinnert sich Aviva, als sei es gestern gewesen. Eine Woche seien sie durch die Wüste gewandert, nur ein wenig Schmuck und religiöse Ritualgegenstände hätten sie in ein paar unscheinbaren Säcken dabeigehabt. Ihr Großvater sei unterwegs an den Entbehrungen der Reise gestorben. »Er ist einfach umgefallen. Da haben wir ihn an Ort und Stelle begraben.« Aber die Hoffnung auf ein besseres Leben im Gelobten Land habe sie weitergetrieben. »Ich weiß es nicht genau, aber der israelische Gesandte, der bei uns im Dorf auftauchte, muss meinen Eltern etwas sehr Schönes versprochen haben«, vermutet sie. Ein Übriges zur Massenflucht hätten wohl die Nachrichten von den Pogromen beigetragen, die damals unter den Juden im Jemen für Angst sorgten. »Selbst als alles noch ruhig war, mussten die Juden dort ihre Synagogen in die Erde bauen, weil ja keine Synagoge höher als die niedrigste Moschee sein durfte.« Vollkommen erschöpft seien sie schließlich im Transitlager *Geula* nahe Aden angekommen.

»Dort haben sie uns als erstes unsere Kleidung weggenommen und verbrannt«, erzählt Aviva weiter. »Was wir als Entschädigung bekamen, waren Kleiderspenden aus Israel: kurzärmelige Hemden oder knielange Kleider. Frauen trugen im Jemen immer Strumpfhosen, damit niemand ihre Beine sehen konnte. Wir haben uns mit dieser unzureichenden Kleidung sehr geschämt. Mama hat mir dann gesagt, ich solle mich immer in den Sand setzen und meine Beine verstecken, wenn einer der fremden Männer auf mich zukommt.« Sie zögert einen Moment: »Die müssen natürlich gedacht haben, wir spinnen«, sagt sie lächelnd. Es ist das Lächeln einer verletzten Frau.

Im Transitlager in Aden bekam Aviva auch ihren Namen. Der Israeli am Eingang konnte ihren wirklichen Namen nicht aussprechen und trug sie deshalb einfach als »Aviva« ein. »Aviva heißt Frühling, der Name passt zu mir«, sagt sie heute. Ihren Geburtsnamen will sie nicht preisgeben. »Warum ist das wichtig?«, fragt sie. »Das Mädchen von damals gibt es nicht mehr, heute gibt es nur noch Aviva.« Wie um die Radikalität dieses Lebensbruches abzuschwächen, fügt sie grinsend hinzu: »Und Aviva ist auch schon ziemlich alt.«

Da mag sie Recht haben, doch wie sie so schwungvoll ihre lockigen Haare nach hinten wirft, wirkt sie deutlich jünger als ihre 74 Jahre. In einer liebenswerten Mischung aus Schüchternheit und aufgeweckter Mädchenhaftigkeit berichtet sie von jenem Sommer des Jahres 1949, als sie ihr Geburtsland gegen eine neue, unbekannte Heimat eintauschte. Nur als sie erzählen soll, wie sie schließlich das Flugzeug nach Israel bestieg, zögert Aviva. Das Gefühl könne man mit Worten gar nicht beschreiben, sagt sie und verzieht ihr Gesicht zu einer Grimasse, in der sich die Todesangst des Mädchens auf dem Flug nach Israel spiegelt. »Am ganzen Körper habe ich vor Angst gezittert«, sagt sie und sucht weiter nach Worten. »Im Flugzeug war es ganz still. Vielleicht haben ein paar Kinder geweint, ich war bewegungslos vor Schrecken. Keine Ahnung, wie lange wir in der Luft waren, ich weiß nur noch, dass ein Mann hinter mir die ganze Zeit gebetet hat.« Irgendwann landete das Flugzeug in Israel. Aviva war damals 16 Jahre alt.

»Mein Vater hat sich gleich nach der Ankunft auf den Boden gekniet und die Landebahn geküsst und ununterbrochen von Jerusalem geredet. Er glaubte, mit der Heimkehr ins Heilige Land sei die Zeit der Erlösung gekommen, und wollte so schnell wie möglich in die Heilige Stadt.« Doch zunächst ging es in ein weiteres Lager.

Durch die Wüste: Jemenitische Juden 1949 auf dem Weg ins Transitlager
Aden. Von dort ging die Reise nach Israel weiter.

Das einzige, was die Juden im Transitlager Atlit miteinander gemeinsam hatten, war, dass sie alle Juden waren. Sie kamen aus Marokko, dem Irak, den Vernichtungslagern der Nazis oder eben aus dem Jemen. »Die Lebensumstände waren wohl schlecht, aber für uns jedenfalls nicht schlimmer als das, was wir von zu Hause gewohnt waren«, erinnert sich Aviva.
Überrascht aber wurde die traditionelle Gemeinschaft der jemenitischen Juden von den Versuchen der Einheimischen, aus ihnen im Schnelldurchlauf säkular-sozialistische Juden zu machen. Ärzte seien gekommen und hätten den Jungen die Schläfenlocken abgeschnitten, angeblich aus hygienischen Gründen. Großen Aufruhr gab es, als Jungen und Mädchen gemeinsam israelische Volkstänze lernen sollten. So hatten die in ihren religiösen Traditionen verankerten Jemeniten sich die Rückkehr ins Gelobte Land nicht vorgestellt. Auch das Zusammenleben mit den an-

deren ethnischen Gruppen im Lager sei schwer gewesen. »Viele Juden aus dem Irak waren sehr gebildet und reich gewesen und wollten mit uns nichts zu tun haben. Aber die Israelis haben das natürlich nicht gewusst und sie genauso behandelt wie uns. Da haben die Iraker sich eben an uns gerächt.«

»Es gab viele Missverständnisse«, sagt Aviva heute entschuldigend. Und man dürfe nicht vergessen: »Ben Gurion hat uns damals freigekauft!« Damit hat sie nicht ganz Unrecht. Die jemenitischen Juden ließen ihre Häuser und den größten Teil ihres Besitzes zurück. Hätten Vertreter der Einwanderungsbehörde nicht eine Vielzahl von »Sicherheitsgebühren«, »Schutzgeldern« und anderen Kopfprämien gezahlt, wäre Aviva wohl nicht so schnell ins Gelobte Land gelangt. Doch heute sei das Leid der Anfangsjahre vergessen. »Wir sind überall«, sagt Aviva stolz. Sogar eine bekannte Nachrichtensprecherin habe jemenitische Wurzeln. »Sie heißt mit Vornamen Geula (Erlösung), so wie das Lager damals in Aden.«

Nicht, dass sie sich die Fernsehnachrichten regelmäßig ansieht. Sie liest auch keine Zeitung, denn Lesen und Schreiben kann Aviva nicht. Ihr Hebräisch ist durch und durch Arabisch gefärbt und ist ihr wohl nie wirklich zur Muttersprache geworden. Avivas Spezialitäten sind Lieben und Sorgen. Fünf Kinder hat sie großgezogen, die orientalisch-farbenfrohen Hochzeitsbilder der vier Ältesten schmücken übergroß die Wände des bescheidenen Wohnzimmers. Der Jüngste ist noch bei der Armee, auf Avivas Lieblingsfoto trägt er die Uniform mit den israelischen Hoheitszeichen.

Aviva hat aber nicht nur für ihre eigene Familie gesorgt, sie hat auch bei vier Generationen einer anderen Familie als Haushaltshilfe gearbeitet. Es bereitete ihr Freude, jene Schränke, die sie im Wohnzimmer der Ururgroßmutter gewischt hat, nun wieder bei der schwangeren Ururenkelin zu putzen. Dass sie die Kinder der entschieden säkularen Familie bei jedem Besuch in Tel Aviv segnet, war bald selbstverständlich. »Ein Segen hat noch niemandem geschadet«, sagt sie bestimmt und berichtet stolz, wie sie den Kin-

30

dern ihrer Arbeitgeber mit dem Extrakt der Henna-Pflanze das Haar rötlich gefärbt hat. Auch die Haut habe sie den Kindern so mit komplizierten Mustern dekoriert. »Eigentlich machte man das bei uns nur zur Hochzeit«, gibt sie zu. »Aber wir sind ja nicht mehr im Jemen, sondern in Israel. Und hier darf man vieles.« Sie weiß so einige undenkbare Dinge zu berichten, die in Israel erlaubt sind: »Weißt du, meine Töchter haben mit ihren Männern schon vor der Hochzeit zusammengelebt.« Aviva selbst hat mit 17 Jahren, noch im Transitlager, geheiratet. »Damit war ich spät dran, meine Schwester war schon mit 14 verheiratet und schwanger.« Natürlich würde Aviva so etwas nie einem Fremden erzählen, aber ihre Ehe war wohl nicht immer leicht, das versteht man auch so. Sie sei begeistert, wie viel Respekt ihre Schwiegersöhne für ihre Frauen aufbrächten, sagt Aviva. Sie würden weder um Geld spielen, noch ihre Frauen schlagen, sagt sie und es klingt ein wenig erstaunt.

Heute verbringt Aviva den größten Teil ihrer Zeit im Krankenhaus am Bett ihres Mannes. Jahrelang hatte der seine Diabetes nicht ernst genommen und den süßen arabischen Keksen seiner Frau nicht widerstehen können. Als sein Bein dann ernsthafte Probleme machte, nahm der junge russische Arzt den gebrochen Hebräisch sprechenden Alten nicht ernst. Erst als dessen jüngster Sohn, ein zupackender Israeli, intervenierte, wurde dem Vater die notwendige Aufmerksamkeit zuteil. Das Bein aber hat er verloren und seine sonst so fröhliche Frau weint jetzt manchmal. Das ist ihr furchtbar peinlich. Denn: »Wir haben doch ein gutes Leben gehabt. Man muss zufrieden sein und sich nicht immer beschweren.«

Belogen

Im Bordell heißen alle Prostituierten Natascha. Erst in der Freiheit nehmen sie wieder ihre alten Namen an und aus der Natascha wird eine Julia oder Irina oder Tanja. Tanja weint, wenn sie von den Vergewaltigungen berichtet. Aber es ist ein seltsam stolzes Weinen, das Weinen einer Frau, deren Peinigern es nicht gelang, sie zu zerstören. Wenn ihre Tränen dann plötzlich in Wut umschlagen und ihre Stimme vor Zorn bebt, dann fühlt man, welch innere Stärke sich diese schöne junge Frau mit den mädchenhaften Zöpfen bewahrt hat.

Vor vier Jahren wurde die damals neunzehnjährige Tanja aus ihrer Kleinstadt in Moldau ins Gelobte Land gelockt. Es begannen die schlimmsten Jahre ihres noch kurzen Lebens, über die sie nur mit einer Zigarette im Mundwinkel spricht. »Mein Vater hatte einen Unfall und konnte nicht mehr arbeiten. Da kam mir das Angebot, in Israel als Haus- und Kindermädchen zu arbeiten, gerade recht«, erzählt sie. Tausend Dollar im Monat und ein eigenes Zimmer habe die nette israelische Frau, die in Tanjas Heimatstadt Mädchen rekrutierte, versprochen. Doch das Flugzeug landete nicht in Tel Aviv, sondern im ägyptischen Hurghada. Dort wartete ein Kontaktmann, der Tanja in die Wüste brachte. Gemeinsam mit einigen anderen Frauen wurde sie dann von schwerbewaffneten Beduinen durch die Wüste nach Israel geschmuggelt. »Zu dem Zeitpunkt war ich zwar verwirrt, aber noch vollkommen ahnungslos«, sagt sie und wundert sich heute über ihre Naivität. Erst die Beduinen hätten sie darüber aufgeklärt, was sie in Israel erwarte. »Ich sei jetzt eine Hure, haben sie gesagt«, erzählt Tanja. Dann sei sie in der Wüste von ihnen vergewaltigt worden. »Ganz viele Männer hintereinander, ich habe geblutet«, sagt sie knapp und zündet sich eine weitere Zigarette an. Robbend überquerten sie mitten in der Nacht die Grenze und wurden auf der israelischen Seite schon erwartet. In einem Bordell in der Wüstenstadt Beerschewa wurde Tanja versteigert: »Eine Gruppe lachender Männer grabschte mich überall an, sie kontrollierten meine Zähne und befahlen mir, obszöne Posen einzunehmen.« Tanja ist sich nicht sicher, aber sie glaubt, dass sie schließlich für 7000 Dollar den »Besitzer« wechselte.

Nach einer weiteren brutalen Gruppenvergewaltigung durch ihren neuen Zuhälter und dessen Freunde – dem »Einführungsseminar«, wie sie es nannten – begann ihr Alltag in einem Bordell in Tel Aviv. Fünfzehn Stunden am Tag musste Tanja Kunden empfangen. Freie Tage gab es nicht. Taxifahrer waren unter ihren Kunden, Ärzte; Soldaten in Uniform bekamen Rabatt. Sogar Orthodoxe seien gekommen. »Die nehmen ihr Käppchen vorher ab und setzen es hinterher wieder auf«, spottet Tanja bitter. »Hundertfünfzig Schekel zahlten die Freier, zwanzig bekamen wir und mussten davon Essen und Kondome bezahlen.« Der Sklaverei können die Frauen nur entkommen, indem sie ihrem Zuhälter die »Transportkosten«, den »Verkaufspreis« und natürlich den »Verdienstausfall« der Zukunft erstatten. Da jeder Frau auch noch finanzielle Strafen wegen diverser Vergehen wie Kaugummikauen und Lachen aufgebrummt werden, bleibt das eine rein theoretische Möglichkeit.

Tanja hatte Glück: Ein mitfühlender Freier half ihr, aus dem Bordell zu fliehen und in einem Frauenhaus Unterschlupf zu finden. Seit zwei Wochen ist sie hier und fühlt zum ersten Mal seit langem so etwas wie Vertrauen in sich wachsen. »Es ist sehr ungewohnt, aber die Frauen hier wollen mir wirklich nur Gutes«, sagt sie und lächelt eine freiwillige Mitarbeiterin der *Hotline for Immigrant Workers* an, die neben ihr Platz genommen hat. Die Helferin nutzt die Stille, um ein paar erläuternde Worte einzuwerfen: »Wir bieten den Frauen nicht nur eine Unterkunft, wir wollen auch helfen, ihre Folterer hinter Gitter zu bringen.« Noch vor wenigen Jahren seien Prostitution und Frauenhandel in Israel als Kavaliersdelikt behandelt worden. Die Polizei habe die Zuhälter lieber als Informanten benutzt und im Gegenzug über den Frauenschmuggel hinweggesehen. Das habe sich geändert. Der Staat nehme das Problem mittlerweile ernst. »Dahinter steht eine russische Mafia«, mischt Tanja sich wieder ein. Das ganze Geschäft sei fest in russischer Hand. »Der Mann, der mich am Flughafen abholte und den Beduinen übergab, die Männer, die mich an der Grenze in einen Jeep steckten und dann meistbietend versteigerten – sie alle sprachen meine Muttersprache.«

Die Banden sind nicht nur hervorragend organisiert, sie verbreiten unter den Opfern auch so viel Angst und Schrecken, dass Gerichtsverfahren oft aus Mangel an Beweisen eingestellt werden müssen. »Wenn ich wegliefe oder zur Polizei ginge, würden sie meine zwölfjährige Schwester aus Moldau holen, haben sie mir ganz zu Anfang gedroht«, sagt Tanja. Deshalb will sie auch nicht als Zeugin vor Gericht aussagen. Auch vor der Rückkehr in ihre Heimat hat sie Angst. »Die wissen doch genau, wo ich wohne. Die Mafia ist so gut vernetzt … Ach, wenn ich doch nie in dieses verfluchte Land gekommen wäre«, seufzt sie und die Betreuerin hält ihr stillschweigend ein Taschentuch hin. Aber Tanja zündet sich lieber eine Zigarette an. Sie kann den Rauch in zwei Richtungen gleichzeitig aus dem Mund blasen. Auf den Trick ist sie stolz, zufrieden kichert sie.

»Wir waren schon immer hier.«

In fast jedem Israel-Reiseführer findet sich ein Hinweis auf die kleine Künstlerkolonie En Hod. Aber Ayn Chud, das Nachbardorf ein paar Kilometer weiter, sucht man noch auf der detailliertesten Landkarte vergeblich. Und das, obwohl Ayn Chud schon seit langem mehr Einwohner aufweist als En Hod. »Wenn das die einzige Ungerechtigkeit wäre«, seufzt Muhammad Abu al-Haija. Es war al-Haijas Großvater, Abu Hilmi, der im Krieg 1948 mit seiner Familie aus En Hod flüchtete, hoch auf den Berg, dorthin, wo jetzt Ayn Chud liegt. Die anderen Familien seien nach Dschenin vertrieben worden, erzählt der Enkel. »Die haben richtig Pech gehabt und leben noch immer in Flüchtlingslagern.«
»Flüchteten sie oder wurden sie vertrieben?«
»Vertrieben oder geflüchtet – das ist doch egal. Jedenfalls war meinem Großvater die Rückkehr verwehrt und so gründete er hier ein neues Dorf: Ayn Chud.« Allein, die Israelis wollten von dem neuen Dorf nichts wissen und haben es jahrzehntelang nicht anerkannt. Ein illegales Dorf aber komme eben auch nicht in den Genuss so grundlegender Leistungen wie Strom, fließendem Wasser oder der Müllabfuhr, erklärt al-Haija den für sein Dorf fatalen Teufelskreis. Spätestens seit 1978 hat er den Kampf um die Anerkennung des Dorfes zu seinem eigenen Kampf gemacht. Stundenlang hat der Ingenieur in Regierungsbüros gewartet, um schließlich nur wieder vertröstet zu werden. Er ist Vorsitzender einer »Organisation der Illegalen Dörfer«, der immerhin 40 arabische Siedlungen in Israel angehören. Er reist durch die Welt, hält Vorträge, bittet um Unterstützung. »Seit ich das mache, bin ich

allerdings mit meinen Nerven am Ende. Ich werde viel schneller wütend.«

In den achtziger Jahren drohte die Regierung mit dem Abriss zahlreicher Häuser in Ayn Chud, die ohne Baugenehmigung errichtet worden waren. »Aber ein illegales Dorf bekommt überhaupt keine Baugenehmigungen. Um Kontrollen zu entgehen, haben wir immer am Schabbat oder an jüdischen Feiertagen gebaut. Möglichst schnell mussten wir die Außenmauern hochziehen. Sie werden in Ayn Chud keine Balkons sehen, die dauern einfach zu lange.«

Als die Regierung endlich einen Bebauungsplan für das Dorf vorlegte, war die Enttäuschung groß: Ayn Chud war längst über das rückwirkend zur Bebauung freigegebene Gebiet hinausgewachsen. Wieder fühlte al-Haija sich vom Staat betrogen. »Die Regierung hätte uns eigentlich helfen sollen. Immerhin fordern wir nicht die Rückkehr in unsere Häuser in En Hod.« Er wird wirklich schnell wütend. Innerhalb von Sekunden steigt ihm die Zornesröte ins Gesicht, seine blauen Augen, deren Ursprung er gerade noch gutgelaunt mit dem genetischen Einfluss eines Kreuzritters erklärte, funkeln böse. »Jeder jüdische Neueinwanderer wurde besser behandelt als wir. Dabei waren wir schon immer da!«

Irgendwann kam doch Bewegung in die Sache. 1992 wurde die Existenz des Dorfes von der israelischen Regierung formal anerkannt. »Aber das war nur auf dem Papier. Erst mal passierte überhaupt nichts.« Immerhin, der nahe gelegene Kibbuz, Nir Ezion, teilte damals bereits das Wasser mit den Dorfbewohnern und Generatoren sorgten zumindest einige Stunden am Tag für Strom. »Aber Kühlschränke, die nur fünf Stunden täglich funktionieren, können sie natürlich vergessen«, wirft al-Haija ein. Erst 2005 bekam Ayn Chud das Recht auf öffentliche Leistungen, es dauerte weitere zwei Jahre, bis al-Haijas Frau in ihrer Wohnung zum ersten Mal den Lichtschalter betätigen konnte. Al-Haija ist sich sicher, dass sein Großvater, dessen strenges Konterfei die Wohnzimmerwand ziert, an jenem Tag etwas weniger grimmig dreinschaute.

Nachdem al-Haija nun rund um die Uhr in den eigenen vier Wänden Elektrizität genießen kann, konzentriert er seine Kräfte auf das nächste Projekt: »Wir brauchen eine anständig asphaltierte Zufahrtsstraße. Man kommt ja fast nur mit Geländewagen hier hoch und das ist schlecht für den Tourismus.« Al-Haija will die zahlreichen Besucher des vom dadaistischen Maler Marcel Janco gegründeten Künstlerdorfes En Hod nämlich auch in sein Dorf locken. »Das Original sind wir«, lacht er gutmütig, offenbar fest entschlossen, sich nicht schon wieder aufzuregen.

Längst habe es sich in der Gegend herumgesprochen, dass sein Familienrestaurant im höher gelegenen Ayn Chud für wenig Geld ein köstliches Acht-Gänge-Menü arabischer Spezialitäten anbietet. Eine Speisekarte gebe es nicht: »Meine Mutter kocht gemeinsam mit meiner Frau. Hier bekommt jeder das, was an dem Tag auch die Familie isst.« Mit dem Geschäft kann al-Haija bisher zufrieden sein: »Am Wochenende kommen viele Israelis. Manchmal veranstalten wir auch *Bar-Mizwah*-Feiern.« Damit habe er kein Problem. Muslime und Juden könnten gut miteinander auskommen, wenn der Umgang auf gegenseitigem Respekt beruhe. »Wir müssen hier gemeinsam leben«, sagt al-Haija und stellt gleich klar: »In Israel meine ich. Der Palästinenserstaat ist mir egal, da will ich eh nicht leben. Ich lebe hier. Aber ich will ein gleichberechtigter palästinensischer Bürger dieses Landes sein.«

»Araber verdreschen und heiraten«

Dass er ein wenig traurig sei, verkündet Jake Bernson gleich zu Beginn und grinst dabei mit einer seltsamen Mischung aus Frohsinn und Verlegenheit. »Ich könnte meine Gefühle auch verstecken, dann hättest du nichts gemerkt. Aber das ist nicht gut, ich bin im letzten halben Jahr emotional sehr gereift.« Die emotionale Reife des gerade Neunzehnjährigen hat seine Freundin nicht halten können, sie hat sich nach nur zwei Monaten endgültig verabschiedet. Dabei wünscht sich Jake nichts mehr als eine israelische Frau, am besten gleich für's Leben. »Eine Einheimische, eine Israelin, hier geboren und aufgewachsen, eine Frau, die meine Ideale teilt.«

Leider gestaltet sich die Suche nach der israelischen Traumfrau nicht so einfach: »Israelische Mädchen in meinem Alter interessieren sich für Klamotten, Diskos, Sonnenbaden und ein bisschen Ficken«, erklärt Jake resigniert und grinst schon wieder. Die seien einfach nicht viel anders als die Mädels daheim, in Amerika. Doch Jake Bernson hat Höheres im Blick. Er will den zionistischen Ethos der Gründerjahre weiterleben, er will im Jahre 2007 ein Pionier sein, der sein Land verteidigt und dessen Kinder als stolze Juden den Judenstaat bevölkern. Ein halbes Jahr ist er nun in Israel und hat in der Zeit einsehen müssen, dass die meisten Israelis seinen Traum nicht nur nicht verstehen, sondern ihn für einen Spinner halten. Bei seiner letzten Freundin sei das nicht anders gewesen: »Als sie hörte, dass ich später in eine Siedlung im Westjordanland ziehen will, war das der Anfang vom Ende.« Auch dass Jake dreimal die Woche ins Fitnessstudio ging, um für die Armee in Form zu sein, habe ihr nur ein hilfloses Achselzucken abgerungen. Dabei ist Jake vor allem aus zwei Gründen nach Israel eingewandert: »Zum Araber verdreschen und um eine Israelin zu heiraten«.

Aufgewachsen ist er in einer Kleinstadt des amerikanischen Mittleren Westens. Sein Vater ist Lehrer an der örtlichen High School, die Mutter Hausfrau. »Normale Leute, wie alle anderen«, sagt er. Aber eben irgendwie auch nicht: »Weißt du, was das bedeutet, in so 'nem Dorf nicht sonntags in die Kirche zu gehen und stattdessen das Pessachfest zu feiern?« Wirklich fromm sei seine Familie nie gewesen, aber ein wenig religiöse Tradition hätten seine Eltern ihm schon vermittelt. Es war auch nicht der Glaube, der ihn schließlich nach Israel trieb. Schon in jungen Jahren habe er täglich in der Zeitung die Nachrichten über Israel verfolgt und bald verstanden: »Israel ist bedroht. Die Araber wissen, dass sie die USA nicht zerstören können, aber bei Israel halten sie das noch für möglich. Und wenn's hart auf hart kommt, dann werden alle das Land im Stich lassen, glaub mir.« Nur er eben nicht. »Ich will in eine Kampfeinheit und es den Terroristen mal zeigen«, sagt Jake mit dem unvermeidlichen Grinsen auf den Lippen.

Die Entscheidung, nach Israel einzuwandern habe er mit 16 Jahren getroffen, auf einer Reise mit der Organisation *Birthright Israel*. Die zionistische Organisation hält es für das »Geburtsrecht« eines jeden jungen Juden in der Diaspora, einmal kostenlos den jüdischen Staat besuchen zu können. Dahinter steht die Hoffnung, bei den Jugendlichen den Wunsch zur Einwanderung zu wecken. Bei Jake hat das geklappt: »Mein Eltern haben mich für verrückt erklärt: freiwillig zur Armee und so. Aber mir passiert schon nichts.« Und wie zufällig reißt er in einer Geste unschuldigen Teenager-Imponiergehabes die Arme hoch und lässt seinen Bizeps spielen. Ob er nicht manchmal glaube, dass er rund hundert Jahre zu spät komme mit seinem Idealismus? »Oh nein! Das sagen sie alle. Aber gerade deswegen braucht es Leute wie mich.

Israel hat die kritische Zeit längst noch nicht überstanden. Dieses Land braucht wieder Männer, die anpacken. Männer wie mich!« Hinter seinem chronischen Grinsen bricht jetzt ein echtes Lachen durch, das seine schneeweißen Zähne in der Mittagssonne glitzern lässt.

Ein Traum von einem Supermarkt

In meiner Erinnerung wird Israel immer ein riesiger Supermarkt bleiben.« Klara Reznik rutscht etwas verlegen auf ihrem Stuhl herum, zwirbelt sich noch eine Locke in ihre blondgewellte Mähne und fügt pflichtbewusst hinzu, das Materielle sei ihr natürlich eigentlich gar nicht wichtig. Aber jenen ersten Besuch in einem israelischen Supermarkt, im März 1991, könne sie nicht vergessen. »Wir kamen aus der Sowjetunion. Supermärkte dort waren grau und vor allem ziemlich leer. Einkaufszettel hat meine Mutter nie geschrieben. Das war sinnlos – was man brauchte, gab es eh gerade nicht.« Und plötzlich stand die siebenjährige Klara mit ihren aufgeregten Eltern in einem Supermarkt in Haifa und traute ihren Augen nicht. »Es war alles so bunt, die Regale waren so voll … Ich glaube, wir sind in den ersten Wochen jeden Tag in den Supermarkt gegangen.«

Kaufen konnten sie damals nicht viel, dafür fehlte der Familie das Geld. Aber das sollte sich bald ändern: »Russen sind diszipliniert und ehrgeizig«, sagt Klara. »Meine Eltern haben so schnell wie möglich Hebräisch gelernt und sich langsam hochgearbeitet.« Jetzt ist ihr Vater Abteilungsleiter beim Chiphersteller *Intel* in Haifa, die Mutter arbeitet in einem medizinischen Labor. Sie können im Supermarkt ihren Einkaufswagen mit so vielen buntverpackten Produkten füllen, wie sie wollen. Und nicht nur das: Familie Reznik besitzt ein kleines Haus in den Hügeln um Haifa und kann es sich leisten, die älteste Tochter nach New York zum Studium zu schicken.

Kamen sie als Wirtschaftsflüchtlinge? Klara denkt einen Augenblick nach. Den Begriff hört sie offensichtlich nicht gern. »Wir sind gekommen, weil wir hier auf ein besseres Leben hofften.« Allerdings sei der Antisemitismus in der Sowjetunion immer spürbar und sicher auch ein Grund für die Emigration gewesen. »Meine Mutter hätte gerne studiert, aber aus einer jüdischen Familie wollten sie nur eine Person zum Studium zulassen. Und was meine Großeltern von früher erzählen; damals muss es noch viel schlimmer gewesen sein.«

Und ihr Vater? »Der ist gar kein Jude«, gibt sie zu und es wäre ihr wohl lieber gewesen, ich hätte diese Frage nicht gestellt. Wegen ihrer jüdischen Mutter ist auch Klara nach jüdischem Gesetz Jüdin, dennoch scheint sie das mangelnde Judentum des Vaters als Makel zu empfinden. »Mein Vater ist genauso israelisch wie meine Mutter«, sagt sie dann ein wenig trotzig. »Und beide sind sie viel israelischer als ich.« Das dürfe man ihnen aber unter keinen Umständen so sagen. »Sie würden es abstreiten.« Als wolle sie ein gut gehütetes Geheimnis verraten, beugt Klara sich über den Tisch: »Meine Eltern halten nicht viel von der Kultur hier«, sagt sie verschwörerisch. Dass die russische, die europäische Hochkultur dem orientalischen Chaos Israels überlegen sei, habe im Hause Reznik gar nicht gesagt werden müssen, so offensichtlich sei es gewesen. »Bei uns hört man Tschaikowsky und Beethoven, über die arabisch gefärbte israelische Popmusik haben meine Eltern nur die Nase gerümpft.«

16 ihrer 23 Jahre hat Klara in Israel verbracht, sie spricht und schreibt besser Hebräisch als Russisch – auch wenn der Akzent unverkennbar ist. Sie hat wegen ihres künstlerischen Talentes zwei Jahre in einem Internat für begabte Jugendliche in Jerusalem verbracht und dann ein Stipendium für die »Parsons New School for Design« in New York ergattert. Eine zionistische Erfolgsgeschichte, mit einem kleinen Schönheitsfehler. Denn Klara will nicht mehr zurückkehren, ja, sie fühle sich nicht einmal besonders israelisch, sagt sie. Eine »Green Card« möchte sie nach dem Stu-

dium bekommen und in Amerika Arbeit finden. Israel sei zu klein und zu provinziell. Als Designerin habe man hier einfach keine Zukunft. Ob sie ihre israelische Adoptivheimat in New York vermisst? Sie denkt lange nach, schüttelt dann bestimmt den Kopf: »Nein, das kann man wohl nicht sagen. Ich vermisse die Sonne, das Meer, die dreist starrenden Männer am Strand, die betrügerischen Taxifahrer, ein paar Freunde, meinen Bruder, die schlechten Zeitungen, die durcheinanderschreienden Politiker im Fernsehen und den ruhigen Freitagmittag, bevor der Schabbat einzieht.«

Sie hat bei dieser Aufzählung nicht eine Sekunde gezögert. Und wie Klara so dasitzt und träumerisch in die Ferne starrt, hat sie keine Ahnung, wie Unrecht sie mit ihrer Aussage über sich selbst hat. Klara Reznik ist nämlich sogar ganz besonders israelisch. Man darf ihr das aber unter keinen Umständen sagen. Sie würde es abstreiten.

Staatsbürgerin 330576537

Auf der Geburtsstation des Krankenhauses von Kfar Saba stehen meistens alle Türen offen. Das hat den Vorteil, dass den Hebammen nichts von dem entgeht, was in dem Dutzend Kreißsälen abläuft. Der Nachteil liegt auf der Hand: Gebären tut weh und bei all den offenen Türen lässt sich das im Meir-Krankenhaus nicht immer vor Besuchern geheim halten. Awital Kirschner hört die Schreie und lächelt erleichtert: »Das habe ich hinter mir«, sagt sie und geleitet ihren Besuch über den Flur in ihr Zimmer. Die werdenden Mütter sind dort nicht zu hören, dafür gibt eine resolute Frau im Nachbarbett ihrem Mann pausenlos telefonisch Anweisungen, wie er mit den vier größeren Kindern zu Hause umzugehen habe. »Er kann nicht einmal alleine Pizza aufbacken, er ist völlig hilflos«, flüstert Awital und lächelt ihren eigenen Mann an, der ihrem verliebten Gesichtsausdruck nach ein Meisterkoch sein muss. Doch Schai hört nichts, auf dem Arm hält er seine schlafende Tochter, sie ist gerade zwei Tage alt und hat noch keinen Namen. »Wir halten den Namen lieber ein wenig geheim und schauen, ob er auch wirklich zu ihr passt«, erklärt Awital ein wenig schlechten Gewissens.

Es ist das erste Kind des jungen Paares und am Bett geht es zu wie überall nach der glücklichen Geburt eines Kindes: Verwandte und Freunde kommen, bringen Babykleidung, Blumen und Schokolade, bewundern das schlafende Wesen und rätseln, von wem es wohl das dichte Haar und die kleine Stupsnase hat. Besonders die begeisterten Großeltern entdecken in dem kleinen Gesicht Ähnlichkeit mit Verwandten, von denen Awital und Schai noch nie gehört haben. »So sieht die Zukunft des jüdischen Volkes aus«, sagt der Großvater dann gerührt und ausnahmsweise verzeiht man ihm das zionistische Pathos. »Hauptsache, es ist gesund«, ruft Awitals Mutter kurz darauf aus und es klingt, als habe sie mit dem Schlimmsten gerechnet.

Erst später, als die Besucherwelle langsam abebbt und die Familie sich in der Krankenhauscafeteria stärkt, berichtet Awital von dem »Horror einer Schwangerschaft in Israel«. Sie konnte verstehen, dass sie und Schai noch vor der Schwangerschaft genetische Tests machen sollten. »Juden haben nun mal einen kleineren Genpool und gewisse Defekte kommen bei uns einfach häufiger vor«, erklärt sie. Am schlimmsten sei es aber unter aschkenasischen Juden. »Gott sei Dank ist meine Familie aus Marokko! Das hat uns einige Tests erspart.«

Doch dann habe der Wahnsinn erst so richtig begonnen. Während in anderen Ländern eine Fruchtwasseruntersuchung nur vorgenommen werde, wenn andere Untersuchungen ein erhöhtes Risiko ergeben haben, werde man in Israel als Rabenmutter abgestempelt, wenn man die Untersuchung nicht machen lasse. »Dabei ist der Eingriff nicht ohne Risiko und ich hatte einfach ein gutes Gefühl bei der Schwangerschaft.« Jeden Monat habe der Frauenarzt eine Ultraschalluntersuchung gemacht, zwei Spezialisten hätten alle Finger gezählt und Organe geprüft. »Ich sage ja gar nicht, dass die Untersuchungen prinzipiell Unsinn sind. Aber das ist hier zu einer Art Hobby geworden.« Die vorwurfsvollen Blicke anderer Frauen, wenn sie in der Öffentlichkeit ein halbes Glas Rotwein trank, hätten sie oft schwer verunsichert. Mittlerweile ist sie sich sicher, dass die israelische Angst vor Geburtsdefekten mit dem Holocaust zusammenhängt. »Ich glaube, diese ganze Panik hat damit zu tun, dass wir sechs Millionen ermordeter Juden mit neuen, gesunden Juden ersetzen wollen.« Ihrem Mann bereiten diese Reden sichtlich Unbehagen. Schais Großvater hat als einziges

Mitglied seiner Familie die nationalsozialistische Vernichtungs-
maschine überlebt.

Ob nun etwas dran ist an Awitals Theorie oder nicht, in Israel
könnte die Vergangenheit an Vielem Schuld sein. Aber auch die
Zukunft wirft ihre Schatten: »Ein Mädchen?«, fragt ein Freund
ihres Mannes etwas enttäuscht, als er kurz darauf ins Zimmer
stürmt und den Motorradhelm in die Ecke knallt. »Ich dachte, ihr
wolltet dem Land einen richtigen Kämpfer schenken.« Awital,
sonst durchaus zu heftigen Reaktionen in der Lage, bleibt ungerührt. Nicht alle können wissen, dass sie schon lange vor der
Geburt beschlossen hat, ihr Kind zum Totalverweigerer heranzu-
ziehen.

Manchmal, sagt sie später, sorgt sie sich ob der Zukunft. »Unsere
Gesellschaft verroht, die Besatzung korrumpiert uns.« Man könne
nicht ein ganzes Volk unterdrücken, ohne dabei selbst Schaden zu
nehmen, sagt Awital dann und es klingt sehr resigniert. Dennoch
wird auch sie, wie jede israelische Mutter der vergangenen 60 Jahre, davon träumen, dass der langersehnte Frieden im Nahen Osten
den Armeedienst ihrer Tochter überflüssig machen wird.

Am nächsten Tag, kurz bevor die junge Familie nach Hause ent-
lassen wird, kommt eine Mitarbeiterin des Innenministeriums ins
Krankenhaus. Sie notiert die Namen der Eltern, Geburtszeit,
Geburtsort und den Namen des Kindes, der jetzt endgültig fest-
steht. Die kleine Noa bekommt die Ausweisnummer 330576537.
Sie ist israelische Staatsbürgerin.

Israeli werden – Israeli sein

Die Heldenhaftigkeit der Vorfahren wiedererlangen: Die »neuen«, israelischen Juden sollten stark und wehrhaft sein. Hier eine Militärparade
1951

Es sind schwindelerregende Zahlen. Lebten 1914 gerade mal 60 000 Juden in Palästina, waren es 1931 schon 175 000. Zehn Jahre später hatte sich die jüdische Bevölkerung des Mandatsgebietes mit 475 000 Juden noch einmal mehr als verdoppelt. Zum Zeitpunkt der Staatsgründung 1948 lebten 715 000 Juden in Israel und heute gibt es mehr als fünf Millionen jüdische Israelis. Sie kamen aus aller Herren Länder. Sie waren Juden – doch damit hörten die Gemeinsamkeiten auch schon auf. Ansonsten unterschieden sich die Einwanderer in so ziemlich jeder Hinsicht. Wie, um Himmels Willen, sollte aus diesem bunten Menschensalat ein israelisches Volk werden?

Dass ihr zukünftiger Staat eine Identität brauchte, war den zionistischen Vordenkern früh klar. So ging der Kampf um die Unabhängigkeit immer mit dem Bemühen einher, eine eigene israelische Identität zu schaffen. Doch wie macht man aus polnischen, jemenitischen, deutschen und marokkanischen Juden Israelis? Und was sollte einen Israeli eigentlich auszeichnen? Er sollte stark, wehrhaft und unabhängig sein. Er würde sein Schicksal selbst in die Hand nehmen und nicht mehr, wie in der Diaspora, vom Wohlwollen seiner nichtjüdischen Umwelt abhängig sein. Der Israeli sollte das Land besiedeln und mit seinen eigenen Händen bearbeiten.

Auch herrschte Einigkeit darüber, dass eine Nation eine gemeinsame Sprache sprechen müsse. Die wundersame Wiederbelebung der hebräischen Sprache ermöglichte bald die Entstehung einer hebräisch-israelischen Kultur, es wurden hebräische Bildungseinrichtungen gegründet, die diese Kultur vermitteln sollten. Überall im Land wurden landwirtschaftliche Kollektivsiedlungen, *Kibbuzim*, gegründet. Sie sollten eine nationale und soziale Identität des Staates schaffen. Auch in der Armee des jungen Staates sollten Juden zu echten Israelis werden.

In den folgenden Kapiteln werde ich einige Grundpfeiler vorstellen, auf denen sich die israelische Identität gebildet und entfaltet hat. Dabei wird zu zeigen sein, welche Funktion ihnen einmal zugedacht war aber auch wie sie sich tatsächlich entwickelt haben. Denn das Experiment hat einen unerwarteten Ausgang genommen: Die von Anfang an vorhandene Kluft zwischen ideologischem Wunschdenken und Wirklichkeit hat sich in den vergangenen Jahrzehnten immer weiter vergrößert. Heute ist der größte Teil der Kibbuzim längst privatisiert, die sozialistischen Einschläge der israelischen Wirtschaft sind nach und nach verschwunden. Die Armee, als Verteidigungs- und Volksarmee konzipiert, ist zur Besatzungsarmee geworden und hat große Schwierigkeiten, ihren hohen moralischen Ansprüchen gerecht zu werden.

Trotzdem lässt sich nicht abstreiten, dass es heute eine israelische Nation gibt. Der Versuchsaufbau scheint gescheitert zu sein, aber er hat dennoch das gewünschte Ergebnis geliefert. Dass die heutige israelische Jugend mit dem zionistischen Pathos von einst nicht mehr viel anfangen kann, mag ihre Großeltern traurig stimmen. Es ist aber auch ein Zeichen für Normalität. Die Wirklichkeit hat sich in Israel schneller und dynamischer entwickelt, als alle Ideologen es sich hätten träumen lassen. Pessimisten sagen deshalb, Israel steuere auf den Abgrund zu. Optimisten halten dagegen, eine gewisse Ernüchterung sei unvermeidlich, wenn ein Staat erwachsen werde.

Alte Juden – Neue Juden

Gegen Ende des Romans »Portnoys Beschwerden« von Phillip Roth reist der junge amerikanische Jude Alexander Portnoy nach Israel. Portnoy, der daheim in Newark Jude und Nichtjude noch vor Schwarz und Weiß zu unterscheiden gelernt hat, ist von der Allgegenwärtigkeit des Jüdischen in Israel fasziniert. Jedes Sandkorn am Strand, die Busfahrer, die Autos, die Waschmaschinen und sogar die Kriminellen – alles in diesem Land ist jüdisch. »Hey, here we are the WASP (*White Anglo-Saxon-Protestant*)!«, ruft er begeistert aus und sucht sich gleich ein eingeborenes jüdisches Soldatenmädchen für die Nacht. Leider verläuft die Nacht anders als erhofft: »Im Morgengrauen hatte sie mich dazu gebracht einzusehen, dass ich der Inbegriff einer schändlichen Diasporakultur sei.« Die »Jahrhunderte der Heimatlosigkeit« hätten »unangenehme Männer« wie Alexander Portnoy hervorgebracht, gibt ihm die hübsche Israelin zu verstehen. »Ängstlich, vorsichtig, sich selbst herabwürdigend, unmännlich und verdorben vom Leben in einer unjüdischen Welt. Diaspora! Schon das Wort machte sie wütend.«

Auch 40 Jahre nach Erscheinen des Romans ist das Verhältnis von Juden in der Diaspora und in Israel lebenden Juden nicht spannungsfrei. Für Außenstehende ist dieser Konflikt schwer zu verstehen, haben sie doch schon mit der Unterscheidung von Israelis und Juden oft Probleme. Dabei ist das, zumindest in der Theorie, nicht besonders schwierig. Ein Israeli ist ein Bürger des Staates Israel, ein Jude hingegen Anhänger einer Religionsgemeinschaft. Und doch ist die Sache komplizierter.

51

Zum einen lässt sich das Judentum in der Praxis nicht auf seine religiöse Dimension beschränken. Auch nationale und ethnische Faktoren spielen bei der Definition des »jüdischen Volkes« eine Rolle. Zum anderen hat nach dem Rückkehrgesetz von 1950 jeder Jude automatisch das Recht auf die israelische Staatsbürgerschaft. Diese Möglichkeit sorgt für eine gewisse Begriffsverwirrung, macht sie doch aus jedem Juden einen potentiellen Israeli. Hinzu kommt, dass für den »jüdischen Staat« Israel naturgemäß jüdische Angelegenheiten von großem Interesse sind und sich zudem viele Juden in der Diaspora dem israelischen Staat besonders verbunden fühlen. Bisweilen nimmt diese Konfusion für die betroffenen Juden unangenehme Ausmaße an: wenn sie nämlich von ihren nichtjüdischen Landsleuten für die Politik des Staates Israel verantwortlich gemacht werden, obwohl sie gar nicht dessen Bürger sind. Oder wenn sie ungefragt ihrer eigentlichen Nationalität – als Deutsche, Briten oder Franzosen – beraubt werden. Ein Musterbeispiel ist das Erlebnis des ehemaligen Vorsitzenden des Zentralrates der Juden in Deutschland, Ignaz Bubis, dem ausgerechnet vom Präsidenten der »Bundeszentrale für politische Bildung« zu den Reden »seines Präsidenten« gratuliert wurde. Als Bubis schelmisch anmerkte, Bundespräsident Roman Herzog halte eigentlich immer gute Reden, kam prompt die Antwort: »Ich meine *Ihren* Präsidenten, Herrn Weizmann.« Dabei besaß Bubis keinen israelischen Pass, wohl aber einen deutschen.

Auf der anderen Seite kann es einen überzeugten Zionisten nicht begeistern, dass 60 Jahre nach der Gründung Israels noch immer Juden in der Diaspora leben. Ihrer Meinung nach sind Juden im »Judenstaat« am besten aufgehoben. Den meist zufrieden in der Diaspora lebenden Juden missfällt diese etwas hochmütige Missachtung ihrer gewählten jüdischen Existenz außerhalb des Heiligen Landes.

Von Zeit zu Zeit kommt es zu einer Explosion der aufgestauten Spannungen. So wollte sich das *American Jewish Committee* in

Washington vor einigen Jahren anlässlich seines hundertjährigen Bestehens mal so richtig feiern lassen und hatte dazu berühmte Juden aus aller Welt eingeladen. Doch ausgerechnet einer der israelischen Ehrengäste machte der Partystimmung ein vorzeitiges Ende. Im Rahmen eines Symposiums mit dem Titel »Die Zukunft der Vergangenheit: Was wird aus dem jüdischen Volk?« verkündete der berühmte israelische Autor Abraham B. Jehoschua in seiner ruppigen Art, dass nur der Staat Israel die Zukunft des jüdischen Volkes sichern könne. Nur in Israel sei ein »wahrhaft jüdisches Leben« möglich, warf Jehoschua den amerikanischen Diasporajuden an den Kopf. Im Saal begann es da bereits zu rumoren, auf dem Podium redete sich der Schriftsteller in Rage und ließ niemanden zu Wort kommen. Das Heimatland und Hebräisch als Nationalsprache, das seien die verbindenden Elemente der »israelischen Identität«, sagte Jehoschua. In Israel finde das gesamte Leben im Rahmen einer alles umfassenden nationalen jüdischen Identität statt, während Juden in Amerika ihre wichtigen Lebensentscheidungen zwar als Juden, aber in einer nichtjüdischen, amerikanischen Umgebung träfen. »Das Judentum außerhalb Israels hat keine Zukunft. Wer nicht in Israel lebt, dessen jüdische Identität hat keinerlei Bedeutung«, diagnostizierte Jehoschua. Wollte der Schriftsteller etwa den Anwesenden ihr Judentum absprechen?

Hilflos erbost versuchten die anderen Diskussionsteilnehmer sich gegen die zunehmende Begriffsverwirrung zur Wehr zu setzen: »Es gibt eine jüdische Religion, eine jüdische Kultur, jüdische Literatur, jüdische Schriften, die uns seit 3000 Jahren begleiten: Warum bestehen Sie darauf, jüdische Identität auf das Israelisch-Sein einzuschränken?«, fragte Leon Wieseltier, Journalist der amerikanischen Zeitschrift *New Republic*.

In guter zionistischer Tradition

Natürlich ging es bei der Auseinandersetzung letztlich um uralte Fragen: Was ist überhaupt eine »jüdische Identität«? Sind die Juden ein Volk, eine Nation, eine Schicksals- oder Religionsgemeinschaft? Aus der Religion leitet der entschieden säkular eingestellte Jehoschua seine jüdische Identität jedenfalls nicht ab, der Gedanke der Auserwähltheit ist ihm fremd. In diesem Punkt stimmte er mit dem hoffnungslos überforderten Moderator der Runde überein, der immer wieder ein diffuses Zusammengehörigkeitsgefühl beschwor: »Da ist etwas sehr, sehr Besonderes, Universales und einfach zu Erkennendes, das alle Juden gemeinsam haben!«

In Wahrheit steht der in Israel geborene Jehoschua mit seinem radikalen Standpunkt in guter zionistischer Tradition. Juden gehören nach zionistischem Weltverständnis nun einmal nach Israel. Einst gab es dafür auch gute Gründe: »Es gibt keine Zukunft in der Diaspora«, schrieb der Zionist Zeef Jabotinsky einige Jahre vor dem Holocaust. »Die einzige sichere Zuflucht ist *Erez Israel*, und wenn wir unser Volk retten wollen, müssen sie (die Juden der Diaspora) jetzt auswandern! Wenn wir die Diaspora nicht liquidieren, wird sie uns liquidieren!«

Die zionistische Bewegung gegen Ende des 19. Jahrhunderts entstand als Reaktion auf zwei eigentlich gegensätzliche Tendenzen innerhalb des europäischen Judentums. Einerseits wurden die Juden durch weitgehende rechtliche Gleichstellung und das Entstehen der bürgerlichen Kultur immer stärker in die europäischen Gesellschaften integriert. Jabotinsky und andere Zionisten fürchteten, die zunehmende Assimilierung der Juden werde das Judentum zerstören. Die fortschreitende Säkularisierung der Bevölkerung machte auch vor der jüdischen Gemeinschaft nicht Halt, die Religion als gemeinschaftsstiftendes Element drohte wegzufallen, Mischehen waren alltäglich geworden.

Auf der anderen Seite bedrohte ein immer aggressiver werdender Antisemitismus eben jene Integrationsbestrebungen und gab der Frage nach der Zukunft jüdischen Lebens neue Dringlichkeit. Die zionistischen Führer sahen die Antwort auf diese Herausforderungen in einem nationalen Judentum, dessen Hauptziel die »Schaffung einer öffentlich-rechtlich gesicherten Heimstätte in Palästina« sein sollte, wie es in der Schlusserklärung des Kongresses der Zionistischen Weltorganisation 1897 in wunderbarem Beamtendeutsch heißt. Ihre Ideen fußten deutlich auf dem nationalstaatlichen Gedankengut des 19. Jahrhunderts. Die traditionelle religiöse Sehnsucht der Juden nach »Zion« hingegen spielte kaum eine Rolle.

Der »neue Jude«

Der Zionismus wollte nicht nur eine Heimat für das jüdische Volk schaffen, er wollte auch gleich einen neuen Juden erstehen lassen. Der israelische Soziologe Schlomo N. Eisenstadt spricht in diesem Zusammenhang vom »Wiedereintritt der Juden in die Geschichte als autonom Handelnde«. Dieser »neue Jude« sollte ein starker, wehrhafter Jude sein – als Gegenentwurf zu den als schwächlich wahrgenommenen, assimilationsbemühten Diasporajuden.
Schon auf dem zweiten zionistischen Kongress im Jahr 1898 hielt ein Arzt aus Paris namens Max Nordau ein flammendes Plädoyer für das sogenannte »Muskeljudentum«. Bisher habe der jüdische Körper dem Geist gedient, jetzt solle er in den Dienst einer jüdischen Heimat gestellt werden, forderte Nordau. Es gelte, die »Heldenhaftigkeit der Vorfahren« wiederzuerlangen, die sich »massenhaft in die Arena drängten, um an den Kampfspielen teilzunehmen und sich mit den geschulten hellenischen Athleten und den kraftvollen nordischen Barbaren zu messen.« In Artikeln mit kurios anmutenden Titeln wie »Was bedeutet das Turnen für uns

Juden?« propagierte Nordau seine Ideen – mit einigem Erfolg. Auf Plakaten aus der Anfangszeit des Staates Israel findet sich das Idealbild des neuen, kämpferischen Juden: Braun gebrannt, die muskulösen Beine halb bedeckt von kurzen Hosen, die lockigen Haare wild im Winde flatternd, trägt er entweder eine Schaufel oder ein Gewehr in der rauen Hand.

Die neuen, israelischen Juden sollten ein Volk von Bauern, Arbeitern und Kämpfern sein, die Verehrung körperlicher Arbeit nahm geradezu religiöse Züge an. Einige der meist radikal säkularen Zionistenführer träumten gar davon, die bisher gemeinschaftsstiftende jüdische Religion durch eine weltliche israelische Kultur zu ersetzen. Sie glaubten an die Schaffung eines jüdischen Staates mit einer homogenen und selbstverständlich europäisch geprägten Kultur. Lange wurde von Israel als von einem Schmelztiegel gesprochen, in dem alle ethnischen Gruppen zur Neuschöpfung des »Israeli« verschmolzen. So hatten die zionistischen Vordenker und Staatsgründer es sich jedenfalls vorgestellt: Sie erwarteten von den Neuankömmlingen die bedingungslose Aufgabe ihrer kulturellen Identität. Es ist bezeichnend, dass man im Hebräischen als Jude nicht nach Israel einwandert, sondern »aufsteigt«. Auswanderer werden dementsprechend als »Absteiger« (*Jeridim*) bezeichnet.

Weil die aus aller Herren Länder nach Israel strömenden »Aufsteiger« dazu angehalten waren, ihre aus der Diaspora mitgebrachte Sprache und Kultur wie alte Kleidung einfach abzulegen und in *Erez Israel* als neue Menschen frei von der Last des Exils von vorne zu beginnen, geriet alles, was an die Diaspora erinnerte, in Verruf. Jiddisch, die Sprache der osteuropäischen Schtetl-Bewohner, war in Israel jahrzehntelang verpönt. Die traditionellen biblischen Namen galten plötzlich als Stigma: In der Diaspora hatte man sich jahrhundertelang damit begnügt, rund 150 der 1400 im Alten Testament erwähnten Namen zu benutzen. Die in Israel geborenen Kinder aber waren der Stolz der Nation, ihre

Braun gebrannt und mit Schaufel: Ein Plakat für den Film »Das Gelobte Land« von 1935 zeigt das zionistische Idealbild der Israelis.

Existenz war ein Beleg für den Erfolg des zionistischen Experiments. Sie wurden romantisierend als *Sabres* (Kaktusfrüchte) bezeichnet, die zwar außen stachelig sind, innen aber mit saftigsüßem Fruchtfleisch überraschen, und natürlich durften sie auf keinen Fall Diasporanamen tragen.

Zunächst bedienten sich die Zionisten bei der Namenssuche für ihre Kinder ebenso wie ihre Vorfahren in der Bibel, allerdings in bisherigen Tabuzonen. »Hebräische« Kinder durften auf einmal

Amnon heißen, obwohl der Namenspatron in der Bibel seine Schwester vergewaltigt. Auch nach dem rebellischen Awschalom wurden auf einmal Kinder benannt. Der Name Boas erfreute sich neuer Beliebtheit, schließlich hatte der biblische Boas das Land der Väter bebaut. Jochanan und Giora, Führer des Aufstandes gegen die Römer, verkörperten den wehrhaften neuen Juden. Auch Familiennamen fielen der Hebraisierung zum Opfer. Allein im ersten Jahr des Staates änderten 17 000 Menschen ihre Nachnamen. Auf Anweisung Ben Gurions sollte kein Regierungsbeamter seinen Diasporanamen beibehalten, in der Armee gab es ähnliche Richtlinien.

Schon in den Jahrzehnten vor der Staatsgründung hatte die zionistische Bewegung in Palästina versucht, im Rekordtempo eine israelische Nationalidentität aus dem Boden zu stampfen. Die erfolgreiche Wiederbelebung des Hebräischen als Alltagssprache stellte einen wichtigen Schritt zur Identitätsbildung dar. In den dreißiger Jahren entstand ein philharmonisches Orchester, 1931 übersiedelte das jüdische Nationaltheater *Habima* von Moskau nach Palästina. Schon zuvor waren die ersten Universitäten in Haifa und Jerusalem gegründet worden. Sie sollten ebenso wie die Schulen nach einem besonderen »hebräischen« Lehrplan unterrichten. Darin wurden die weltlichen Elemente der jüdischen Identität betont, die religiösen Feiertage suchte man zu folkloristischen Naturfesten im Jahresrhythmus herabzustufen. In einigen Kibbuzim ging man sogar soweit, eine weltliche Alternative zur *Pessach-Haggada* zu verfassen, in der die biblische Geschichte des Auszugs aus Ägypten säkularisiert wurde.

Der einflussreiche Vertreter des Kulturzionismus, Achad HaAm, beantwortete 1913 in einem Brief die Frage »Was ist Judentum?« so: »Ich denke, Religion selbst ist nur eine der Formen von Kultur. Und Judentum ist weder das eine noch das andere, sondern die nationale Schaffenskraft, die sich in der Vergangenheit als überwiegend religiöse Kultur ausdrückte.«

»Beeindruckende Kulisse einer neuen Gesellschaft«

Dennoch ist die Erschaffung des »neuen Juden« letztlich gescheitert. Wohl aber hat die Lebensrealität in Israel den Typus
des »Israeli« geschaffen. Der arbeitet längst weniger auf Feldern,
als dass er Software programmiert, und muskulöser als seine
Glaubensgenossen in der Diaspora ist er auch nicht unbedingt.
Da der »neue Jude« sozusagen aus dem Nichts entstehen sollte
oder sich allenfalls an den heldenhaften jüdischen Kämpfern
gegen die römischen Besatzer vor fast 2000 Jahren orientieren
durfte, hatte er mit den Erfahrungen der aus der Diaspora stammenden Israelis nichts gemein. Dem »neuen Juden« fehlte es an
historischer Tiefe, er durfte keine Vergangenheit haben, seine
Wurzeln in der jüdischen (Diaspora-) Geschichte waren unerwünscht.

Der israelische Publizist Amos Elon sieht in dem israelischen
Alleinvertretungsanspruch für jüdische Existenz und dem geradezu pubertären Überlegenheitsgehabe des jungen Staates eine
Maske. »Hinter der Fassade der Zuversicht und Zielstrebigkeit,
des Muskelspiels und all der frisch eroberten Macht, hinter der
beeindruckenden Kulisse einer jungen, neuen Gesellschaft von
freien Menschen verbirgt sich Konfusion, Neurose, eine zwischen
Erinnerung und Ablehnung schwankende Haltung, die eine
der Wurzeln für das israelische Temperament ist. Das Bild des
Israeli von sich selbst ist vor allem das Bild absoluter Einsamkeit«,
schreibt Elon.

Wahrscheinlich steckt in dieser Zuspitzung ein Körnchen Wahrheit: Israel ist ein Land, das von inneren Widersprüchen und Spannungen fast zerrissen zu werden droht, das sich – meist zu Recht –
permanent bedroht fühlt und dessen Bewohner, aus Erfahrung
lieber etwas überängstlich, täglich um ihr Leben bangen.

Schon der eigene Anspruch, ebenso ein jüdischer wie ein demokratischer Staat zu sein, ist problematisch. Erstmals taucht diese

Formulierung 1992 in »Menschenwürde und Freiheit«, einem der sogenannten »Grundgesetze«, auf. Um dem immanenten Widerspruch auszuweichen, definierte der ehemalige Präsident des Obersten Gerichtshofes in Jerusalem, Aharon Barak, die jüdische Identität einst als unabhängig von der jüdischen Religion. »Der Staat ist nicht in einem *halachisch*-religiösen Sinn jüdisch, sondern auf die Weise, dass Juden das Recht zur Einwanderung haben und ihre nationale Identität die Identität des Staates ist«, schrieb er in einer Urteilsbegründung. In dem Sinne seien »jüdische Werte« automatisch auch die Werte des Staates Israel. Dazu zählte Barak die Unantastbarkeit menschlichen Lebens, soziale Gerechtigkeit, ein Gefühl für Recht und Unrecht und Respekt vor der Ehre des Menschen.

Selbstverständlich liefen die orthodoxen Israelis gegen diese säkulare Definition des »jüdischen Charakters« ihres Staates Sturm. Sie machen seit Jahrzehnten den Entwurf einer Verfassung unmöglich, indem sie darauf beharren, dass einzig die *Halacha* als jüdisches Gesetz in einem jüdischen Staat Geltung haben dürfe. So hat Israel auch 60 Jahre nach seiner Gründung noch immer keine Verfassung.

Trotz aller ungelösten und vielleicht unlösbaren Konflikte fordern führende israelische Politiker in regelmäßigen Abständen die Diasporajuden zur Einwanderung nach Israel auf. Da verkündete der ehemalige Präsident Mosche Kazav vor 400 jüdischen Lehrern aus dem Ausland, die Diaspora könne »keine legitime Umgebung für Juden bieten«. Ariel Scharon ermutigte in den 1990er-Jahren die französischen Juden, vor dem zunehmenden Antisemitismus in ihrem Land möglichst schnell nach Israel zu flüchten, und provozierte damit einen kleinen diplomatischen Eklat. Doch immer weniger Juden kommen nach Israel. Das hat vor allem damit zu tun, dass das Potential an Einwanderern aus den Ländern der ehemaligen Sowjetunion fast erschöpft ist. Anderswo, wie zum Beispiel in den Vereinigten Staaten, geht es den

Juden zu gut, als dass sie für einen Neuanfang in Israel alles aufs Spiel setzen wollten.

Viele Juden auf der Welt fühlen sich mit dem Staat Israel zwar in irgendeiner Weise verbunden. Aber nur wenige können sich dafür entscheiden, ihre Existenz dorthin zu verlagern. Das war schon immer so: 3500 ausländische Freiwillige riskierten 1948 im Unabhängigkeitskrieg für Israel ihr Leben, die meisten von ihnen waren Juden. Das Wohl des jüdischen Staates lag ihnen offenbar am Herzen. Nur 500 von ihnen ließen sich nach Kriegsende in Israel nieder, die überwältigende Mehrheit kehrte in ihre Heimatländer zurück.

Für viele Juden in der Diaspora war Israel in der Vergangenheit sowohl eine Art Lebensversicherung, wie auch ein interessantes und etwas obskures Hobby. Einmal im Jahr kam man zu Besuch, schüttelte wichtigen Ministern die Hand, die sich für die regelmäßigen Schecks bedankten. Ein wahrer Zionist konnte an diesem Verhalten kein Gefallen finden – auch wenn die Geldspenden gerade in der Anfangszeit des Staates dringend benötigt wurden. Die gönnerhafte Entwicklungshilfe der amerikanischen Brüder stieß nicht wenigen Pionieren, die für die Verwirklichung des zionistischen Traumes mit Hacke und Schaufel eintraten, übel auf.

In Phillip Roths Roman hat Alexander Portnoy eine sehr eigene Idee, um den Konflikt zwischen amerikanischen Diasporajuden und eingeborenen Israelis zu entschärfen. »Wonderful, now let's fuck«, schlägt er unvermittelt vor, nachdem seine Partnerin ihm stundenlang seine Verderbtheit als Angehöriger der Diaspora ausgebreitet hat. Dazu kommt es aber nicht. Angesichts der starken neuen Jüdin in seinem Bett kommt Alexander Portnoy ein ihm bisher unbekanntes physiologisches Problem in die Quere.

Auferstehung einer Sprache – Hebräisch

Auf Seite 75 seiner 1896 erschienenen Schrift »Der Judenstaat« erbringt Theodor Herzl einmal mehr den Beweis, dass er sich trotz seines Rufes als visionärer Vordenker des Zionismus im Kleinen bisweilen herzlich irren konnte. »Vielleicht denkt jemand, es werde eine Schwierigkeit sein, dass wir keine gemeinsame Sprache mehr haben«, schreibt er und stellt mit im historischen Rückblick geradezu amüsanter Selbstverständlichkeit fest: »Wir können doch nicht Hebräisch miteinander reden. Wer von uns weiß genug Hebräisch, um in dieser Sprache ein Bahnbillet zu verlangen? Das gibt es nicht.«

Herzl würde sich heute wundern, was es in Israel so alles auf Hebräisch gibt. An den Kiosken liegen hebräische Frauenzeitschriften, Bankautomaten drucken hebräische Kontoauszüge, im Radio dudelt hebräischer Hip-Hop, Geschäfte werden auf Hebräisch abgeschlossen, Doktorarbeiten werden auf Hebräisch geschrieben, in israelischen Pornofilmen wird auf Hebräisch gestöhnt und ja, man kann selbstverständlich auch auf Hebräisch sein Bahnbillet lösen. Eine Vielzahl hebräischer Bücher kommt jedes Jahr auf den Markt, die israelische Literatur ist auch international erfolgreich. Mit Samuel Josef Agnon hat 1966 ein hebräisch schreibender Autor den Nobelpreis für Literatur erhalten. So ist die wundersame Wiederbelebung der hebräischen Sprache zweifellos einer der größten Erfolge des Zionismus.

Nach der Eroberung Israels im 13. Jahrhundert v. Chr. war Hebräisch die Umgangssprache der Juden. Aber schon mit dem babylonischen Exil (586–538 v. Chr.) verdrängte das Aramäische die

»Sprache der Kanaaniter« als Hauptumgangssprache in Palästina, sodass Jesu Muttersprache wohl Aramäisch und nicht Hebräisch war. In den Jahrhunderten der Diaspora sprachen Juden Griechisch, Latein, Arabisch, Ladino, Jiddisch und natürlich die Sprachen ihrer Zufluchtsländer. Hebräisch fristete ein Nischendasein als Sprache der Liturgie, aber auch der Wissenschaft und der Literatur. Sicher gab es eifrige religiöse Juden, die den Sabbat durch den Gebrauch der Heiligen Sprache ehren wollten und darum zumindest an einem Tag der Woche Hebräisch sprachen. Auch haben sich Juden in der Diaspora in Ermangelung einer anderen gemeinsamen Sprache bisweilen mit Hilfe des Hebräischen verständigt. Doch Hebräisch als Alltagssprache eines jüdischen Staates? Das war noch kurz vor der Jahrhundertwende für viele Juden und auch für Theodor Herzl unvorstellbar.

Der Legende zufolge ist die Wiederbelebung des Hebräischen im Großen und Ganzen das Werk eines überzeugten Einzelkämpfers. Elieser Perelman wurde 1858 in einem litauischen Schtetl geboren. Im Alter von nur drei Jahren bekam er, wie in religiösen Familien üblich, seinen ersten Hebräischunterricht. In der Hoffnung, aus dem Jungen einen Rabbiner zu machen, schickten seine Eltern ihn auf eine Religionsschule, wo Elieser seine Kenntnisse des biblischen Hebräisch vertiefte. In seiner Gastfamilie kam er aber auch in Kontakt mit säkularen hebräischen Autoren der jüdischen Aufklärung. Eine hebräische Übersetzung des Klassikers »Robinson Crusoe« soll ihn davon überzeugt haben, dass Hebräisch durchaus als weltliche Sprache tauge.

Elieser setzte seine Studien an der Sorbonne in Paris fort, wo der Kurs »Hebräisch für Fortgeschrittene« zu seiner Überraschung auf Hebräisch abgehalten wurde. Wenn sich auf Hebräisch unterrichten lässt, so soll sich der junge Elieser gedacht haben, dann kann man sich auf Hebräisch auch über alles andere unterhalten. Bei einem Kuraufenthalt in Algerien musste der an Tuberkulose erkrankte Elieser seine These erstmals in der Praxis erproben, denn mit den dort lebenden Juden konnte er sich nur in der Heiligen Sprache verständigen. 1881, immerhin 15 Jahre bevor Herzl sein Traktat »Der Judenstaat« veröffentlichte, wanderte Elieser Perelman mit seiner Frau nach Palästina ein. Fortan nannte er sich Elieser Ben Jehuda und nahm seiner Frau das Versprechen ab, nur noch Hebräisch zu sprechen, jene Sprache, die in seiner Vision zur Umgangssprache aller nach Palästina einwandernden Juden werden sollte. Ein Jahr darauf brachte Eliesers Frau Dwora einen Sohn zur Welt. Itamar (Ben Zvi) Ben Jehuda soll das erste Kind gewesen sein, dessen Muttersprache Hebräisch war.

Pionier ohne wahren Einfluss

Ben Jehuda verfolgte die Verbreitung des Hebräischen mit beeindruckender Zielsicherheit, aber auch mit einer schwer vorstellbaren Rücksichtslosigkeit gegenüber seiner Familie. Als in späteren Jahren seine alte Mutter nach Palästina einwanderte, weigerte Ben Jehuda sich, mit der Sterbenden in einer ihr bekannten Sprache zu kommunizieren, denn Hebräisch sprach sie nicht. Auch das Gelöbnis, seinen Sohn in einer ausschließlich hebräischen Umgebung aufzuziehen, führte zu großen Schwierigkeiten, die schon bei der Geburt begannen. So berichtet Ben Jehudas zweite Frau, die zugleich die Schwester seiner ersten Frau war, davon, wie er kurz vor der Niederkunft die ins Geburtszimmer drängenden Nachbarsfrauen und die Hebamme einem Hebräischtest unterzog. Schwärmerisch und offensichtlich an der eigenen Legende schreibend, erzählt auch Itamar selbst in seiner Autobiografie davon, wie sein Vater ihm verbot, den Pferden, Flüssen, Vögeln und Schmetterlingen zu lauschen, da diese eben kein Hebräisch sprächen.
Ben Jehuda selbst schreibt in unverkennbar religiösem Tonfall von den Schwierigkeiten bei der Erziehung eines hebräischspra-

chigen Kindes: »Wir hatten Angst vor den Wänden des Hauses, vor der Luft in den Zimmern, welche die fremdsprachigen Klänge einer Haushaltshilfe aufsaugen konnten, von wo aus jene in die Ohren des Kindes eindringen und sein hebräisches Hörvermögen beinträchtigen konnten und die hebräischen Worte nicht so aufgenommen werden würden, wie sie aufgenommen werden sollten, und das Kind würde nicht Hebräisch sprechen.« Ben Jehuda verbot folglich seiner kranken und schwachen Frau jegliche Hilfe im Haushalt. Auch grenzte die hebräische Erziehung des jungen Itamar wohl manchmal hart an Kindesmisshandlung. Er wurde praktisch in den heimischen vier Wänden gefangen gehalten. Um ihm die biblische Sprache nahe zu bringen, las der Vater seinem in der Wiege liegenden Sohn stundenlang auf Hebräisch aus der Bibel vor. Sprachwissenschaftler vermuten heute, dass die Hebräischkenntnisse im Hause Ben Jehuda zu diesem Zeitpunkt noch schwer zu wünschen übrig ließen. Ein Besucher berichtete, dass Ben Jehuda seinem Wunsch nach einer Tasse Tee in Ermangelung essentieller Vokabeln mit folgenden Worten Ausdruck verleihen musste: »Nimm das und tue das und bring es mir und ich werde trinken.«

Hinzu kommt, dass seine Frau Dvora nur sehr langsam Hebräisch lernte und es lange Zeit nicht auf einem alltagstauglichen Niveau sprach. Man möchte sich lieber nicht vorstellen, wie die Eheleute im Hause Ben Jehuda wichtige Dinge diskutierten. Da überrascht es kaum, dass der kleine Itamar bis zu seinem vierten Lebensjahr schwieg und seine Umgebung schon begann, sich ernste Sorgen um den Geisteszustand des stummen Jungen zu machen. Doch Itamar begann zu sprechen und – oh Wunder – er sprach Hebräisch und leitete so die Renaissance des Hebräischen als Alltagssprache in Palästina ein. So jedenfalls wird es noch heute an den Schulen unterrichtet. Die Wirklichkeit sah wohl in vielen Punkten anders aus. Der Sprachwissenschaftler Benjamin Harschav hat überzeugend dargelegt, wie Ben Jehuda »keinen wirklichen Einfluss« auf die Wiederbelebung des Hebräischen hatte. Harschav spricht von einem »populären Mythos«.

Renaissance des Hebräischen

In Wahrheit hatte die Wiederbelebung des Hebräischen als Litertursprache schon mit der *Haskala*, der jüdischen Aufklärung, begonnen. So schrieb Schalom Abramowitsch eine deutlich vom Jiddischen beeinflusste hebräische Prosa, die in ihrer Geschmeidigkeit den Grenzen einer toten Schriftsprache zu entkommen suchte. Abraham Mapu verfasste in der Mitte des 19. Jahrhunderts den ersten hebräischen romantischen Roman, Sara Menkin Foner war die erste Frau, die 1880 im litauischen Wilna einen hebräischen Roman veröffentlichte. Zu dem Zeitpunkt existierten bereits einige hebräischsprachige Wochen- und Tageszeitungen.

In Palästina gewann die hebräische Bewegung erst mit der sogenannten *Zweiten Alijah*, den von 1904–1914 ins Land gekommenen Einwanderern, an Bedeutung. Das war aber kaum den verkrampften Versuchen Ben Jehudas zu verdanken, ein hebräisches Kind großzuziehen, die zudem mehr als zwanzig Jahre zurücklagen. Wichtiger dürften die zionistischen Lehrer an den Schulen der überall aus dem Boden schießenden Siedlungen gewesen sein, die sich intensiv um die Verbreitung des Hebräischen bemühten. So wurde an der *Alliance Israelite Universelle* in Jaffa um die Jahrhundertwende noch auf Französisch unterrichtet. Bald jedoch forderte das Kollegium ein »hebräisches Curriculum«, stieß mit dieser Forderung bei den frankophonen Sponsoren der Schule in Paris aber auf Unverständnis. 1903 gründete die Direktorin der Schule, Rose Jaffe, darum kurzerhand eine eigene Schule, in der auf Hebräisch unterrichtet wurde. Zwei Jahre später wurde in Tel Aviv »Das hebräische Gymnasium Herzlija« gegründet, an dessen Ausrichtung schon der Name keine Zweifel ließ.

Wie gut (oder schlecht) im Palästina des beginnenden 20. Jahrhunderts Hebräisch gesprochen wurde, ist heute nur schwer zu sagen. Dass der Kampf um die in Palästina vorherrschende Sprache aber auch 1913 noch nicht entschieden war, zeigt der sogenannte »Sprachenkampf« vor der Eröffnung der Technischen Hochschule *Technion* in Haifa – der ersten höheren Bildungseinrichtung Palästinas. Nachdem Gerüchte bekannt geworden waren, die offizielle Unterrichtssprache der *Technion* solle Deutsch sein, kam es zu heftigen Auseinandersetzungen. Die Direktion glaubte wohl, sich kompromissbereit zu zeigen, als sie unterschiedliche Unterrichtssprachen für verschiedene Fächer ankündigte. Doch die überzeugten Hebraisten im Vorstand der *Technion* konnten dem Vorschlag nichts abgewinnen, sie traten zurück. Es kam zu einem Streik der Studentenschaft, unterstützt von Teilen der Fakultät.

Der Siegeszug des Hebräischen war bald nicht mehr aufzuhalten. Am 29. November 1922 machte die britische Mandatsmacht Hebräisch neben Englisch und Arabisch zu einer der drei offiziellen Sprachen Palästinas. Drei Wochen später starb Elieser Ben Jehuda. Bis zum Schluss hatte er wie besessen an seinem Wörterbuch gearbeitet, sein Sohn setzte die Arbeit fort. Erst 1959 erschien der 17. und letzte Band. Da das biblische Hebräisch nur rund 5000 Wörter kennt, musste die Sprache für den Gebrauch im 20. Jahrhundert um zahllose Vokabeln bereichert werden. Noch gegen Ende des 19. Jahrhunderts fehlten im Hebräischen so elementare Begriffe wie »Tomate« und »Zeitung«. Ja, als Ben Jehuda die Arbeit an seinem Wörterbuch aufnahm, musste er zunächst ein Wort für »Wörterbuch« erfinden. Das moderne Hebräisch verdankt Ben Jehuda zum Beispiel die Worte für Eiscreme, Soldat, Blumenkohl, Büstenhalter und Omelett. Sein Sohn, nicht weniger kreativ, machte es möglich auf Hebräisch über Autos, Flugzeuge und Taschendiebe zu sprechen.

Um ihm bei der Erfüllung dieser gewaltigen Aufgabe zu helfen, hatte Ben Jehuda 1890 den »Rat für die Hebräische Sprache« gegründet, der 1953 zur »Akademie der Hebräischen Sprache« wurde und bis heute existiert. Die Akademie hat nicht nur das letzte Wort in allen Fragen der Rechtschreibung und Grammatik, sie soll die hebräische Sprache auch von Fremdworten reinhalten. Zu diesem Zweck präsentiert sie regelmäßig hebräische Neologismen, die sich entweder unbemerkt in die Alltagssprache einschleichen oder von den Israelis mehr oder weniger amüsiert ignoriert werden. Worte wie »Mascara«, »Hightech« oder »Opposition« sollen nach dem Willen der Akademie durch die von ihnen vorgeschlagenen hebräischen Alternativen ersetzt werden. Und auch wenn der Durchschnittsisraeli sich gern über die hohen Sprachpriester der Akademie lustig macht, hat sie einen beachtlichen Einfluss auf die Entwicklung der hebräischen Sprache gehabt. Nach eigenen Angaben gehen schon mehr als 100 000 Wörter auf das Konto der Akademie.

Nicht alle Juden waren von der Renaissance der biblischen Sprache begeistert. Schon Ben Jehuda wurde von religiösen Juden angefeindet, die den Missbrauch der Heiligen Sprache für profane Alltagsdinge nicht dulden wollten. Noch heute spricht eine orthodoxe Minderheit in Israel Jiddisch. Dabei hatte das Jiddische im Heiligen Land immer einen schweren Stand. Trotz seiner Skepsis gegenüber dem Hebräischen war Herzl sich seiner Ablehnung des Jiddischen sicher: »Die verkümmerten und verdrückten Jargons, deren wir uns jetzt bedienen, diese Ghettosprachen werden wir uns abgewöhnen. Es waren die verstohlenen Sprachen von Gefangenen.«

Benjamin Harschav schreibt, Jiddisch sei als eine »pervertierte Sprache« geächtet worden, weil sie die »Perversion der Seele der Diaspora-Juden« wiederspiegelte. »Jude, sprich Hebräisch!« – Plakate mit dieser Aufschrift fanden sich Ende des 19. und Anfang des 20. Jahrhunderts in Palästina. Um die Verbreitung des Jiddischen zu verhindern, trieb noch vor der Staatsgründung eine Organisation ihr Unwesen, die sich »Die Brigaden zur Verteidigung des

Hebräischen« nannte. Mitglieder der Gruppe sabotierten jiddische Filmaufführungen und taten auch sonst alles, um die Verbreitung des verhassten »Diasporajargons« zu hintertreiben. Auch in den Anfangsjahren des Staates nahm der Druck auf die jiddischsprechende Gemeinschaft nicht ab. Eine Tageszeitung wurde am Erscheinen gehindert, jiddische Kulturschaffende hatten es schwer und konnten auf keine staatlichen Subventionen hoffen. Jiddisch blieb eine Unsprache im offiziellen Israel, obwohl es die Muttersprache vieler seiner Führungspersönlichkeiten gewesen war, darunter Ben Gurion, Levi Eschkol und Golda Meir. Die Abneigung gegen das Jiddische hatte sogar Auswirkungen auf die Aussprache des Hebräischen. Ben Jehuda setzte sich dafür ein, Hebräisch so auszusprechen, wie es die in Jerusalem ansässigen sefardischen Juden taten. Diese Aussprache galt generell als dichter an der Aussprache des biblischen Hebräisch, vor allem aber als »maskulin« und »kräftig« – gerade richtig für die »neuen Juden«. Die hebräische Lautbildung der osteuropäischen aschkenasischen Juden hingegen ähnelte dem Jiddischen und war als Sprache der »Hebräer« unerwünscht. Es gab auch andere, absurdere Ideen: Der revisionistische Zionistenführer Seew Jabotinsky schlug gar vor, Hebräisch mit einem italienischen Akzent auszusprechen, um die Verwurzelung des Judentums in der Antike und dessen Hochkultur zu betonen. Die sefardische Aussprache hat sich schließlich durchgesetzt, wenn auch einige der im Hebräischen eigentlich vorhandenen, typisch arabischen Laute den ungelenken Zungen der europäischen Pioniere zum Opfer gefallen sind.

Sprache und Nationalcharakter

Mit den fremden, quadratischen Schriftzeichen scheint Hebräisch dem ahnungslosen Anfänger zunächst ein Buch mit sieben Siegeln zu sein. Hebräisch wird von rechts nach links geschrieben – allerdings nur in Konsonanten. Die Vokale muss man sich beim Lesen dazudenken. Die Buchstaben der Druck- und Schreibschrift haben so gut wie keine Ähnlichkeit miteinander, das Verb »sein« gibt es ebenso wenig wie das Verb »haben« – dafür jede Menge Hilfskonstruktionen. Zur Krönung hat das Vokabular aber auch gar nichts mit irgendeiner anderen, dem Mitteleuropäer möglicherweise geläufigen Sprache zu tun. Kurz: Nach den ersten Unterrichtsstunden kann man sich des Eindrucks nicht erwehren, ein sadistischer Linguist, mit dem Wunsch eine so gut wie unerlernbare Sprache zu erfinden, hätte mit Hebräisch einen großen Sprung in die richtige Richtung gemacht.

Trotzdem haben Generationen von Einwanderern die Sprache erlernt und das verdanken sie den *Ulpanim*. Diese Sprachschulen operieren seit Jahrzehnten nach einem Prinzip, das in deutschen Gymnasien erst in den letzten Jahren populär wurde: Im Unterricht wird ausschließlich die zu erlernende Sprache gesprochen. Im *Ulpan* ging das meist gar nicht anders, da es unter den Neueinwanderern so vieler Länder ohnehin kaum eine gemeinsame Sprache gab. Der für Einwanderer kostenlose *Ulpan* ist nicht nur Sprachschule, sondern soll auch israelische Werte und Kultur vermitteln. Die Schüler lernen dort israelische Geschichte ebenso wie hebräische Kinderlieder, lesen Texte über den Holocaust und die zionistischen Pioniere. Als in den 1990er-Jahren eine Million Einwanderer aus den ehemaligen Sowjetrepubliken ins Land strömten, die mit jüdischer Religion und zionistischen Werten nichts anfangen konnten, wurden die Unterrichtsmaterialien kurzerhand auf die Einwandererwelle zurechtgeschnitten, um den neuen Bürgern die jüdische Religion und ihre Bräuche wieder nahezubringen.

Seit der Gründung des ersten *Ulpan* im Jahr 1949 in Jerusalem sollen mehr als 1,3 Millionen Schüler die Kurse absolviert haben. Das Konzept erwies sich als so erfolgreich, dass andere um ihre Minderheitensprachen besorgte Nationen ebenfalls begannen

In der Entwicklungsstadt Dimona im Negev lernen Neueinwanderer 1955 nach der Arbeit in einem *Ulpan* Hebräisch.

nach der *Ulpan*-Technik zu unterrichten. In Wales heißt ein Anfängerkurs für Walisisch in der lokalen Schreibweise sogar wirklich *Wlpan*. Der sensationelle Erfolg des Hebräischen aber bleibt einmalig. Noch 1910 schrieb der Zionist Salman Epstein, es sei eine Übertreibung zu behaupten, die »Sprache der Vergangenheit sei eine lebendige Sprache geworden«. 38 Jahre später, zum Zeitpunkt der Staatsgründung, sprachen 93,4 Prozent der Israelis, die jünger als 14 Jahre waren, Hebräisch. Heute gibt es etwa drei Millionen hebräische Muttersprachler und in einem hat Ben Jehuda Recht gehabt: Kaum etwas hat mehr zur Bildung einer israelischen Identität beigetragen als die gemeinsame Sprache.

Es entbehrt nicht einer gewissen Ironie, dass die einst tote Sprache heute besonders wandelbar und lebendig zu sein scheint. Israelis, die ihr Land für einige Monate verlassen, werden nach ihrer Rückkehr fast unvermeidlich mit allerlei ihnen bisher unbekannten Slang-Ausdrücken konfrontiert.

Über den Einfluss der Sprache auf den nationalen Charakter der Israelis lässt sich nur spekulieren. Hebräisch ist eine sehr prägnante Sprache, israelische Schriftsteller sind oft erstaunt, dass ihre ins Deutsche übersetzten Bücher plötzlich gut ein Drittel dicker sind. Relativierende Füllwörter und umständliche Höflichkeitsfloskeln zum Beispiel kennt das Hebräische nicht. Dementsprechend reden Israelis gern Klartext; Sprache ist in Israel – im Gegensatz zu den Gebräuchen der arabischen Nachbarstaaten – selten schillernde Verpackung für schöne Gedanken. Ein Unterschied, der bei Friedensverhandlungen schon oft für Missverständnisse gesorgt hat. Auch in der internationalen Geschäftswelt können die israelischen Kommunikationsgewohnheiten problematisch sein. Ein Israeli bringt es ohne weiteres fertig, die Präsentation eines Kollegen oder gar Vorgesetzten mit den Worten »Das ist Unsinn, ich weiß es besser!« zu kritisieren. Um bei internationalen Geschäftsbegegnungen kostspielige Missverständnisse zu verhindern, gibt es mittlerweile Kurse, bei denen die meist leger gekleideten Israelis nicht nur lernen, eine Krawatte zu binden, sondern auch in Kommunikationsformen unterwiesen werden. Dass man Menschen nicht mitten im Satz unterbricht und es dem Verständnis hilft, wenn nicht alle Diskussionsteilnehmer gleichzeitig reden, hat sich in Israel nämlich auch noch nicht herumgesprochen. Die politische Talkshow *Politika* lebt geradezu vom Chaos. Da gibt der Moderator zu Beginn einen Startschuss, eine Stunde später wird die Schlussmelodie eingespielt. Dazwischen brüllen die geladenen Gäste sich gegenseitig an, fallen einander wild gestikulierend ins Wort und sind doch in der Lage, sich nach Ablauf der Sendezeit gemütlich auf einen Kaffee zusammenzusetzen, um »das nette Gespräch fortzusetzen«. Denn ein Israeli nimmt so schnell nichts persönlich, er wollte durch sein Gebrüll ja auch eigentlich nur Interesse zeigen.

»Ein Labor zur Schaffung des Volkes« – Die Armee

önnen Sie mir erklären, warum wir mittlerweile mit Panzern und Hubschraubern auf unbewaffnete Demonstranten schießen?«, will der Fernsehreporter von einem ranghohen Repräsentanten der israelischen Streitkräfte wissen. Der rutscht unruhig auf seinem Stuhl hin und her, sucht nach Worten: »Wir werden eine eingehende Untersuchung einleiten. Nach unseren jetzigen Informationen wurden nur Warnschüsse abgegeben. Sie können sich vorstellen, wie unübersichtlich die Situation in Gaza ist.« Der Fragesteller lässt nicht locker, immerhin scheinen durch die »Warnschüsse« zahlreiche Zivilisten ums Leben gekommen zu sein. »Glauben Sie nicht, dass derartige Aktionen in eklatantem Widerspruch zur ›Reinheit der Waffen‹ stehen?« Der Offizier fällt in seinen Sessel zurück, als ob ihn jemand geohrfeigt habe. Dann durchfährt ihn eine Welle der Entrüstung, er antwortet bestimmt: »Die israelische Armee bleibt ihren Grundwerten auch in schwierigen Situationen treu. Soldaten sind Menschen und damit fehlbar, an den hohen moralischen Ansprüchen der Armee ändert das nichts.« Die »Reinheit der Waffen« ist der *Zahal*, so das hebräische Akronym für die »Armee zum Schutze Israel«, heilig. Zumindest auf dem Papier. In der Doktrin der Streitkräfte liest sich das so: »Angehörige der *Zahal* benutzen ihre Waffen nur im Sinne ihres Auftrages und nur im notwendigen Maß. Sie behalten ihre Menschlichkeit selbst im Kampf. Soldaten der *Zahal* benutzen ihre Waffen und Kraft nicht, um Menschen zu schaden, die Kombattanten oder Kriegsgefangene sind, und werden alles in ihrer Macht stehende tun, deren Leben, Körper, Würde oder Eigentum keinen Schaden zuzufügen.« Hehre Ideale – aber nach vierzig Jahren der Besatzung und der damit verbundenen Kontrolle einer Zivilbevölkerung zweifeln mittlerweile auch Israelis, ob die Armee diesem Anspruch noch gerecht werden kann.

Offiziell wurde die *Zahal* am 28. Mai 1948, zwei Wochen nach der Staatsgründung, ins Leben gerufen. Doch die Geschichte ihrer Entstehung reicht viel weiter zurück, bis in die Zeit nach dem Ersten Weltkrieg. Das Osmanische Reich war untergegangen und die Briten verwalteten dessen ehemalige Provinz Palästina mit einem Mandat des Völkerbundes. Als nun immer mehr jüdische Einwanderer nach Palästina kamen, brachen unter den arabischen Bewohnern des Landes erste Unruhen aus. Die Führung des *Jischuw,* der jüdischen Gemeinschaft im Mandatsgebiet, beschloss, sich nicht länger auf die zunehmend ratlosen britischen Truppen zu verlassen, sondern ihre Verteidigung selbst in die Hand zu nehmen. Sie bildeten jüdische Milizen, um ihre Siedlungen vor Angriffen zu schützen. Doch erst nach den Unruhen des Jahres 1929, die mehrere Hundert Tote auf beiden Seiten gefordert hatten, wurde die *Hagana* (Verteidigung) der jüdischen Siedler zu einer gut organisierten und schlagkräftigen paramilitärischen Organisation. Während des »Großen Araberaufstandes« 1936 bis 1939, der sich gegen die zunehmende zionistische Einwanderung nach Palästina richtete, gehörten der *Hagana* bereits mehrere Tausend Kämpfer an. Obwohl die britische Mandatsmacht die *Hagana* offiziell nicht anerkannte, kooperierten die Briten zur Niederschlagung des Aufstandes doch in einem gewissen Maß mit der jüdischen Miliz.

Ideologische Differenzen führten bald zur Bildung von Splittergruppen wie dem *Irgun* und der *Lechi.* Unter ihren Führern, zu denen die späteren Ministerpräsidenten Menachem Begin und Itzchak Schamir gehörten, verübten diese Truppen Terroranschlägen gegen Beamte der Mandatsmacht ebenso wie gegen Araber. Der Zweite Weltkrieg verschärfte die Gegensätze zwischen den

Gruppierungen. Während die *Hagana* die Briten trotz neuer Einwanderungsbeschränkungen für Juden im Kampf gegen Hitler zu unterstützen suchte, setzte der *Irgun* den Kampf gegen die Mandatsmacht fort.

Mit der Staatsgründung 1948 sollten diese Gegensätze eine Ende haben: Alle paramilitärischen Gruppierungen wurden verboten und sollten in der Armee aufgehen, um gemeinsam den Kampf gegen die feindlichen arabischen Armeen fortzusetzen. Doch zuvor kam es zu einem folgenschweren Zusammenstoß am Strand von Tel Aviv, der davon zeugt, wie ernst die konkurrierenden zionistischen Gruppen damals ihre ideologischen Differenzen nahmen.

Gegen den Willen des *Irgun*-Führers Begin hatte der Dampfer *Altalena* seinen südfranzösischen Hafen verlassen und war nach Palästina in See gestochen. An Bord befanden sich 940 jüdische Kämpfer, 5000 Gewehre, 300 Maschinenpistolen, einige Kettenfahrzeuge und kistenweise Munition, die der *Irgun* in Frankreich aufgetrieben hatte. Die Ankunft des Schiffes war doppelt problematisch. Zum einen war seit dem 11. Juni 1948 ein Waffenstillstand in Kraft, der die Waffeneinfuhr in das Konfliktgebiet untersagte. Ben Gurion ließ Begin deshalb ausrichten, die *Altalena* müsse nachts heimlich an einem Strand entladen werden, um keinen Luftangriff auf den Hafen von Tel Aviv zu provozieren. Zum anderen wollte Ben Gurion einer entscheidenden Forderung Begins nicht nachgeben: Der Befehlshaber der *Irgun* wollte sicherstellen, dass die Waffen an die gerade in die Armee integrierten *Irgun*-Einheiten ausgeliefert würden. Noch während die Fracht entladen wurde, beschloss das Kabinett in Tel Aviv jedoch, Begin notfalls mit Gewalt zur Übergabe aller Waffen zu zwingen. Ein mit zehn Minuten absichtlich knapp berechnetes Ultimatum wurde von Begin ignoriert, kurz darauf kam es zu ersten Auseinandersetzungen. Bis ein Waffenstillstand ausgehandelt worden war, kamen sechs Kämpfer der *Irgun* und zwei Soldaten ums Leben.

Die *Altalena* machte sich in Richtung Tel Aviv auf den Weg. Dort warteten am Strand bereits Soldaten. Vielleicht, um ein Exempel zu statuieren und die Ausbildung einer zweiten Armee im Staate zu verhindern, befal Ben Gurion, die *Altalena* zu entern. In den Straßen von Tel Aviv lieferten sich Anhänger der beiden Fraktionen erste Straßenkämpfe. Als eine Rakete das Schiff traf, drohte die *Altalena* zu sinken. Der Kapitän befahl die Räumung. Zehn Mitglieder des *Irgun* und zwei Soldaten starben bei den Kämpfen.

Der Schock saß tief, einen Bürgerkrieg hatte niemand gewollt. Nachdem der Feldzug gegen die arabischen Armeen siegreich geendet hatte, lösten sich die militanten Gruppierungen auf und beschränkten ihre Aktivitäten auf regelmäßige Veteranentreffen. Der Staat hatte seinen Anspruch auf das Gewaltmonopol rücksichtslos, aber letztlich erfolgreich untermauert.

Mehr als nur eine Armee

Die *Zahal* sollte von Anfang an mehr als nur eine Armee sein. Wer als Jude nach Israel kam, sollte in der Armee zum Israeli werden. 1953 sagte Ben Gurion in einer Rede vor der Armeeführung: »Die *Zahal* muss nicht nur für die Sicherheit der Nation verantwortlich sein wie jede andere Armee. Sie muss auch den Diaspora-Gemeinschaften, die aus allen Himmelsrichtungen ins Land kommen, als Schmelztiegel dienen und ein Labor zur Schaffung unseres Volkes sein. Die *Zahal* soll eine Pionierschule sein und Menschen heranziehen, die das Heimatland bebauen und die Wildnis zum Blühen bringen. Denn die Sicherheit Israels kann nicht gewährleistet werden, ohne die verschiedenen ethnischen Gruppen zu integrieren …«

Um diesen Zielen gerecht zu werden, bot die Armee Hebräischkurse an und unterrichtete Mathematik und Literatur. Schulabgängern ohne Abschluss sollte eine zweite Chance gegeben werden. In den Städten der Peripherie werden noch heute Kinder aus armen Familien rekrutiert und großzügig gefördert. In einem Land, in dem die Studiengebühren längst nicht für alle bezahlbar sind, bietet das Militär die Möglichkeit einer kostenlosen Ausbildung. Zwar müssen sich die jungen Leute als Gegenleistung für einige Jahre verpflichten – doch hinterher bleibt immer noch Zeit, um in der freien Wirtschaft Geld zu verdienen. Jedes Jahr entlässt die Armee ausgebildete Chemiker, Physiker, Softwareentwickler und Piloten, das Armeeradio gilt als die beste Journalistenschule des Landes. Besonders bei Minderheiten wie Beduinen oder äthiopischen Neueinwanderern beginnt ein sozialer Aufstieg nicht selten beim Militär. Selbst Linkspolitiker wie der ehemalige *Merez*-Vorsitzende, Jossi Sarid, sehen im Wehrdienst deshalb die »Eintrittskarte in die israelische Gesellschaft«. Sarid ist aus diesem Grund gegen die immer wieder einmal diskutierte Abschaffung der Wehrpflicht; weil Neueinwanderer sonst zu einer Existenz als »ewige Außenseiter« verdammt wären.

Offiziell gibt es keine Fluchtmöglichkeit vor der Armee. Männer leisten einen obligatorischen Militärdienst von drei Jahren, Frauen sind zu zwei Jahren verpflichtet. Bis zum vierzigsten Lebensjahr müssen Männer der Armee alljährlich einen Monat Reservedienst opfern. Bewacht der Vater dann in Hebron israelische Siedler oder jagt in Gaza Terroristen, herrscht in israelischen Familien der Ausnahmezustand. Diese mehr als 400 000 Reservisten machen neben dem stehenden Heer von rund 140 000 Mann die eigentliche Stärke der israelischen Armee aus. Im Verteidigungsfall können in kürzester Zeit 9,3 Prozent der Bevölkerung mobilisiert werden.

Igal Jadin, der Armeechef und Archäologe, hat einmal gesagt, jeder israelische Bürger sei ein Soldat mit elf Monaten Urlaub pro Jahr. Treffender lässt sich die Idee einer »Armee des Volkes« nicht umschreiben. Kein Wunder also, dass die Armee auch im zivilen Alltag allgegenwärtig ist – so sehr, dass es den Israelis gar nicht mehr auffällt. Besucher, die zum ersten Mal nach Israel kommen, seien oft überrascht über die Militärpräsenz überall im Lande, sagt Joni Meller, der seit mehr als zwanzig Jahren Berufssoldat ist. »Ihr seid eine militaristische Gesellschaft«, bekomme er dann zu hören. Joni versteht gar nicht, was das heißen soll. »Ist es militaristisch, dass *McDonald's* ein spezielles Soldatenmenü anbietet?«, wundert er sich. Oder dass man in den Klamottenläden junge Frauen sieht, die über den möglichst tief sitzenden Uniformhosen schnell ein Spaghetti-Top fürs Wochenende anprobieren? Ist es militaristisch, dass der Molkereikonzern *Tnuva* am Hauptbahnhof einen kleinen Wagen aufgestellt hat, in dem er Soldaten Joghurt oder Milchshakes verbilligt anbietet?

Die Selbstverständlichkeit, mit der sich Soldaten in Israel in Sekundenschnelle in normale Teenager verwandeln können, ist durchaus verwirrend. Ein europäischer Musikprofessor traute seinen Augen nicht, als während eines Meisterkurses ein uniformierter junger Mann das Maschinengewehr in die Ecke stellte, die Blockflöte auspackte und wunderbar sensibel eine Händel-Sonate blies. Wohl nur in Israel muss man sich Gedanken darüber machen, wie Soldaten im Sommer am Mittelmeerstrand ihre Maschinengewehre wegschließen können, um ungehindert in die Fluten zu springen. Die Soldaten sind eben überall. Und das Land ist so klein, dass sie nach dem Dienst oft nach Hause zur Familie fahren. Front und Heimat sind nicht auseinanderzuhalten.

Kollektive Verantwortung

Schon im Kindergarten und in der Grundschule kommen junge Israelis mit der Armee in Berührung. Zu den jüdischen Feiertagen packen die Kleinen Überraschungspakete für Soldaten, die den Feiertag fern ihrer Familien an der Front begehen müssen. Am Heldengedenktag gibt es im Kindergarten eine Feierstunde. Im Alter von 16 Jahren geht's auf Schnupperfahrt ins Militärlager –

auch, um sich über die verschiedenen Möglichkeiten zu informieren, seinen Dienst zu leisten. Und wenn es irgendwo noch Relikte der einst so egalitären israelischen Gesellschaft gibt, dann bei der Armee. Dort kann es vorkommen, dass ein Busfahrer einen Rechtsanwalt kommandiert und der Chef einer erfolgreichen Softwarefirma im Panzer den Navigator für seinen Assistenten macht. Der Umgangston ist auch mit den Vorgesetzten kumpelhaft, es entstehen Freundschaften fürs Leben. »Nach drei Tagen ohne Frischluft im Panzer, ungeduscht und stinkend, hat man keine Geheimnisse mehr«, sagt Amir, der seinen Militärdienst bei der Eliteeinheit *Golani* geleistet hat. »Für meine Kameraden würde ich alles tun.« Die Loyalität bei der Armee sei das Allergrößte, sagt er. Allerdings gibt er zu, dass diese Loyalität den Kameraden gegenüber auch gefährliche Nebenwirkungen hat. Eines Tages, bei einem Einsatz im Gazastreifen, habe er einen anderen Soldaten dabei beobachtet, wie er aus Langeweile auf den Ball spielender Kinder gezielt habe. »Und dann hat er geschossen, mit echter Munition!« Zunächst habe er selbst nichts gesagt, erst nach zwei Wochen sei er zu seinem Vorgesetzten gegangen. »Dass der wirklich etwas unternommen hat, glaube ich aber nicht«, fügt er hinzu. In der Armee werde viel zu viel geschwiegen. »Wahrscheinlich haben sich alle schon damit abgefunden, dass bei unserem Drecksjob die Moral auf der Strecke bleibt.«

Wenn es um die Rettung der eigenen Soldaten geht, dann lässt die Armee sich nichts zuschulden kommen. Es gehört zu den Grundregeln der *Zahal*, niemals einen verwundeten oder gefallenen Soldaten im Feld zurückzulassen. Schon in der Grundausbildung wird geübt, einen Verletzten auf einer Trage mehrere Kilometer durch die Hitze zu schleppen. Auch mehr als 20 Jahre nachdem der israelische Soldat Ron Arad mit seinem Flugzeug im Libanon abstürzte und von schiitischen Kämpfern entführt wurde, verkünden Aufkleber auf israelischen Autos: »Born to be free – Ron Arad!« Diese kollektive Verantwortung für das Schicksal jedes ein-

zelnen Soldaten macht die Armee allerdings besonders erpress-
bar. Fast 5000 palästinensische Häftlinge musste Israel 1983 im
Austausch für sechs von der *Fatah* entführte Soldaten entlassen.
Die Freiheit des von der *Hisbollah* entführten Zivilisten Elchanan
Tennenboim sowie die Auslieferung der Leichen von drei getöte-
ten israelischen Soldaten bezahlte der jüdische Staat 2002 immerhin noch mit 450 Gefangenen und den sterblichen Überresten
von 59 *Hisbollah*-Kämpfern. »Eben weil wir eine Volksarmee sind,
ist ein entführter Soldat wie ein verlorener Sohn der Nation«,
erklärt Berufssoldat Meller. »Es könnte auch mein Sohn sein« –
das denke jeder Israeli in solchen Situationen.
Die Notwendigkeit des Militärdienstes ist vielleicht der letzte große
Konsens innerhalb der israelischen Gesellschaft. Mehr als 70 Prozent der Israelis sind davon überzeugt, ihr Staat kämpfe noch immer um sein Überleben. Als nach dem Attentat auf ein Hotel in
Netanja am Pessachfest 2002 die Armee einen Teil ihrer Reservisten mobilisierte, folgten 95 Prozent der Betroffenen dem Ruf an
die Waffe. Sie nahmen finanzielle Einbußen im Beruf in Kauf und
ließen ihre ängstlichen Frauen und Kinder zu Hause zurück.
So hatten sich die Staatsgründer ihre Volksarmee gewünscht. Ein
israelischer Jude müsse selbstverständlich dazu bereit sein, mit
Waffengewalt die »Existenz, territoriale Integrität und Souverä-
nität des Staates Israel zu verteidigen«, wie es in der Doktrin der
Streitkräfte heißt. Angesichts der realistischen Einschätzung, dass
Israel es sich nicht leisten kann, auch nur einen einzigen Krieg zu
verlieren, war der Wehrdienst lange Jahre keine Frage der persönlichen Einstellung, sondern stand für die kollektive Verantwortung der israelischen Bürger für ihren bedrohten Staat.
In den 1990er-Jahren jedoch, als nach dem Osloer Abkommen
endlich Frieden in der Luft zu liegen schien, gab es einen Über-
schuss an jungen Leuten, für die die Armee keine sinnvolle Ver-
wendung hatte. Plötzlich war es viel einfacher, dem Militärdienst
zu entgehen. Auch von den mehr als 400 000 Reservisten leistet

heute nur noch ein Viertel mehr als 10 Tage Ersatzdienst pro Jahr. Der Idealismus der Gründerjahre ist praktischen Erwägungen gewichen. Junge Leute erwarten heute handfeste persönliche Vorteile von ihrem Militärdienst. Die Armee stellt sich langsam darauf ein: Soldaten, die länger als drei Jahre in Kampfeinheiten dienen, soll in Zukunft das gesamte Studium bezahlt werden. Außerdem wird erwogen, den Sold für besonders gefährliche Aufgaben anzuheben und den kostenlosen Gebrauch von öffentlichen Verkehrsmitteln für Soldaten auf eine gewisse Zeit nach dem Ende des Wehrdienstes auszudehnen.

Verweigerung aus politischen und religiösen Gründen

Um ihnen einen Gewissenskonflikt zu ersparen, sind die arabischen Staatsbürger von der Wehrpflicht entbunden. Von den jüdischen Bürgern leisten nur ultraorthodoxe Juden keinen Dienst an der Waffe. Als David Ben Gurion der orthodoxen Gemeinschaft in den Anfangsjahren des Staates dieses Zugeständnis machte, waren davon nur 400 junge Orthodoxe betroffen. Im Jahr 2005 wurden hingegen 41 500 junge Männer aus religiösen Gründen nicht eingezogen.

Von den 28 Prozent der israelischen Jugendlichen, die keinen Militärdienst leisten, ist die Hälfte religiös. Der Rest lebt entweder im Ausland, hat eine kriminelle Vergangenheit oder ist körperlich oder psychisch nicht in der Lage, Wehrdienst zu leisten. Hinter solchen Gründen verstecken sich aber oft auch Verweigerer, die einfach keine Lust haben, auf dem Weg ins Berufsleben drei Jahre zu verlieren oder die aus politischen oder moralischen Gründen keine Waffe tragen wollen.

Besonders seit dem Ausbruch der zweiten Intifada im Oktober 2000 kommt es immer wieder zu Verweigerungen von jungen Menschen, die sich nicht an der Besatzung der Palästinensergebiete beteiligen wollen. Der zwanzig Jahre alte Zwi Dichter muss deshalb sogar mit einer Gefängnisstrafe rechnen: »Zur Landesverteidigung wäre ich bereit, aber Siedlungen schützen und Zivilisten schikanieren sollen sie ohne mich«, sagt er und fügt hinzu: »Viele meiner Freunde, die ähnlich fühlen, sind ›Profil 21‹ – um Ärger zu vermeiden«. »Profil 21« bedeutet, dass ein Psychiater dem Wehrpflichtigen aus psychischen Gründen die Untauglichkeit bescheinigt hat. Zwi Dichter aber ging es um die politische Botschaft, er wollte seine wahren Beweggründe nicht verstecken. Bei Freunden und Verwandten stieß er auf wenig Verständnis. »Die Armee ist in Israel noch immer eine heilige Kuh. Das hat einen einfachen Grund: Fast jeder Israeli war einmal Soldat, alle haben Söhne, Väter oder Onkel, die in den besetzten Gebieten ihren Dienst leisten. Kritik am Verhalten unserer Soldaten wird so zu einem persönlichen Angriff. Jeder Sohn ist in den Augen seiner israelischen Mutter natürlich ein friedliebender Mustersoldat. Niemand kann sich vorstellen, dass gerade der nette Nachbarsjunge zum Spaß Araber quält, aber weit weg von der Heimat ist eben vieles möglich.«

Die Verweigerungsbewegung ist fast genauso alt wie die israelische Besatzung, bleibt aber ein Randphänomen. Seit am 28. April 1970 eine Gruppe von Gymnasiasten in einem Brief an die damalige Ministerpräsidentin Golda Meir ihre Zweifel an der israelischen Besatzung äußerte, gibt es eine Bewegung unter den vor dem Militärdienst stehenden Schülern, die oft abwertend *Schministim* – Zwölftklässler – genannt werden. Mit dem Ausbruch des ersten Libanonkriegs 1982 kam es erstmals zu Verweigerungen im größeren Stil. 3000 Reservesoldaten weigerten sich damals, an die Front zu ziehen. Etliche von ihnen mussten sich dafür vor Militärgerichten verantworten. Auf dem Höhepunkt der zweiten Intifada im Januar 2002 unterzeichneten 51 Kampfsoldaten einen Brief, in dem sie ankündigten, sich nicht mehr »jenseits der Grenzen von 1967« an der »Unterdrückung eines Volkes« beteiligen zu wollen. Anderthalb Jahre später sorgten 27 hoch angesehene Kampfpiloten mit einer ähnlichen Ankündigung für Aufsehen, ein Dutzend Kämpfer der Eliteeinheit *Sajeret Matkal* folgte dem Beispiel kurz darauf. Mit deutlichen Worten gab auch Oberstleutnant Eitan Ronel seinen Rang zurück. In einem Brief an den damaligen Oberbefehlshaber Mosche Ajalon schrieb er: »Der Wert des Lebens – er verfällt schrittweise. Stufe um Stufe werden Soldaten, Kommandeure, die ganze Nation korrumpiert. Die Werte, mit denen wir groß geworden sind – ›Reinheit der Waffen‹, Wert des Lebens, Respekt vor dem Menschen als Abbild Gottes –, sie sind zu einem lächerlichen Witz verkommen.« Nach dieser Häufung von Verweigerungen begann man sich in Israel Sorgen zu machen über den legendären Zusammenhalt der Armee – doch dann wurde es wieder still um die Verweigerer. Dafür sah sich die Armee in zunehmendem Maße mit möglichen Befehlsverweigerungen von Soldaten konfrontiert, die der Siedlerbewegung nahestehen. Bei vereinzelten Räumungen illegaler Siedlungsaußenposten im Westjordanland hatten sich Soldaten schon mehrfach geweigert, die Räumungsbefehle auszuführen. Die gefürchtete Massenverweigerung beim Rückzug aus dem Gazastreifen im September 2005 blieb aber aus – ein weiteres Zeichen dafür, dass die verbindende Kraft der Armee vielleicht abgenommen hat, aber keineswegs erloschen ist.

Verweigerung bringt Nachteile

Verweigerer gehen nicht nur das Risiko ein, vor ein Militärgericht gestellt zu werden. Das Fehlen des Militärdienstes im Lebenslauf kann auch im Alltag Nachteile bringen. So macht sich Zwi Dichters Mutter große Sorgen wegen der Entscheidung ihres Sohnes. »Sie ist genauso gegen die Besatzung wie ich«, sagt ihr Sohn. Sie habe aber Angst, dass er seiner beruflichen Laufbahn Schaden zufügen könne. »Armeefreundschaften halten hier oft ein Leben lang und die Kameraden helfen einander – privat und beruflich.«

Soziologische Untersuchungen hätten gezeigt, dass oft auf den unteren Sprossen der Karriereleiter stecken bleibt, wer nicht gedient hat. Israelischen Arabern, aber auch Frauen, würden einfach viele hilfreiche Armeekontakte fehlen. Für eine erfolgreiche politische Laufbahn sei ein hoher Rang bei der Armee fast Grundvoraussetzung, meint Zwi Dichter. Die Frage, wo man denn seinen Militärdienst geleistet habe, fehle bei keinem Vorstellungsgespräch. Viele Positionen in Regierungsbehörden sind für Bewerber mit »Profil 21« nicht zugänglich, auch Bus- oder Krankenwagenfahrer kann man mit dieser Einstufung nicht werden.

Die Vorteile, die der geleistete Armeedienst bringt, können im Umkehrschluss leicht den Anschein diskriminierender Maßnahmen gegen jene Bürger erwecken, die der Armee nicht angehörten. Das sind vor allem Araber. Bis Anfang der neunziger Jahre bekamen Familien, von denen zumindest ein Mitglied seinen Militärdienst geleistet hatte, deutliche höhere Sozialleistungen vom Staat. In der Praxis bedeutete das nichts anderes, als dass die offiziell gleichgestellten arabischen Bürger des Staates gegenüber Juden benachteiligt wurden. Noch immer fordern einige Stellenanzeigen von den Bewerbern einen Nachweis ihres Militärdienstes. Viele Araber verstehen das als unmissverständliche Aufforderung von einer Bewerbung abzusehen.

Da die Fluggesellschaft *El Al* ausschließlich ehemalige Piloten der Luftwaffe beschäftigt, steht auch diese Karriere praktisch nur Juden offen. Bis vor wenigen Jahren konnten wegen der Regelung auch Frauen nicht auf einen Sitz in den Cockpits von *El Al* hoffen. Erst 1994 setzte eine junge Frau namens Alice Miller gerichtlich durch, zum Pilotenkurs der Luftwaffe zugelassen zu werden. Zuvor war ihr Wunsch vom damaligen Präsidenten und ehemaligen Luftwaffenchef Eser Weizman mit der Frage abgetan worden, ob das »Mädel« schon einmal einen Mann Socken stricken gesehen habe. Zwar bestand Alice Miller den Eignungstest nicht, aber das wird kaum an ihrem Geschlecht gelegen haben. Mehr als 90 Prozent der männ-

Reinheit der Waffen? Ein israelischer Soldat bewacht Palästinenser.

lichen Bewerber fallen ebenfalls durch. Erst 2001 bestand die erste
Pilotin unter großem Medienrummel ihre Abschlussprüfung.
Obwohl Israel das einzige Land der Welt ist, in dem Frauen zum
Armeedienst eingezogen werden, haben die Streitkräfte dem weiblichen Geschlecht nur sehr langsam gleiche Chancen eingeräumt.
Noch immer sehen viele den natürlichen Arbeitsplatz von Frau-
en in Uniform hinter einem Sekretärinnenschreibtisch. Es gibt
aber durchaus andere Möglichkeiten: Seit über dreißig Jahren
unterrichten Frauen ihre männlichen Kollegen im Panzerfahren.
Einen feministischen Hintergrund hat diese Regelung allerdings
nicht. Man geht einfach davon aus, dass junge Männer gleich-
altrigen Frauen aufmerksamer zuhören als männlichen Lehrern.
Im Militärgeheimdienst sind viele Frauen mit strenggeheimen
Angelegenheiten beschäftigt. Man findet Frauen aber auch bei
der Flugzeugwartung, der Auswertung von feindlichem Funkver-
kehr oder der Koordination von Truppenbewegungen – also in
überaus verantwortungsvollen Funktionen. 500 Frauen leisten

heute ihren Dienst in Kampfeinheiten, in denen sie dieselben Trainingseinheiten absolvieren wie ihre männlichen Kollegen. Durch die Einbindung von Frauen in ehemalige Männerdomänen entstehen aber auch neue Konflikte. So weigern sich religiöse Soldaten, gemeinsam mit Frauen zu trainieren, da ihnen jeglicher Kontakt zum anderen Geschlecht untersagt ist.

Die Triebe der wilden Krieger

Andere, nicht religiöse Soldaten, können wiederum ihre Finger nicht vom anderen Geschlecht lassen. Ein 1998 verabschiedetes umfangreiches Gesetz gegen sexuelle Belästigung konnte nichts daran ändern, dass der Chauvinismus in der israelischen Gesellschaft und damit auch in der Armee fest verankert ist. Vielleicht war es kein Zufall, dass ausgerechnet Jael Dajan, die Tochter des legendären Verteidigungsministers Mosche Dajan, sich für jenen Gesetzesentwurf stark machte. Mosche Dajan war für seine außerehelichen Affären berüchtigt und soll bei diesen nichtmilitärischen Eroberungen sehr zielgerichtet und nicht gerade zimperlich vorgegangen sein. An die Debatten über das Gesetz erinnert Jael Dajan sich heute: »Es war ein mühsamer Prozess damals. Immer wieder kamen dumme Sprüche von Kollegen in der Knesset.«
Die israelische Gesellschaft bleibe im Grunde männerdominiert und sexistisch, resümiert sie. Dafür mag es vielerlei Gründe geben. Der als Gegenentwurf zum schwächlichen Diasporajuden propagierte »wehrhafte Jude« durfte ruhig über eine gewisse Portion ungeschliffener Männlichkeit verfügen. Kein Wunder also, dass die wilden Krieger ihre Rechte beim vermeintlich »schwachen« Geschlecht als Selbstverständlichkeit einforderten. Gerade innerhalb der Armee sahen Offiziere ihre weiblichen Untergebenen oft als Freiwild. Heute gibt es eine 24-Stunden-Hotline für Soldatinnen, die sich belästigt fühlen, und eine Frauenbeauftrag-

Ganz normale Jugendliche:
Ein Soldat und seine Freundin
in Jerusalem

te des Armeechefs – dennoch ist sexuelle Belästigung in der Armee noch immer keine Seltenheit. Jede vierte junge Soldatin gab in einer Umfrage an, belästigt worden zu sein. Fragt man die jungen Frauen explizit nach unerwünschten sexuellen Angeboten oder anzüglichen Bemerkungen, liegt die Zahl der Betroffenen allerdings zwischen 70 und 85 Prozent. Offensichtlich ziehen auch Frauen in Israel die Grenze der Belästigung weniger eng als anderswo. »Das ist der Gewöhnungseffekt«, erklärt Jael Dajan dann ein wenig resigniert. Und wirklich gehören ein Klaps auf den Po und anzügliche Bemerkungen vielerorts in Israel zum normalen Umgang. Darf ein Boss seine Untergebene *Motek* (Süße) nennen? Zumindest wäre es nicht ungewöhnlich in einem Land, in dem sogar die Taxizentrale mit den Worten bestätigt: »Ja, *Motek*, da kommt dich gleich einer abholen.«

Der überwiegende Teil der Interaktion zwischen den Geschlechtern in der Armee fällt natürlich nicht in die Kategorie »sexuelle Belästigung«. Jede Organisation, die Zehntausende von 18- bis 21-jährigen Männern und Frauen zusammenbringt, und sei es zur Landesverteidigung, muss mit etwas romantischer Regsamkeit rechnen und bekommt es bisweilen mit unerwarteten Problemen zu tun.

So hat die Armee 2006 entschieden, dass das Umnähen der Uniformen strengstens verboten ist, auch wenn der Schnitt gerade nicht der neuesten Mode entspricht. So sollte einem Trend unter jungen Soldatinnen ein Ende gemacht werden, ihre Uniformhosen einige Zentimeter tiefer als eigentlich vorgesehen zu tragen. 120 Übeltäterinnen mussten sich in Disziplinarverfahren verantworten, alle Erklärungsversuche und Bitten um Verständnis blieben vergebens. So beschwerte sich eine 18 Jahre alte Soldatin, die Uniformhosen ließen ihre Figur »gar nicht recht zur Geltung kommen«. Deshalb habe sie ihre Hose mühsam selbst umgenäht. Ihre Freundin Awigail hat diese Arbeit lieber ihrer Mutter überlassen: »Die fand das ganz normal und gar nicht seltsam. Jeder will eben so gut wie möglich aussehen.« Außerdem dürften sie doch am Wochenende nur dann umsonst mit dem Zug nach Tel Aviv fahren, wenn sie Uniform trügen. »Was, wenn da ausgerechnet mein Traummann neben mir sitzt und ich eine Hose mit Bauchnabelschnitt trage?«, fragte die modebewusste Soldatin entrüstet.

Es sind solche Episoden, die einem immer wieder vor Augen führen, dass es ganz normale Jugendliche sind, die plötzlich die Verantwortung für ihr Land schultern sollen, sich aber im Umgang mit Palästinensern auch in einer fast absoluten Machtposition wiederfinden, die leicht zu Missbrauch verführt. In jedem Fall hinterlässt der Dienst seine Spuren: Israelische Studenten wirken oft älter, reifer aber auch ein bisschen trauriger als ihre europäischen Altersgenossen. Bevor sie sich an der Uni einschreiben oder einen Beruf erlernen, flüchten viele für einige Monate in die Ferne, nach Indien, Thailand oder Südamerika. Sie treiben Yoga oder nehmen Drogen, um den militärischen Drill der Armee zu vergessen. Bis sie – wieder daheim – zu ihrem ersten Reservedienst einberufen werden.

Der Traum ist aus – Die Kibbuzim

Elieser Gal ist 82 Jahre alt und hat in seinem langen Leben schon so einiges mitgemacht. Während ein großer Teil seiner Familie in Konzentrationslagern ermordet wurde, kämpfte Gal im Panzer bei der Schlacht um Leningrad, flüchtete dann vor Stalins Schergen ausgerechnet nach Berlin. Ein erster Versuch, 1947 an Bord der *Exodus* nach Palästina zu gelangen, scheiterte an der britischen Mandatsmacht, die die jüdischen Flüchtlinge nicht an Land ließ, sondern das Schiff über Umwege ausgerechnet nach Deutschland, in das Land der Mörder, zurückschickte.

Ein Jahr später gelang Gal die Einreise. Er ließ sich in Degania Aleph, einem Kibbuz am südlichen Ufer des See Genezareth, nieder. Zunächst arbeitete er im Kuhstall, später bei der Bananenernte oder einfach immer da, wo es gerade nötig war. Bequem sei das Leben im Kibbuz nicht gewesen, sagt er. »Die Malaria hatten sie schon vor meiner Ankunft besiegt, aber die Syrer schossen noch immer von der anderen Seite des Sees herüber.« Während des Jom-Kippur-Krieges 1973 hätten sie sogar einen syrischen Angriff mit selbstgebastelten Molotow-Cocktails abgewehrt. Gal winkt ab: »Alles Kleinigkeiten im Vergleich zu dem, was wir jetzt beschlossen haben.« Denn auf seine alten Tage muss Elieser Gal nun lernen, mit Geld zu wirtschaften und selbst Rechnungen zu bezahlen. Vielleicht, erzählt er stolz, werde er sogar noch ein Bankkonto eröffnen. Dann rollt Elieser Gal in seinem kleinen Elektrowagen durch die gepflegten Gärten des Kibbuz davon.

Der Kibbuz Degania Aleph, die älteste Kommune Israels, ist keine sozialistische Idylle mehr. Nach fast einhundert Jahren haben die Bewohner für einen Plan gestimmt, den sie selbst *Schinui* – »Veränderung« – nennen. In Degania herrscht nun nicht mehr bedingungslose Gleichheit unter den 300 Bewohnern. Bekam früher jeder *Kibbuznik* das gleiche, bescheidene Taschengeld pro Monat, so wird nun nach Qualifikation und Leistung entlohnt. Strom und Wasser zahlt jedes Mitglied privat und im Zentrum des riesigen Speisesaales befindet sich eine Kasse. Zwar müssen Kibbuzmitglieder weniger für ihre Mahlzeiten zahlen als Gäste, aber umsonst gibt es nichts mehr.

Mit den Grundsätzen der zehn Gründer, die sich 1910 an der Jordanmündung niederließen, hat das auf den ersten Blick nicht mehr viel zu tun:»Wir sind gekommen, um eine unabhängige hebräische Niederlassung zu gründen, eine Kollektivsiedlung, in der es weder Ausbeuter noch Ausgebeutete geben wird – eine Kommune«, schrieben sie damals. Kein Privateigentum sollte es geben, und dazu zählten die Gründer Kaffeetassen ebenso wie Kinder. Gegessen wurde gemeinsam im Speisesaal, das wenige Taschengeld konnte man im kibbuzeigenen Tante-Emma-Laden ausgeben, allerdings in Gutscheinen. Viele im Kibbuz geborene Kinder wuchsen auf, ohne jemals einen einzigen Schekel in der Hand gehalten zu haben.

Anders als in den meisten Kibbuzim haben die Kinder in Degania aber nie im»Kinderhaus« schlafen müssen, sondern durften die Nacht im Haus ihrer Eltern verbringen. Auch war man in Degania fortschrittlich genug, die Wäsche schon ab 1920 namentlich zu kennzeichnen und sie nicht mehr nach dem Zufallsprinzip zu verteilen. Vorher gab es jede Woche ein weißes Hemd für den Schabbat, ein paar Hosen, zwei blaue Arbeitshemden, Socken und ein Handtuch. Ob man die richtige Größe bekam, war Glückssache und irgendwie auch egal: Der Kibbuz sollte ja kein Laufsteg sein. So ist»die Veränderung« eigentlich ein schleichender Prozess gewesen. Schon in den sechziger Jahren wurde diskutiert, ob der Kibbuz Fernseher anschaffen sollte – schließlich wurde jedem

Vor der Privatisierungswelle: Ein gemeinsames Essen im Speisesaal des Kibbuz Degania Aleph 1972

Mitglied ein Fernseher ins Wohnzimmer gestellt. Später wollten immer mehr Familien zu Hause kochen und nicht zu jeder Mahlzeit in den gemeinsamen Speisesaal eilen. Nach heftigen Diskussionen wurden in den Wohnungen kleine Küchen installiert. Der Kibbuz und die Wirklichkeit – eine harmonische Beziehung war das schon lange nicht mehr. Auch den Pionieren der besseren Welt blieb nichts anderes übrig, als sich den Entwicklungen der kapitalistischen Umwelt anzupassen. Die Richtlinien der »Veränderung«, nachzulesen in einem dünnen grünen Schnellhefter, sind nur die letzte Konsequenz dieser Entwicklung.

Schai Schoschani ist trotzdem davon überzeugt, »die Veränderung« sei auch im Sinne der sozialistischen Gründer. Schoschani war einmal Kibbuzsekretär, jetzt darf er sich »Aufsichtsratsvorsitzender« nennen. An seinem Idealismus hat das nichts geändert. »Vollkommene Gleichheit lässt sich in der heutigen Gesellschaft nicht mehr umsetzen«, gibt er zu. Die Zeiten hätten sich eben geändert. »Aber

ich glaube, eine gewisse Grundsolidarität lässt sich bewahren.« Und
diese Solidarität sei das Ziel des »Degania-Modells«.

Denn ein wenig Sozialismus bleibt: Neben den üblichen staatlichen Steuern zahlen die Bewohner von Degania eine Gebühr
und 20 Prozent Gemeinschaftssteuer an den Kibbuz. Dafür muss
in Degania noch immer niemand Miete zahlen und die Benut-
zung von Tennisplatz und Swimmingpool ist auch umsonst. Um
die fehlenden Altersrücklagen der Senioren auszugleichen,
bekommen diese eine einmalige Zahlung, deren Höhe von der
Dauer ihrer Mitgliedschaft abhängt. Die Einkommensunterschie-
de in Degania sind wegen dieser Regelungen auch heute noch
deutlich geringer als andernorts in Israel.

Gescheiterter Sozialismus?

Aber ist die Idee des Kibbuz nicht trotzdem gescheitert? Auch
wenn Schoschani die Frage offensichtlich nicht zum ersten Mal
hört, macht sie ihn wütend: »All die Journalisten fragen jetzt, was
schiefgelaufen ist. Dabei muss die richtige Frage wohl lauten: Was
lief richtig, dass unser Lebensstil fast hundert Jahre lang gut funktioniert hat?« Er jedenfalls habe nicht das Gefühl, dass der Kapi-
talismus ihren Traum zerstört habe. »Unser Sozialismus ist erwachsen geworden«, sagt er selbstbewusst.

Das sehen nicht alle Bewohner so. Zwar haben 240 der 287 Kibbuznikim nach einem Probejahr für die Reformen gestimmt, aber
längst nicht alle sehen in ihnen die Rettung ihres sozialistischen
Traumes. »In meiner Generation gibt es keine Pioniere mehr«,
stellt Dani Grienblatt, der Gärtner von Degania, nüchtern fest.
»Wir wollen einfach leben. Wir wollen ein Auto, Urlaub und ein
Haus, das wir unseren Kindern vererben können.«

Degania ist nicht der einzige Kibbuz, der sich von seinen sozialistischen Idealen, zumindest teilweise, verabschieden musste. Über

zwei Drittel der rund 280 Kibbuzim im Land haben ähnliche Maßnahmen ergriffen – oft nicht freiwillig, sondern als letzte Konsolidierungsmaßnahme. Es entbehrt nicht einer gewissen Ironie, dass ausgerechnet die reichsten Kibbuzim sich noch am ehesten an die ursprüngliche Ideologie halten – eben weil sie es sich leisten können.

Die Kibbuzbewegung war immer von staatlicher Unterstützung abhängig, die ihr der Staat in Form von Agrarsubventionen zukommen ließ. Bis Ende der siebziger Jahre belief sich die staatliche Hilfe auf 30 bis 50 Prozent der erwirtschafteten Gewinne. Um Kürzungen zu kompensieren, investierten viele Kibbuzim unüberlegt in Industrieprojekte und liehen sich viel Geld von den Banken. Angesichts einer Inflation von bis zu 400 Prozent schien das Anfang der achtziger Jahre ein gutes Geschäft zu sein. Als der Staat schließlich die Notbremse zog und die Währung sich stabilisierte, standen die Kibbuzim vor einem kaum abzutragenden Schuldenberg. Noch heute betragen die Schulden der Kibbuzim insgesamt geschätzte zwei Milliarden Dollar – und das, nachdem den Kommunen 1989 und 1996 große Teile ihrer Verbindlichkeiten erlassen worden waren.

Zudem hatte die treueste Verbündete der Kibbuzbewegung, die Arbeitspartei, schon 1977 die Wahlen gegen den rechten *Likud*-Block verloren. Für den Likud aber waren die Siedler in den Palästinensergebieten die neuen Pioniere. Wie früher die Kibbuzim besiedelten sie das Land, verteidigten es notfalls mit ihrem Leben und versuchten es so zu einem Teil Israels zu machen. Die Front habe sich ins Westjordanland verlagert, argumentierten Likud-Politiker und kürzten den Kibbuzim die Zuschüsse.

Oft schwang in solchen Äußerungen auch eine gewisse Abneigung gegen die einflussreiche aschkenasische Elite mit, deren Vertreter mit arroganter Selbstverständlichkeit aus den sozialistischen Siedlungen in die staatlichen Machtpositionen aufstiegen. Ein Drittel der Mitglieder im ersten Kabinett des neugegründeten

Staates waren Kibbuznikim. Mitte der siebziger Jahre lebten zwar nur sieben Prozent der Gesamtbevölkerung in den Kommunen, doch 15 Prozent der Knesset-Abgeordneten kamen aus Kibbuzim. Zudem hatten damals besonders die aus einfachen Verhältnissen stammenden, orientalischen Juden nicht den Eindruck, dass die Kommunarden für ihren vergleichsweise hohen Lebensstandard besonders hart arbeiteten. Und wirklich, 1998 lag die durchschnittliche Arbeitszeit im Kibbuz bei 20 Wochenstunden, etwa die Hälfte der andernorts üblichen Stundenzahl.

Heute leben noch ungefähr 115 000 Menschen in Kibbuzim. Lange Jahre hatte die Bewegung mit einer starken Abwanderung zu kämpfen. Die Kinder verließen die Kommunen meist mit dem Militärdienst und kehrten danach nicht wieder zurück. Das Durchschnittsalter in Degania liegt heute bei 55 Jahren, eine Geburtenrate ist so gut wie nicht vorhanden. Seit mehr und mehr Kommunen den Weg der Privatisierung gehen, gibt es wieder Anlass zu etwas Hoffnung. Junge Familien suchen heute die Kibbuzidylle; Kibbuzschulen und -kindergärten genießen in Israel einen guten Ruf. So geht es mit den Einwohnerzahlen in einigen Kibbuzim langsam wieder aufwärts. In Neubaugebieten entstehen dort eindrucksvolle Villen, die in einem starken Kontrast zu den bescheidenen Kibbuzhäusern von einst stehen.

So weit ist es in Degania noch nicht. »Wir müssen als erster Kibbuz des Landes doch die Fahne hochhalten«, sagt die hochbetagte Ella, die sich gemeinsam mit ihrem Sohn auf dem Weg zum Kibbuzfriedhof befindet. Sie hat als eine der wenigen gegen die Reformen gestimmt – obwohl sie zugeben muss, dass die Kibbuzbewohner seitdem mit vielem sparsamer umgehen. »Sie lassen nicht mehr einfach die Klimaanlage oder das Licht an, wenn sie das Haus verlassen, weil sie den Strom jetzt selbst bezahlen müssen.« Ihr Sohn, der noch immer in der Landwirtschaft arbeitet, nickt bestimmt. »Sie wissen, dass A. D. Gordon hier begraben liegt?«, fragt er. Gordon habe eine »Religion der Arbeit« propagiert, erklärt er dann. Leider hätten es im Heimatkibbuz des zionistischen Denkers einige mit dieser Religion nicht allzu ernst genommen. »Die Arbeit hier war hart und dreckig.« Nicht alle hätten mit dem nötigen Elan angepackt. Darum habe es auch hier schon seit Jahren Lohnarbeiter gegeben – früher Palästinenser, heute Thailänder. »Manche Mitglieder haben sich die Zeit statt mit der Arbeit lieber mit den weiblichen Freiwilligen aus Europa vertrieben«, sagt er schmunzelnd, aber nicht ohne Bitterkeit. So etwas gäbe es seit den Reformen nicht mehr. In Degania herrsche jetzt zum ersten Mal seit Jahrzehnten Vollbeschäftigung, berichtet er stolz. Und das aus einem einfachen Grund: »Wir haben einsehen müssen, dass besser bezahlte Arbeiter auch mehr und bessere Arbeit leisten.«

Wende zur Marktwirtschaft

Die Kibbuzim mussten sich wohl ändern, weil ihre Lebensrealität an allerlei allzu menschlichen Makeln litt. Sie haben sich aber auch gewandelt, weil sich die israelische Ökonomie gewandelt hat. Das israelische Wirtschaftssystem war jahrzehntelang eine Mischform aus Marktwirtschaft und Planwirtschaft mit extrem hoher Staatsquote und massiven Regulierungen. Der Staat übte entscheidenden Einfluss auf die Finanzmärkte und die Wechselkurse aus, legte viele Preise und Löhne fest und kontrollierte wichtige Bereiche der Industrie und Landwirtschaft. Die Gewerkschaft *Histadrut* wurde zu einem der größten Arbeitgeber und zu einem der wichtigsten Machtfaktoren in Israel.
Zunächst schien das Konzept aufzugehen. Die ersten Jahre des Staates waren – von wenigen dürren Jahren abgesehen – eine wirtschaftliche Erfolgsgeschichte. Das Bruttosozialprodukt wuchs bis 1972 im Schnitt um jährlich 10 Prozent. Sogar die Integration von mehreren hunderttausend Einwanderern bewältigte der Staat. Erst mit dem Jom-Kippur-Krieg 1973 setzte eine zweite Phase ein,

die auf die zukünftigen Probleme hinwies. Das Wirtschaftswachstum stagnierte nun auf 2 bis 3 Prozent, die Inflation nahm zu und Hilfszahlungen aus den Vereinigten Staaten und Europa machten bis zu 14 Prozent des Bruttosozialproduktes aus. Im Strudel der Ölkrise und der internationalen Rezession stieg die Inflationsrate Anfang der achtziger Jahre in dreistellige Höhen und erreichte 1984 einen Spitzenwert von fast 450 Prozent. Die Regierung rief den wirtschaftlichen Notstand aus und verabschiedete den »Notplan zur wirtschaftlichen Stabilisierung«. Die extreme Situation und die Tatsache, dass der Plan von amerikanischen Finanzhilfen abhängig war, ließen dem Staat keine Wahl: Eine Wende zur freien Marktwirtschaft musste eingeleitet werden.

Ein Gewerkschaftsimperium – Die Histadrut

Schon einige Jahre früher, nach der Machtübernahme des konservativen Likud-Blocks, 1977, hatte es erste Versuche gegeben, die Privatwirtschaft zu stärken. Im Rahmen der sogenannten »neuen Ökonomie« wurden Steuern erhöht, Subventionen gekürzt sowie staatliche und gewerkschaftliche Unternehmen privatisiert. Dieser Prozess dauert bis heute an. Eine Hauptrolle in der Umgestaltung spielt die Gewerkschaft Histadrut, die »Neue Allgemeine Vereinigung der Arbeiter«.

Ihre zentrale Rolle zeigt sich schon darin, dass viele Politiker das Amt des Vorsitzenden als Sprungbrett nutzten. Bis 1935 leitete Ben Gurion die Gewerkschaft, später saß Golda Meir auf dem Chefsessel. In der jüngeren Vergangenheit suchten die Gewerkschaftsvorsitzenden und Arbeitspolitiker Chaim Ramon und Amir Perez die Politik vom Gewerkschaftsvorsitz aus zu erobern.

Schon 1930 vertrat die Histadrut 74 Prozent aller jüdischen Arbeiter in Palästina. Auf dem Höhepunkt ihrer Macht in den 1970 er-Jahren war die Gewerkschaft das größte Wirtschaftsim-

Wenn die Gewerkschaft *Histadrut* mal wieder zum Generalstreik aufruft, stapelt sich auf den Straßen von Jerusalem der Müll.

perium des Landes. Das Bauunternehmen *Solel Bone*, die »Arbeiterbank« (*Bank HaPoalim*), die Busunternehmen *Egged* und *Dan*, die Wasserwerke, und zahlreiche andere Firmen gehörten der Histadrut. Vor den 1977 eingeleiteten Reformen kontrollierte die Histadrut die fantastische Zahl von 25 Prozent aller israelischen Unternehmen. Selbst die staatliche Krankenkasse *Kupat Cholim* wurde von der Histadrut verwaltet.

Die enge Verflechtung von Histadrut und Arbeitspartei führte unweigerlich zu Vetternwirtschaft und Korruption. Die Direktoren der Histadrut-Betriebe wurden oft weniger nach ihren Fähigkeiten ausgewählt, als nach ihrer politischen Ausrichtung. Das Selbstverständnis der Histadrut als politische Kraft erklärt auch deren Unwillen, sich nach dem Wahlsieg des Likud und dem Beginn der Wirtschaftsreformen den veränderten Gegebenheiten anzupassen. Schließlich konnte man immer noch auf den baldigen Wahlsieg der Arbeitspartei (*Awoda*) hoffen, die es den Genossen an der Gewerkschaftsspitze ermöglichen würde, zur liebgewonnenen Ineffizienz zurückzukehren. Das sollte sich erst ändern, als Chaim Ramon 1994 die Leitung der Gewerkschaft übernahm. Obwohl Ramon Mitglied der Awoda war, trat er an der Spitze einer unabhängigen Liste an und schlug den offiziellen Kandidaten der Arbeitspartei mit deutlichem Vorsprung. Ramon wollte die Histadrut entpolitisieren und ihr ebenso undurchsichtiges wie unrentables Wirtschaftsimperium auflösen. Die Histadrut sollte nur noch Gewerkschaft sein. Über 2000 der 3500 Angestellten mussten ihre Schreibtische räumen. Als die Krankenkasse auf einmal auch unabhängig von der Histadrut zugänglich war, verlor die Gewerkschaft auf einen Schlag zwei Drittel ihrer Mitglieder. Seitdem tut sich die Histadrut nur noch durch alljährliche Generalstreiks hervor, die – meist zu den hohen Feiertagen – das ganze Land, einschließlich Müllabfuhr und Flugverkehr, für einige Tage lahmlegen.

1997 wurde die zum Histadrut-Imperium gehörende »Arbeiterbank«, Israels damals größte Bank, privatisiert. Auch der israelische Staat veräußerte einige Jahr später seine beiden Banken *Leumi* und *Discount Bank*. (Dem Service hat die Privatisierung in diesen Fällen leider nicht genützt. Noch immer verlangen israelische Banken Gebühren für die alltäglichsten Transaktionen, die bei Kreditinstituten anderswo auf der Welt selbstverständlich kostenfrei sind.) Ihren Höhepunkt erreichte die Privatisierungspolitik in Benjamin Netanjahus Amtszeit von 1996 bis 1999. Auch 2003 bis 2005, als Finanzminister unter Ariel Scharon, hat Netanjahu eine radikale Liberalisierung des Marktes vorangetrieben, oft ohne Mitleid für die schwächeren Segmente der Gesellschaft.

Die Zeiten, da es in Israel wenig wirklich reiche Menschen, dafür aber auch kaum bitterarme Menschen gab, sind vorbei. Heute sieht man in Tel Aviv Bettler am Straßenrand, während gleich nebenan ein Hochhaus mit Luxusappartements nach dem anderen aus dem Boden schießt. Das Zentralamt für Statistik stellte Ende 2002 fest, dass die Kluft zwischen Arm und Reich von allen westlichen Industriestaaten nur in den Vereinigten Staaten größer sei als im einst so egalitären Israel.

Als großer »Verhandlungsverhinderer« gegenüber den Palästinensern hat Netanjahu der Wirtschaft seines Landes aber auch enorm geschadet: Zwar streiten die Wirtschaftswissenschaftler darüber, in welchem Ausmaß sich Fortschritte im Friedensprozess auf die Konjunktur und die Höhe der ausländischen Direktinvestitionen auswirken – doch dass es diesen Zusammenhang gibt, ist als solches unbestritten. Oft zu Unrecht werden hingegen die horrenden Verteidigungsausgaben als Wachstumsbremse gegeißelt. Denn zum einen sind Rüstungsgüter ein besonders lukrativer Exportschlager, zum anderen fördert die Armee im großen Umfang technische Innovationen, die neben ihrer militärischen Bestimmung oft auch Absatz auf dem zivilen Markt finden.

Das moderne Israel ist ein Hightech-Land und gilt als eines der weltweit wichtigsten Zentren für Softwareentwicklung und technologische Forschung. Obwohl die Zuwächse in der Branche heute bescheidener ausfallen als in den boomenden Neunzigern, sagen Experten für die kommenden Jahre einen Anstieg des technischen Exportvolumens von jetzt 25 auf bis zu 40 Prozent voraus.

Zum Vergleich: Kamen 1984 noch neun Prozent des Exportes aus der Landwirtschaft, so liegt die Zahl heute bei etwa zwei Prozent. Auch diese Verschiebung wirtschaftlicher Prioritäten hat zu den Veränderungen in der israelischen Gesellschaft beigetragen.

Von den sozialistischen Wurzeln ist im Alltag – auch außerhalb der Kibbuzim – nur noch wenig übrig. Die Preisbindungen für Grundnahrungsmittel sind verschwunden. Nachdem die Bäckereien mehrfach angedroht hatten, eine besonders billige Sorte Brot einfach nicht mehr zu backen, um beim Verkauf keine Verluste zu machen, wird in Zukunft der Markt auch den Brotpreis selbst regulieren. Dabei war die Dauerdiskussion um den Brotpreis für Politiker eine treffliche Möglichkeit, sich als Retter der Armen zu präsentieren.

Steuern und andere Raffinessen

Als Relikt aus den sozialistischen Kindertagen belegt Israel gewisse Luxusgüter noch immer mit horrenden Steuern. Zum Leidwesen der Israelis zählen auch Autos zu diesen Luxusgütern. 95 Prozent Steuern müssen auf ein importiertes Fahrzeug gezahlt werden – und importiert ist es immer, weil in Israel seit 1980 keine Autos mehr gebaut werden. (Der in der Nähe von Haifa produzierte *Sussita* war in den sechziger Jahren eine israelische Erfolgsgeschichte. Unter dem Namen *Sabra* wurden die billigen Autos für einige Zeit sogar in die USA exportiert. Als 1980 nur noch rund 500 Fahrzeuge der Firma einen Abnehmer fanden, wurde die Produktion eingestellt.)

Selbstverständlich sind die 15,5 Prozent Mehrwertsteuer noch nicht in den 95 Prozent Luxussteuer enthalten. Ein Auto kostet in Israel also beinahe doppelt so viel wie anderswo. Auch die israelische Benzinsteuer von 52 Prozent ist rekordverdächtig. Da fällt es kaum mehr ins Gewicht, dass das Autoradio extra besteuert wird – und zwar unabhängig davon, ob das fragliche Fahrzeug überhaupt mit einem Radio ausgestattet ist. Israelische Familien leisten sich trotzdem ein oder gleich zwei Autos, notfalls auf Kredit. Die Hemmschwelle, sich zu verschulden, scheint in Israel niedriger zu liegen als in anderen Ländern. Das englische Wörtchen für Dispositionskredit, *overdraft*, ist mit liebevoller Selbstverständlichkeit in das Hebräische eingegangen. Die Anziehungskraft der roten Zahlen auf die Israelis war so groß, dass es den Banken 2007 gesetzlich verboten wurde, ihren Kunden über den vereinbarten Überziehungsrahmen hinaus noch mehr Spielraum auf dem Konto einzuräumen – und dabei horrende Zinsen zu kassieren.

Anderen Eigenheiten des israelischen Geschäftsgebarens merkt man deutlich an, dass sich das Land eben doch im Orient befindet. Die wenigsten Mitteleuropäer sind es gewohnt, selbst im Computerladen über Preis und kostenlose Extras zu verhandeln wie auf dem Wochenmarkt. Ein Israeli muss aber zumindest eine Verlängerung der Garantiezeit um ein paar Monate aushandeln, denn sonst wäre er ja ein »Freier« und kaum etwas bringt den Durchschnittsisraeli mehr in Rage als sich als »Freier« zu fühlen. Ein »Freier« lässt sich nicht nur geschäftlich übertölpeln, ihm fehlt die urisraelische Charaktereigenschaft, seine natürlichen Rechte mit der angemessenen Vehemenz zu verteidigen. Er reiht sich zum Beispiel beim Postamt widerspruchslos in die Schlange ein und marschiert nicht, irgendwelche ungemein wichtigen Briefe wedelnd, an allen vorbei auf den Schalter zu. Eigentlich ist es aber schon ausreichend, einem anderen Autofahrer im Straßenverkehr die ihm nach der Straßenverkehrsordnung gebührende Vorfahrt zu gewähren, um sich als »Freier« ganz besonders schlecht zu fühlen. Denn dazu macht einen kein anderer, ebensolcher wird man durch die eigene, ins paranoide übersteigerte Angst davor, von anderen ausgenutzt zu werden.

Vielleicht ist es dann auch die Angst vor dem »Freiertum«, die vielen Israelis im Alltag eine gewisse Großzügigkeit und Nettigkeit ausgetrieben hat, die das Land, den Erzählungen der Alten nach, in seinen sozialistischen Anfangsjahren ausgezeichnet haben soll. Vielleicht ist das aber auch nur der Lauf der Dinge, wenn ein Staat erwachsen wird. Zur Rechtfertigung der Israelis soll allerdings nicht unerwähnt bleiben, dass die Angst vor der Gerissenheit der anderen zumindest im Geschäftsleben nicht unbegründet ist. Dort wimmelt es nur so von »Kombinatoren« die auf eine gewisse Weise das Gegenteil der »Freier« sind. Eine *Kombina* – so heißt die »Ware« der »Kombinatoren« – ist ein auf der Basis von persönlichen Beziehungen entstandener »Deal«. Meist deutet die Bezeichnung aber daraufhin, dass das Geschäft unter nicht ganz astreinen Umständen zustande gekommen ist. Weil aber Israel ein kleines Land ist und jeder jemanden kennt, der wiederum einen anderen kennt, dessen Freund irgendeinen Verwandten hat, mit dem man mal reden sollte, ist es auch das Land der *Kombinot*, des Plurals einer *Kombina*. Kein Wunder also, dass die zahlreichen »Kombinatoren« in der Knesset nur schwer begreifen können, warum sie für ihre kreativen Deals strafrechtlich belangt werden sollten.

Leben auf Partys und Hügeln –
Die Jugend

Die Zeiten der Masseneinwanderung sind vorbei, die meisten Israelis werden heute, wie in anderen Ländern auch, in heimischen Krankenhäusern geboren. Diesen ganz unspektakulären »neuen« Juden ist Hebräisch selbstverständlich Muttersprache, zur Armee gehen einige aus Idealismus, andere notgedrungen und wieder andere nicht. Wenige von ihnen wuchsen tatsächlich in einem Kibbuz auf, die meisten kennen die Kommunen nur aus dem Schulunterricht oder weil sie in ihrer Kindheit einmal im Jahr entfernte Verwandte in einem Kibbuz besucht haben. Sie sind keine Sozialisten mehr und Spuren des alten Pioniergeistes haben sich vielleicht noch am ehesten in der beeindruckend-angstfreien Spontaneität erhalten, mit der junge Israelis *Garagen-Dot-com*-Firmen gründen. Politik interessiert sie wahrscheinlich nicht besonders, hoffnungslos sind sie nicht, Idealisten aber auch nicht. Diese relative Normalität unaufgeregten Israelischseins finden einige gut und andere schlecht.

Entsprechend gemischt fallen die Reaktionen aus, wenn man sich bei Fachleuten nach der Situation der Jugend in Israel erkundigt. Ruth Pat-Horencyzk vom »Zentrum für die Behandlung psychologischer Traumata« spricht von einer »verlorenen Generation, einer Generation, der man die Jugend genommen hat, ohne ihnen eine Vision zu bieten«. Die Jugendlichen reagierten darauf mit Konsumrausch, erhöhter Gewaltbereitschaft, religiösem Fanatismus oder Depressionen. Dr. Ronit Cohen, die als Psychologin seit Jahrzehnten in einem Kibbuz lebt, sieht die Jugend zwar auch am Abgrund, aber aus anderen Gründen: »Den jungen Leute ist das soziale Bewusstsein verloren gegangen. Jeder denkt nur noch an sich, jüdische Solidarität sucht man vergebens, jüdisches Wissen auch.« Eine Umfrage unter zwölf- bis achtzehnjährigen Israelis habe ergeben, dass 35 Prozent David Ben Gurion für den Autor des »Judenstaates« halten und 31 Prozent Theodor Herzl mit dem ersten Präsidenten des Landes, Chaim Weizman, verwechseln. Nur 52 Prozent wissen, dass Herzl als geistiger Vater Israels gilt.

»Alles Unsinn«, widerspricht Ruth Biran, eine pensionierte Schulpsychologin, die früher in einer Zeitungskolumne anonym Fragen junger Menschen beantwortete: »Wir sollten uns abgewöhnen, das Wissen über die Geschichte des Zionismus zur Messlatte der Gesellschaftstauglichkeit zu machen. Die Jugend ist nicht schlechter als früher – nur projizieren alle ihr eigenes Versagen auf die Kinder. Sehen Sie sich doch selbst um. Israelische Jugendliche haben fast keine Möglichkeit zur Rebellion, weil ihre Eltern ihnen so viele Freiheiten lassen. Darum feiern sie eben gerne wild. Sie sind eigentlich verantwortungsvoll, verlässlich und ihre größter Traum ist noch immer die Gründung einer Familie und ein Haus im Grünen.« Das lasse sich eindeutig mit Umfragen belegen. »Und apropos Politikverdrossenheit: Israelische Jugendliche lesen mehr und gründlicher Zeitung als ihre Altersgenossen irgendwo anders auf der Welt.«

Auch Dana liest Zeitung, manchmal. Und ein Haus im Grünen könne sie sich gut vorstellen, sagt sie. Irgendwann. »Jetzt aber noch nicht. Mein Leben ist Party!«, erklärt sie bestimmt.

Dana schreibt für eine große israelische Internetseite über das israelische Nachtleben und kennt sich dementsprechend gut aus. An diesem Mittwochabend will sie mich mitnehmen in ihr anderes Israel, auf eine Entdeckungsreise in die Lebenswelt junger Israelis, in deren Mittelpunkt nicht mehr Theodor Herzl und David Ben Gurion stehen, sondern DJs mit so klangvollen Namen wie *Infected Mushrooms*, *Space Camel* oder *PsySex*.

Tel Aviv gilt als »die Stadt, die niemals schläft«. Das sei eigentlich nicht richtig, sagt Dana. Tel Aviv schlafe sehr wohl – tagsüber. Unsere schlaflose Nacht beginnt an der Schenkin-Straße. Metallbehangen an Ohr und Nase, trotz frischer Temperaturen oft nabelfrei, schlendern schöne junge Menschen an verwitterten Bauhausgebäuden vorbei. Als wir uns um 22:30 Uhr in einem Café treffen, ist Dana gerade aufgestanden. Damit hat sie einen entscheidenden Vorteil, denn ich bin um diese Zeit müde. Sie lacht. Man könne so eine Nacht nur durchstehen, wenn man nachmittags ordentlich geschlafen habe. Dafür ist es jetzt zu spät. Als Notlösung empfiehlt Dana einen doppelten Espresso. Gegen 24 Uhr ziehen wir in eine Bar um, für die Disko ist es noch zu früh. »Da passiert jetzt noch nicht viel. Sowieso ist Mittwoch nicht die tollste Nacht, da darf man auf keinen Fall zu früh kommen.«

Nach und nach trudeln Danas Freunde ein, man nippt an seinem Drink und wartet, dass die Zeit vergeht. Die meisten müssen erst mal richtig wach werden. Gegen eins ist es dann endlich so weit, wir machen uns auf den Weg nach Jerusalem. Nachts, ohne Staus, dauert die Fahrt nicht länger als erstaunliche 45 Minuten. *Haoman 17* heißt unser Ziel, der »Club der Clubs«. Zwar gebe es seit 2005 auch in Tel Aviv einen *Haoman 17*, doch der könne mit dem Original in Jerusalem eben nicht mithalten, erklärt Dana. So ströme die vergnügungssüchtige Jugend aus dem verruchten Tel Aviv ins heilige Jerusalem, um im *Haoman 17* feiernd den Alltag zu vergessen.

Die zweimal monatlich stattfindenden After-Partys des Clubs sind legendär. Schon die Ausmaße der Anlage sind atemberaubend. Tausendvierhundert Menschen finden hier Platz. Die Straßen rund um den Club sind abgesperrt, die obligatorische Sicherheitskontrolle ist gründlich. Der Wächter am Eingang sucht allerdings nicht in den Handtaschen der Besucher nach Bomben, er kontrolliert deren Aussehen. Anscheinend sind wir cool genug, wir dürfen jedenfalls rein. Drinnen ist es laut, sehr laut. Israel ist das Land elektronischer Trance-Musik. Es gebe verschiedene Theorien über den Ursprung dieser mittlerweile typisch israelischen Partymusik, erzählt Dana. Sie glaube, dass junge Israelis im Strand- und Drogenparadies Goa in Indien eine neue Form der elektronischen Musik entdeckt und mit nach Hause gebracht hätten. Andere sehen das etwas prosaischer und beklagen, die israelische Partyszene sei einfach im Techno-Trend der 1990 er-Jahre hängen geblieben. Eines jedenfalls ist laut Dana nicht abzustreiten: »Nach der Armeezeit ist es genau diese Musik, mit der man den Stress am besten abbaut.«

Modedrogen gehören zur Grundausstattung

Im *Haoman 17* legen nur die besten DJs auf, oft werden sie aus Europa eingeflogen. Im *Haoman 17* stimmt aber nicht nur die Musik, der Club ist berühmt für seine phantasievollen und aufwändigen Dekorationen. Zum Unabhängigkeitstag wurde die riesige Halle einmal in einen Urwald verwandelt – schließlich hatte auch der große Theodor Herzl in Betracht gezogen, den Judenstaat nicht im historischen Palästina sondern in Uganda entstehen zu lassen. Von der Decke baumelten Affen an Lianen, Gorillas saßen an der Bar und Plastikkrokodile schwammen in einem eigens angelegten kleinen Sumpf. Doch selbst im Party-Uganda wartete Jassir Arafat – aus Pappmaschee, aber bewaffnet, versteckt im dichten Grün. Für die Dekorationen, die sich das Management schon mal fünfstellige Schekelbeträge für eine Nacht kosten lässt, ist ein Team von jungen Designern und Künstlern verantwortlich. Deren künstlerische Ansprüche sind hoch. Eine der ehemaligen Clubdesignerinnen, Michal Helfman, hat sogar den Sprung vom Basteln der Dekorationen zur »Biennale« in Venedig geschafft. Für sie ist das kein Widerspruch. Kunst sei eben Kunst – sagt sie. Und selten stehe Kunst so im Leben wie im *Haoman 17*.

In dieser Nacht wird so etwas wie Walpurgisnacht gefeiert – einfach so, ohne besonderen Anlass. In der riesigen Halle hängen Besen, auf Podesten räkeln sich halbnackte Hexen und blitzen tut es sowieso andauernd und von überall her. Sogar ein Knusperhäuschen und einen Backofen gibt es. Alles ganz schön, aber auch alles ganz schön überdreht, selbst im Vergleich zu London oder Berlin. Etwas ruhiger ist es auf der Toilette. Ruhig genug jedenfalls für den jungen Mann, der sich am Waschbecken gerade weißes Pulver durch die Nase zieht. Mehr Privatsphäre scheint man hier für eine Linie Kokain nicht zu brauchen. Dana wartet an der Bar. Das sei nicht das gute alte Koks, es handele sich um eine neue Modedroge, sagt sie. Man könne das Zeug ganz legal an fast jedem Kiosk in Israel erwerben. »Hier probier mal!« Sie holt zwei weiße Pillen aus der Tasche. »Dann ist es mit der Müdigkeit vorbei«. Immer wieder sieht man junge Leute ein paar Tabletten schlucken. Vielleicht nehmen junge Israelis in der Disco ja auffallend viele Kopfschmerztabletten, wahrscheinlich aber gehören Modedrogen hier einfach zur Grundausstattung.

»Haben sie auf dem Klo gefickt?«, fragt Dana dann. Das sei so ein neuer Hype, alle paar Monate stehe in der Zeitung, dass auf den Toiletten der Clubs wild rumgefickt werde, erklärt sie. »Und weil es in der Zeitung steht, kommt es dann manchmal auch wirklich dazu. Aber ich hab's noch nicht erlebt«, sagt sie lachend.

Dann wird getanzt, denn im *Haoman 17* werden Rumsteher nicht gerne gesehen. Wer wirklich nicht mehr kann, darf sich in der hauseigenen Sushi-Bar hinter schalldichtem Glas erholen. Aber irgendwann will man das gar nicht mehr. Dana sagt, man gewöhne sich an die Lautstärke, und sie hat recht, die Musik hat ihr Ziel erreicht. Wie in Trance verlassen wir den Club. Draußen ist es hell. Zeit, ins Bett zu gehen. Aber davon wollen Dana und ihre Freunde nichts wissen. Sie navigieren mich durch dunkle Seitenstraßen in ein Privathaus, in dem in einem verrauchten Wohnzimmer zahllose junge Menschen auf stinkenden Kissen liegen. Ein Teller mit Koks macht die Runde, diesmal ist es das echte Zeug. Ist das jetzt der richtige Augenblick, um einige Fragen nach der Befindlichkeit der israelischen Jugend zu stellen?

»Was ist euer größter Wunsch? Wovon träumt ihr?«

Schweigen. Dann kreischt jemand mit kindlicher Begeisterung: »Ein Fahrrad«. Ein hysterisches Lachen erfasst den Raum. Als das Lachen verebbt, sagt ein zierliches Mädchen mit haselnussfarbenem Haar: »Du willst wohl ›Frieden‹ hören, was? Ja, Frieden wäre schon nicht schlecht. Aber eine gute Note im Diplom ist mir im Moment wichtiger.«

Und Familie? Kinder?

Diesmal antwortet ein junger Mann: »Natürlich, irgendwann. Das will doch wohl jeder.« Die Selbstverständlichkeit seiner Antwort sagt einiges über die israelische Familienfreundlichkeit aus. Während Europa mit immer niedrigeren Geburtenraten kämpft, bringt in Israel noch immer jede Frau im Schnitt 2,8 Kinder zur Welt. Das ist der höchste Wert einer westlichen Demokratie weltweit. Auch wenn orthodoxe Familien ebenso wie Beduinenfamilien mit ihren Großfamilien natürlich einen erheblichen Beitrag zu dieser Zahl leisten. Der junge Student will immerhin »drei oder vier Kinder« und als er das sagt, hält keiner seiner Freunde ihn automatisch für durchgedreht. Dann nimmt er noch einen tiefen Zug aus einem mit Lachgas gefüllten Ballon, kichert und erklärt: Zunächst aber wolle er noch etwas Spaß haben.

Ob ihnen die Angst vor dem Terror nicht den Spaß verderbe, frage ich vorsichtig und komme mir gleich ungeheuer blöd vor. »Welcher Terror? Hast du heute irgendwelchen Terror gesehen?«, schnappt sofort ein junger Mann aufgebracht zurück. Dana beschwichtigt: »Heute gibt es wegen der Mauer ja weniger Anschläge.« Früher, da habe sie schon Angst gehabt. Sie erinnert sich an Diskussionen mit Freundinnen, ob man sich im Café nach drinnen oder auf die Terrasse setzen solle. »Drinnen wird die Wucht einer Bombenexplosion natürlich verstärkt, draußen bietet man ein leichteres Ziel für Gewehrangriffe.« Andererseits könne der Sicherheitsmann den Attentäter ja am Betreten der Bar hindern und wenn der dann am Eingang seine Bombe zünden würde, wäre es wiederum besser, drinnen zu sitzen, möglichst hinter einem Betonpfeiler, aber auf keinen Fall direkt an der Wand. Solche Gedanken hätten einen früher bei jedem Cafébesuch gequält, sagt Dana.

Jemand anderes erinnert sich an einen Aufkleber am Eingang einer Bar: »Hier gibt es alle zwei Tage einen Anschlag«, stand da. »Der letzte war gestern.« Die Cafés waren trotzdem voll. Man ist eben mit der Bedrohung aufgewachsen, die Verdrängungsmechanismen funktionieren hervorragend. Und doch haben Zukunftsangst und Hoffnungslosigkeit ihre Spuren bei den jungen Leuten hinterlassen. Mittlerweile ist selbst das Nachdenken über Auswanderung nicht mehr verpönt, gilt niemand gleich als Verräter an der zionistischen Sache, wenn er das Land verlassen will.

Leichter und billiger ist die »Flucht nach innen«. *Kabbala* und *New-Age*-Bewegungen haben Hochkonjunktur, Rauschgifte und Meditationstechniken erfreuen sich wachsender Beliebtheit. Wieder andere scheinen ihre Aggressionen auf den Autobahnen des Landes abzubauen. Der rücksichtslose Fahrstil der Israelis ist berüchtigt; jedes Jahr sterben mehr Menschen bei Verkehrsunfällen als durch Terroranschläge. Eine Prostituierte berichtete im israelischen Fernsehen, die Nachfrage nach Sadomaso-Praktiken habe sich zu Beginn der zweiten Intifada verdoppelt.

Zumindest an der Oberfläche aber geht das Leben unverändert weiter. Während die »Love Parade« in Berlin bereits zweimal abgesagt wurde, lässt man sich ausgerechnet im Heiligen Land das alljährliche Techno-Fest durch nichts vermiesen. Die israelische »Love Parade« in Tel Aviv fand erstmals im Jahr 2000 statt, ist damit genauso alt wie die zweite Intifada und musste wegen des Krieges »um die Ecke« auch schon zweimal verschoben werden. Ausgefallen ist sie zum Stolz der Organisatoren bisher aber nicht.

Das ist die eine Seite der israelischen Jugendkultur. Aber nicht alle jungen Israelis jagen ihrem flüchtigen Glück auf Partys und Paraden hinterher.

Keine Kompromisse – Die Hügeljugend

»Wir haben Ideale!« Mordechai Wax wirft etwas zu selbstsicher den Kopf in den Nacken. Dann überprüft er mit einem schnellen Griff, ob die *Kippa* noch ordnungsgemäß auf seinem Kopf sitzt. Er ist der einzige Besucher in dem kleinen Restaurant im arabischen Ostteil Jerusalems, der die traditionelle jüdische Kopfbedeckung trägt. Es war Mordechais Wunsch, dass wir uns hier treffen sollten: »Um zu zeigen, wem diese Stadt wirklich gehört: das ewig jüdische Jerusalem.« Für den Zweiundzwanzigjährigen ist das keine provokante Geste, für ihn manifestiert sich in solchen Handlungen die Essenz des Zionismus. »Das Land zu besiedeln, bleibt die vornehmste Aufgabe für uns Juden«, sagt er und es klingt ein wenig altklug.

Mordechai wollte das Land ausgerechnet in Amona besiedeln, einem von der Regierung nicht genehmigten Siedlungsaußenposten mitten im Westjordanland. Er gehört zur sogenannten Hügeljugend, einer jungen Generation von Siedlerkindern, die den Traum ihrer Eltern von *Erez Israel HaSchlema*, dem »ganzen Israel«, gegen alle Widerstände verwirklichen wollen. Man findet die Hügeljugend auf einsamen Hügeln mitten in den Palästinensergebieten, wo sie in provisorischen Wohncontainern leben. Sie tragen nicht selten ein Gewehr über der Schulter und lassen ihre Außenposten von riesigen Hunden bewachen. Selbst sehen sie sich gerne als abenteuerliche Biobauern und die letzten Verfechter der zionistischen Siedlungstradition.

In Amona hätten schon eine ganze Menge Container auf dem Hügel gestanden und für Strom habe ein Generator gesorgt, er-

Die Identifikation junger Siedler mit dem Staat lässt nach. Bei der Räumung des Siedlungsaußenpostens Amona im Westjordanland kam es 2006 zu gewaltsamen Auseinandersetzungen.

zählt Mordechai. Amona sollte eine neue Siedlung werden, ein »blühender Hort jüdischen Lebens«. Doch dann habe Ministerpräsident Olmert ein Exempel statuieren wollen und Amona räumen lassen. »Auf brutalste Art Weise – so, wie sie uns vertrieben haben, geht die Armee ja nicht einmal mit Arabern um.« In seiner Stimme schwingt ehrliche Entrüstung mit. Tatsächlich kam es bei der Räumung von Amona zu unschönen Szenen. Oft ging die Gewalt von den jungen Siedlern aus, aber auch die Sicherheitskräfte taten sich nicht gerade durch Zurückhaltung hervor. Die Konfrontation war unvermeidlich geworden, als alle Vermittlungsversuche des Siedlerrates *Jescha* gescheitert waren. Die Hügeljugend in Amona hatte kein Interesse an einem Kompromiss, die juristischen Verzögerungsspielchen der Erwachsenen konnten die Kampfeslust der jungen Leute nicht befriedigen. Siedlerführer

Pinkas Wasserstein war bereits am Abend vor der Räumung von den jugendlichen Hitzköpfen aus Amona verjagt worden. »Der *Jescha*-Rat hat keinen Einfluss mehr auf die radikalen Elemente unter den Siedlern«, sagte der Chef des Inlandgeheimdienstes *Schin-Bet* kurz vor der Konfrontation dem Kabinett.

Genau darüber macht sich auch Avi Gisser, der Rabbiner der Siedlung Ofra, große Sorgen. Die Identifikation vieler junger Siedler mit dem Staat Israel lasse nach, stellt er fest. »Die Zerstörung des Siedlungsblocks Gusch Katif im Gazastreifen war ein Schock für viele junge Leute. Sie fühlen sich von der Regierung verraten.« Die Krise sei nicht zuletzt eine Glaubenskrise. »Da beten einige Mädchen die ganze Nacht in der Synagoge von Newe Dkalim und was passiert dann, nach ihren Gebeten? Sie werden von Soldatinnen nach draußen getragen und in einen Bus gesetzt.« Das könne eine fundamentale Glaubenskrise hervorrufen. »Da kommen einem Fragen: Wie konnte Gott das zulassen, warum wurde unser Gebet nicht erhört?«

Dann sagt Rabbiner Gisser den entscheidenden Satz: »Für diese jungen Leute hat der Staat seine Heiligkeit verloren, ihre Religion und der Zionismus scheinen ihnen unvereinbar.« Dieser Gedanke ist Rabbi Gisser so zuwider, dass er auf einmal ganz deutliche Worte findet: Die »wildgewordenen Anarchisten« in Amona müssten isoliert werden, fordert er aufgebracht. Sie hätten mit den Idealen des religiösen Zionismus nichts zu tun. »Wir haben von so einem Kampf genug! So etwas ist für uns nicht akzeptabel!« Die Eltern dürften ihre Kinder nicht mehr auf potentiell gewalttätige Protestaktionen schicken. Aber die jugendlichen Steinewerfer werden sich von ihren Eltern kaum zurückhalten lassen, seufzt er dann. Man wünsche sich fast, die jungen Leute würden ihre Rebellion darauf beschränken, bei ihren Partys etwas über die Stränge zu schlagen wie der Sündenmob in Tel Aviv, sagt er lächelnd zum Abschied und fügt vorsorglich hinzu, dass er das natürlich nicht wirklich so meine.

Lebenswelten –
Konfliktreiches Miteinander

Konfliktpotential: Ein orthodoxer Jude predigt während der Gay-Parade 2006 mit einem Megaphon auf teilnehmende Schwule ein.

Auch 60 Jahre nach der Staatsgründung ist Israel so heterogen wie eh und je. Der Versuch, die verschiedenen jüdischen Bevölkerungsgruppen einzuschmelzen und »den einheitlichen Israeli« daraus zu formen, ist fehlgeschlagen. Der ehemalige Arbeitspolitiker und frühere Vorsitzende der *Jewish Agency*, Abraham Burg, gibt das offen zu:»Während vieler Jahre haben wir an den ›melting pot Israel‹ geglaubt, an den Schmelztiegel«, sagt Burg. Das Rezept sei einfach gewesen:»Man nehme zwei Marokkaner, zwei Russen, zwei Äthiopier, man schüttle sie gut – und dann, siehe da, haben wir einen neuen israelischen Prototypen, bei dem alles ›israelisch‹ aussieht.« Erst nach vielen Jahren sei deutlich geworden, dass jeder seine eigene Identität bewahren wolle.

Burg sieht in Israel heute keine Schmelztiegelgesellschaft, sondern eine Mosaikgesellschaft. Jeder ethnische Mosaikstein habe seine kulturelle Identität bewahrt. Das aber verursacht eine Menge ethnischer und sozialer Spannungen. Hinzu kommt, dass der Judenstaat eben auch zu gut einem Fünftel von Nichtjuden bewohnt wird, insbesondere von 1,4 Millionen Arabern, Nachfahren der nach der Staatsgründung in Israel verbliebenen Palästinenser. Wie viel Solidarität kann der Staat den arabischen Bürgern abverlangen, wenn sie ihrerseits von der Regierung kaum mehr als Toleranz erwarten dürfen und die Mehrheit der jüdischen Bevölkerung in ihnen vor allem ein Sicherheitsrisiko sieht? Doch auch innerhalb der jüdischen Gemeinschaft herrscht keineswegs Frieden und Einigkeit: Was passiert, wenn religiös motivierte Gesetzgebung die Rechte anderer beschneidet, fragen säkulare Juden seit Langem und wehren sich gegen den Einfluss der Orthodoxen auf viele Bereiche des öffentlichen Lebens. Schwarze Juden aus Äthiopien, Siedler und Friedensaktivisten, Überlebende des Holocaust und nichtjüdische Einwanderer aus Russland – bei einer solchen kulturellen Vielfalt ist es vielleicht nur natürlich, dass die einen Juden den anderen Juden zu säkular sind, oder zu orthodox, zu dunkelhäutig, oder zu hell, zu araberfreundlich, oder zu zionistisch.

Wenn Israel also ein Mosaik ist, dann eines, in dem die einzelnen Steinchen sich ordentlich aneinander reiben. Das Bild, das sie gemeinsam formen, ist dann vielleicht kein besonders idyllisches, aber jedenfalls sehr lebendig und ur-israelisch.

Eine Wahl mit Folgen –
1977 und das »Zweite Israel«

Am Abend des 17. Mai 1977 verzichtete der bekannte Nachrichtensprecher Chaim Javin zu Beginn der Abendnachrichten darauf, sein Publikum zu begrüßen und kam gleich zur Sache: »Meine Damen und Herren – eine Revolution!« Und wirklich: Das Wahlergebnis zur 9. Knesset, das Javin seinen fassungslosen Zuschauern vor den heimischen Fernsehern dann präsentierte, war eine demokratische Revolution. Fast dreißig Jahre nach der Staatsgründung hatte die israelische Arbeitspartei, die bei der Wahl 1977 als ein Parteienzusammenschluss unter dem Namen *Maarach* kandidierte, zum ersten Mal nicht die Mehrheit der Stimmen errungen. Nur 24,6 Prozent der Wähler hatten der Maarach ihre Stimme gegeben, immerhin ein Drittel weniger als bei den vorherigen Wahlen. Der von Menachem Begin geführte Likud-Block hingegen kam auf 33,4 Prozent der Stimmen. Das Land stand Kopf, plötzlich war nichts mehr so, wie man es seit drei Jahrzehnten gewohnt war: Begin, der ewige Oppositionsführer und Erzfeind von Staatsgründer Ben Gurion durfte eine Regierung bilden. Die Abgeordneten der Sozialdemokraten aber mussten ihre Ministersessel räumen und fanden sich auf den Oppositionsbänken wieder.

Dieser politische Umschwung hatte verschiedene Gründe: Der Jom-Kippur-Krieg 1973 hatte die Bevölkerung aufgerüttelt und zu kritischen Fragen geführt. Wie konnte es sein, dass der Überraschungsangriff der arabischen Armeen das Land vollkommen unvorbereitet getroffen hatte? Eine Untersuchungskommission bescheinigte der Regierung zwar, keine Fehler bei der Lageeinschätzung gemacht zu haben, doch Ministerpräsidentin Golda

Meir hatte das Vertrauen des Volkes verloren und kündigte im Dezember 1973 ihren Rücktritt an. Ihr Nachfolger, Izchak Rabin, musste Ende 1976 wegen – heute lächerlich erscheinenden – Korruptionsvorwürfen ebenfalls zurücktreten. Seine Frau hatte in Amerika ein Dollarkonto unterhalten, das noch aus Rabins Zeiten als Botschafter in Washington stammte. Auslandskonten aber waren Israelis damals verboten – ungeachtet des sehr bescheidenen Guthabens auf dem betreffenden Konto. Gleichzeitig brach seine Koalition auseinander, weil die Lieferung von vier F-15-Kampfflugzeugen an einem Schabbat die Religiösen verärgert hatte. Zu der politischen Instabilität kamen wirtschaftliche Reformen, die für zusätzliche Verunsicherung unter den ärmeren Bevölkerungsschichten sorgen. Das Ansehen der legendären *Mapai*-Partei war angeschlagen. Ja, ein signifikanter Teil der Bevölkerung fühlte sich von der Partei vernachlässigt und verraten. Die Kinder jener Einwanderer, die seit den 1950er-Jahren aus Nordafrika oder der arabischen Welt nach Israel gekommen waren, sahen in der Wahl eine Möglichkeit, ihrer angestauten Wut Luft zu machen. Denn vielleicht war eine sozialdemokratische Regierung ja gar nicht selbstverständlich. Vielleicht war ja auch gar kein unabänderliches Naturgesetz dafür verantwortlich, dass die Führungspositionen des Staates seit dreißig Jahren mit arroganter Selbstverständlichkeit von aus Osteuropa eingewanderten Juden besetzt waren.
»Wir waren wütend«, sagt Chanan Schlaim. »Fuchsteufelswild!« Er war 1977 gerade zwanzig Jahre alt und arbeitete schon seit mehr als zwei Jahren in einer kleinen Fabrik in seiner Geburtsstadt Netiwot, am Rande der Negev-Wüste. »Niemals wäre es mir damals in den Sinn gekommen, mich an einer Universität einzuschreiben«, erzählt er. »Es war klar, dass wir *Misrachim* nach der Schule arbeiten gehen würden. Die Universitäten waren für die *Aschkenasim*.«
Schon während der Schulzeit sei ihm und seinen Freunden aufgefallen, dass sie gar nicht Teil des offiziellen Israel waren. »Unsere Geschichte gab es nicht in den Schulbüchern. Da war von

Pogromen in Russland die Rede, vom Holocaust, von Theodor Herzl und von den heldenhaften Kämpfern im Unabhängigkeitskrieg. Aber dass es in Marokko auch Pogrome gab, stand da nicht.« Genau genommen habe in den Schulbüchern nicht einmal gestanden, dass es überhaupt Juden in Marokko gab. Marokko wurde einfach mit keinem Wort erwähnt, obwohl bis Mitte der 1960er-Jahre 250 000 Juden aus dem Land nach Israel eingewandert waren. Die orientalischen Juden galten als das »Zweite Israel«. Das »Erste Israel« hingegen, das waren die europäischstämmigen Juden, die sogenannten Aschkenasim.

Ursprünglich bezeichnete der Begriff »Aschkenasim« jene jüdische Gemeinschaft, die sich im 9. Jahrhundert im Rheinland niederließ. Später wurden alle europäischstämmigen Juden und ihre Nachfahren als Aschkenasim bezeichnet, weil sie ihr Judentum aschkenasischen Traditionen folgend praktizieren. Weltweit sind heute 80 Prozent aller Juden Aschkenasim, noch im 12. Jahrhundert waren es aber nur drei Prozent. Die Zentren des Judentums lagen damals in der arabischen Welt. Später, bis zur Vertreibung der dort lebenden Juden, war Spanien der religiöse und intellektuelle Mittelpunkt des Judentums. Lange Zeit wurden orientalische Juden deshalb auch als *Sfaradim*, spanische Juden, bezeichnet. Das ist insofern nicht ganz falsch, als die orientalischen Juden in ihren religiösen Praktiken den Traditionen der spanischen Gemeinschaft folgen. In Israel hat sich heute die Bezeichnung »Misrachim« für jene 600 000 orientalischen Juden durchgesetzt, die seit der Staatsgründung aus Marokko, Tunesien, Algerien, Ägypten, dem Iran, Irak, Syrien, dem Libanon, Libyen oder dem Jemen eingewandert sind.

Einige dieser jüdischen Gemeinschaften entstanden noch in biblischen Zeiten, als mit der Zerstörung des Tempels 586 v. Chr. durch die Babylonier die große Zerstreuung – die Diaspora – begann. Nach dem Siegeszug des Islam lebten die Juden mal besser und mal schlechter als *Dhimmi*, Schutzbefohlene, in den muslimischen Gesellschaften. Sie waren Bürger mit deutlich eingeschränkten Rechten. In vielen Fällen erreichten Juden aber trotzdem angesehene Posten in ihren Gastländern. Der jüdische Gelehrte Rambam brachte es im 12. Jahrhundert immerhin bis zum Vertrauten des Sultans von Ägypten, im Irak gab es noch im 20. Jahrhundert einen jüdischen Finanzminister. Mit dem Erstarken der zionistischen Siedlungsbewegung und der Gründung des Staates Israel verschlechterte sich die Situation der Juden in der arabischen Welt. Vielerorts wurden sie verfolgt und getötet, enteignet und grundlos eingesperrt. Viele flohen mit Unterstützung der *Jewish Agency* nach Israel – meist in Ermangelung anderer Optionen. Vom Zionismus hatten sie nie etwas gehört. Wer es sich leisten konnte oder – wie die algerischen Juden – einen französischen Pass in der Tasche hatte, machte sich nach Europa oder in die Vereinigten Staaten davon.

Kampf um Anerkennung

Fast alle 140 000 irakischen Juden dagegen waren bis 1952 nach Israel geflüchtet. Noch Anfang des Jahrhunderts war Bagdad ein blühendes Zentrum jüdischen Lebens gewesen, jeder vierte Einwohner der Stadt war Jude. Heute leben weniger als 100 Juden im Irak. Die Entwicklung in Tunesien und Ägypten war ähnlich. In Tunesien zählte die jüdische Gemeinschaft 1948 105 000 Juden, heute sind es nicht mehr als 1500 und von den einst 80 000 Juden in Ägypten sind kaum mehr als einige Hundert übrig. Im Zuge dieses Massenexodus aus der arabischen Welt kamen bald – zum Schrecken der Staatsgründer – mehr Misrachim als Aschkenasim nach Israel.

Unter den Einwanderern waren mittellose Analphabeten, andere aber gehörten zur gebildeten Oberschicht ihrer Herkunftsländer. In Israel interessierten diese Unterschiede niemanden. Zunächst wurden die Neueinwanderer in die verlassenen Häuser geflüchteter und bisweilen auch vertriebener Araber einquartiert. Später errich-

Demütigend: Das Transitlager Pardes Chana nach heftigen Regenfällen im Winter 1950

tete man *Maabarot*, Transitlager, um den überwältigenden Einwandererstrom aufzufangen. 1952 lebten 250 000 Menschen unter nicht sehr komfortablen Lebensumständen in diesen *Maabarot*; das war ein Sechstel der damaligen Bevölkerung des Landes.

»Als meine Eltern aus Marokko kamen, wurden sie im Transitlager zunächst mit einem Entlausungsmittel abgeduscht. Sie haben das als eine ungeheure Demütigung empfunden«, erzählt Chanan. Die aschkenasischen Einwanderer in den *Maabarot* hätten irgendwann vom Staat bessere Wohnungen zugewiesen bekommen. »Nur uns hat man einfach im Lager gelassen, eine Fabrik danebengesetzt und gedacht, damit sei das Problem unserer Integration gelöst.« Es schwingt viel Bitterkeit mit, wenn Chanan sehr lebendig von den Ereignissen berichtet, die er eigentlich nur aus den Erzählungen seiner Eltern kennen kann. »Meine Eltern haben sich nie beschwert«, sagt er und es klingt durchaus enttäuscht. Mitte der 1960er-Jahre stellten die Misrachim erstmals die Mehrheit der israelischen Bevölkerung. Doch noch immer hörte man wenig von ihnen. Die Elterngeneration war bescheiden, oft gar nicht unglücklich mit dem Los in der neuen Heimat oder zumindest in ihrer Frustration stumm und hilflos. Angehörige der zweiten Generation, in Israel geboren oder aufgewachsen, sahen dagegen nicht mehr ein, warum sie automatisch die zweite Geige spielen sollten. »Es war unsere Aufgabe, an die glorreiche Vergangenheit der Misrachim zu erinnern«, sagt Chanan und ist ehrlich stolz.

So war die Wahl 1977 nur der Kulminationspunkt einer seit Jahren an Kraft gewinnenden Lawine: Das »Zweite Israel« forderte seinen Platz in der israelischen Gesellschaft. Schon 1971 war in einer ärmlichen Gegend von Jerusalem eine ethnische Protestbewegung entstanden, die unter dem Namen *Die Schwarzen Panther* bald für Aufsehen sorgte. Am 18. Mai 1971, der »Nacht der Panther«, demonstrierten ungefähr 7000 Menschen auf dem Zionsplatz in Jerusalem gegen die Diskriminierung der Misrachim. Die Demonstranten forderten unter anderem, den Zionsplatz in »Platz des Östlichen (*misrachi*) Judentums« umzubenennen. Nicht einmal auf den Straßenschildern sei ihre Kultur angemessen vertreten, klagten sie. Die nicht genehmigte Demonstration endete im Blutvergießen: Bei Auseinandersetzungen mit der Polizei wurden mehrere Dutzend Demonstranten verletzt, 74 wurden festgenommen.

Es ist bezeichnend, dass die aschkenasische Elite hinterher weder einsehen wollte, was schiefgelaufen war, noch mit der aufgestauten Wut der jungen Leute angemessen umgehen konnte. Nach einem Treffen mit einer Delegation der *Panther* stellte Ministerpräsidentin Golda Meir nur etwas pikiert fest, es handele sich bei den Aktivisten »nicht um nette Leute«.

Im Vergleich zu anderen Reaktionen der aschkenasischen Staatsgründer auf die orientalische Einwanderungswelle, war das noch ein ziemlich freundlicher Kommentar.

Noch Ende der 1940er-Jahre wurde in Kabinettssitzungen unverhohlen von »schlechtem Menschenmaterial« gesprochen, Parlamentarier bemängelten den »mittelalterlichen Lebensstil« der Neuankömmlinge und das israelische Außenministerium warnte seine Diplomaten vor der zunehmenden Einwanderung aus den

»rückständigen levantinischen Ländern«. Der Pädagogikprofessor Karl Frankenstein kam zu dem Schluss, man müsse die »primitive Mentalität« der Einwanderer aus den »rückständigen Ländern« zur Kenntnis nehmen und damit angemessen umgehen. Die Erwartungshaltung war eindeutig: Die Einwanderer aus der arabischen Welt sollten so schnell wie möglich europäisiert werden, um in jenen Staat zu passen, den die aschkenasischen Gründer vor Augen hatten. In einem aufsehenerregenden Artikel fragte die Zeitung *Haaretz* bereits ein Jahr nach der Staatsgründung, was mit dem Staat und seinen Werten geschehen würde, wenn »dies seine Bevölkerung sein wird?« Und David Ben Gurion sagte noch Mitte der sechziger Jahre: »Der marokkanische Jude hat viel von den marokkanischen Arabern übernommen. Die marokkanische Kultur aber möchte ich hier nicht haben. Und ich kann auch nicht erkennen, was die Perser beizutragen haben.«

Geteiltes Schicksal

Die Einwanderer waren in der Tat anders: Sie sprachen Arabisch, brachten eine patriarchalische Clan-Kultur ins Land und fanden sich in der Bürokratie europäischer Prägung nicht zurecht. Sie aßen anderes Essen, sangen ihre Gebete auf andere Melodien und waren sowieso, dem Geist der europäischen Aufklärung widerstreitend, überwiegend traditionell-religiös. Eine Angst des Staatsgründers wurde da wohl von vielen geteilt: »Wir wollen nicht, dass die Israelis Araber werden«, warnte Ben Gurion. Ein bisschen ist Ben Gurions Albtraum aber doch wahr geworden. Die Israelis sehen sich zwar gern als europäischen Außenposten im verluderten Nahen Osten, als »eine Villa im Urwald«, wie der ehemalige Ministerpräsident Ehud Barak diesen Anspruch einmal umschrieb. In Wirklichkeit hat die Einwanderung aus den arabischen Staaten – in Verbindung mit dem jahrzehntelangen engen Kon-

Die *Schwarzen Panther* demonstrierten 1973 gegen die Diskriminierung der *Misrachim*.

takt mit den Palästinensern – das Land natürlich geprägt. Die israelischen Nationalspeisen sind *Humus*, *Tchina* und *Falafel*, *Kube* und *Couscous*. Ein »arabischer Salat« darf heute noch im hipsten Café von Tel Aviv nicht auf der Speisekarte fehlen.

Und auch die Misrachim sind längst in allen gesellschaftlichen Schichten zu finden. Ein Drittel von ihnen hat den Sprung in die Mittelklasse geschafft, ebenfalls rund ein Drittel der Knesset-Abgeordneten sind orientalischer Abstammung. Saßen 1977 noch zwei Misrachim als Minister in Menachem Begins Regierung, so leiteten Orientalen in Ariel Scharons erstem Kabinett 2001 immerhin 14 von 29 Ressorts.

Es ist selten geworden, dass ängstliche aschkenasische Mütter ihre Kinder davor warnen, sich mit »Schwarzen« anzufreunden oder gar auszugehen. Ethnisch gemischte Ehen sind trotzdem noch nicht die Regel. Nur jede vierte Ehe wird heute zwischen Misrachim und Aschkenasim geschlossen. 1968 waren es immerhin schon 17,4 Prozent. Misrachim verdienen im Durchschnitt noch immer 36 Prozent weniger als Aschkenasim und weniger als

10 Prozent aller Doktoranden an den Universitäten stammen aus orientalischen Familien.

Chanan Schlaim gehört zu jenen 10 Prozent. Er hat sich nach einigen Jahren als Fabrikarbeiter an der Universität in Jerusalem eingeschrieben und wurde schließlich als Historiker promoviert. Heute erforscht er die Auswirkungen des Holocaust auf die nordafrikanischen Juden. Denn die wenigsten Leute wüssten, dass es auch in Libyen und Tunesien Konzentrationslager gegeben habe.»Es waren keine Vernichtungslager«, erklärt er.»Aber wären die Deutschen länger geblieben, hätte das sicher auch das Ende der nordafrikanischen Juden bedeutet.« Mehrere Tausend nordafrikanische Juden seien damals ermordet oder in europäische Lager deportiert worden. Als aber betroffene Misrachim während des Verfahrens gegen den Nazi-Verbrecher Adolf Eichmann 1961 ihre Aussagen machen wollten, habe man ihnen gesagt, der Holocaust sei nicht ihre Geschichte. Erst 2004 seien zum Holocaustgedenktag zwei Dokumentarfilme zum Thema gezeigt worden. Einer von ihnen hatte den vielsagenden Titel»Geteiltes Schicksal«. Denn unabhängig von den unabstreitbaren historischen Fakten habe die Aufarbeitung des nordafrikanischen Holocaust auch einen verbindenden Effekt, sagt Chanan.»Der Holocaust ist ein wichtiger Teil der israelischen Identität, der lange den Aschkenasim vorbehalten war – und natürlich bleibt die *Schoa* zunächst einmal die Katastrophe des europäischen Judentums. Aber dass auch über das Leid der nordafrikanischen Juden gesprochen werden kann, zeigt, dass wir Misrachim wirklich in der israelischen Gesellschaft angekommen sind.«

Ein bisschen Bitterkeit bleibt

Die Misrachim mögen in der Gesellschaft angekommen sein, der Arbeitspartei ist es aber trotzdem bis heute nicht gelungen, ihre Stimmen zurückzugewinnen. 1998 entschuldigte sich der damalige Parteivorsitzende Ehud Barak für die Sünden, die seine Partei in der Vergangenheit an den Misrachim begangen habe. Eine nette Geste, die der Arbeitspartei aber politisch nichts gebracht hat. Wie verhärtet die ethnischen Fronten in der Politik noch immer sind, erlebte Amram Mizna, der 2003 als Spitzenkandidat der Awoda einen überwiegend von Misrachim bewohnten Slum im Süden Tel Avivs besuchte. Nachdem der deutschstämmige Aschkenasi Mizna seine Pläne für eine gerechtere Sozialpolitik dargelegt hatte, wurde der irritierte und hilflose Ex-General mit vergammelten Eiern beworfen. Jemand schrie: »Lieber fressen wir Müll, als dass wir dich wählen.« (Mizna hat übrigens nicht aufgegeben. Er ist später Bürgermeister der überwiegend von Misrachim und Einwanderern aus Indien bewohnten Entwicklungsstadt Jerocham im Negev geworden.)

Als der in Marokko geborene ehemalige Gewerkschaftsführer Amir Perez im November 2005 überraschend den Favoriten Schimon Peres bei den Vorwahlen um den Parteivorsitz der Awoda besiegte, hofften viele, der »ethnische Dämon« würde die Partei fortan etwas weniger plagen. Da meldete sich kurz nach der Wahl der Bruder des geschlagenen Peres zu Wort und behauptete im Radio, die »Schwarzen« hätten die Partei gestohlen.

Immer wieder mal scheint so der alte Rassismus durch die korrekten politischen Umgangsformen. Ursprünglich war es diese elitäre Arroganz, die frustrierte Misrachim dem nach dreißig Jahren in der Opposition ebenso frustriertem Likud in die Arme trieb. Der Soziologe Joav Peled von der Universität Tel Aviv erkennt in der Unterstützung der radikalen Sicherheitspolitik des Likud gegenüber den Palästinensern aber auch den Versuch einer sich benachteiligt fühlenden Gruppe, die verbindende ethnische Ebene des Nationalbewusstseins zu betonen. Um sich als Juden und Israelis den Aschkenasim anzunähern, war es notwendig, sich von den Arabern – die vielen Misrachim kulturell und habituell zunächst näher standen als die europäischen Juden – deutlich abzusetzen.

Im vergangenen Jahrzehnt hat die sefardisch-orthodoxe *Schas*-Partei es geschafft, einen großen Teil der orientalischen Wähler für sich zu mobilisieren. Im Gegensatz zur Mehrheit der nicht gläubigen Aschkenasim sind viele Misrachim nämlich gläubig, wenn auch nicht unbedingt orthodox. Schas hat sich die Verteidigung der misrachischen Ehre auf die Fahnen geschrieben und weiß die ethnischen Spannungen virtuos auszunutzen. Viele Misrachim witterten sogleich rassische Diskriminierung, als der damalige Vorsitzende der Schas-Partei, Arie Deri, 1999 wegen Veruntreuung von Geldern verurteilt wurde. Bei den Wahlen im selben Jahr wurde die Partei mit 17 Sitzen belohnt. Bei den Wahlen im Frühjahr 2006 bekam sie noch 9,5 Prozent der Stimmen und verfügt über 12 Sitze in der Knesset.

Die Beliebtheit der Partei beruht nicht zuletzt darauf, dass Schas ein eigenes Schulsystem betreibt und arme, kinderreiche Familien unterstützt. Der Aufstieg der Schas-Partei steht deshalb auch für eine Verschiebung der Frontlinien aus dem ethnischen in den sozialen Bereich. Diese Veränderung ist jedoch ausgerechnet den Betroffenen oft nicht bewusst: Sozial schwache Misrachim neigen noch immer dazu, ihre Situation ethnisch zu erklären. Dabei haben sich, mit dem Aufstieg zahlreicher Misrachim durch die Klassen, viele der alten Stereotypen erledigt. Eine Europäisierung und Amerikanisierung des israelischen Lebensstils in den vergangenen Jahrzehnten hat außerdem dazu beigetragen, dass die Lebenswelten von jungen Aschkenasim und Misrachim sich anzugleichen begannen. Traditionen der orientalischen Juden haben zudem die israelische Kultur geprägt und wurden auch von Aschkenasim übernommen. Galt die misrachisch-arabische Aussprache des Hebräischen einst als Stigma, so ist der Akzent längst hoffähig. So findet man in Israel heute orientalischstämmige Künstler und Schwule, Bettler und Börsenmakler, Handwerker und Professoren.

Zwei Welten –
Orthodoxe gegen Säkulare

Israel ist ein jüdischer Staat und das meint zunächst einmal, ein Staat für Juden. Das Verhältnis von Zionisten und gläubigen Juden war dabei nie besonders innig, schon die Staatsgründung wäre fast an der Frage gescheitert, ob Gott in der Unabhängigkeitserklärung erwähnt werden dürfe. In letzter Minute einigte man sich auf die doppelsinnige Formulierung »Fels Israels«. Das schwierige Verhältnis von säkularen Israelis und den streng religiösen orthodoxen Juden hat sich in den sechzig Jahren seit der Staatsgründung nicht entspannt, sondern nur weiter zugespitzt. Die meisten zionistischen Führer hatten mit dem traditionellen Judentum nicht viel am Hut. Allenfalls nutzten sie die religiöse Tradition zur Untermauerung ihres Anspruches auf Palästina. Auf der anderen Seite hatten gläubige Juden sich die versprochene Rückkehr ihres Volkes in das Gelobte Land nicht als säkulare Siedlungsbewegung vorgestellt. Sie glaubten, dass das jüdische Volk nur mit der Ankunft des gottgesandten Messias in das Gelobte Land zurückkehren dürfe. Diese Überzeugung basiert auf einem Kommentar im Talmud über das Hohelied der Liebe. Dort steht, dass die Juden das Heilige Land nicht mit Gewalt erobern dürfen, sich nicht gegen die Regierungen ihrer Gastländer auflehnen dürfen und zudem alles tun müssen, um das Kommen des Messias nicht durch ihre Sünden hinauszuzögern. Die Zionisten haben nach Meinung gewisser orthodoxer Kreise gegen diese Gebote verstoßen. Dementsprechend verhalten fielen die Reaktionen der orthodoxen Gemeinschaft auf die Staatsgründung aus. Noch heute – 60 Jahre später – wünschen sich 65 Prozent der Orthodoxen Israel als eine Theokratie. Dennoch ist eine einheitliche Einstellung zum jüdischen Staat unter den Orthodoxen nicht auszumachen.

Viele Gruppierungen haben Wege gefunden, ihren Antizionismus abzuschwächen, ohne dem Staat dabei religiöse Legitimität zu verleihen. So war der einflussreiche Lubawitscher Rebbe, Menachem M. Schneerson, zwar ideologisch Antizionist und weigerte sich, auch nur den Namen des neuen Staates in den Mund zu nehmen, gleichzeitig unterstützte er aber die Regierung und die Armee aus pragmatischen Gründen: An einem Ort, an dem Millionen Juden leben, habe deren Schutz höchste Priorität.

Auch die in der *Agudat Israel* zusammengefassten orthodoxen Gruppierungen lehnen den Staat Israel zwar prinzipiell ab, sind aber in bestimmten Bereichen zur Zusammenarbeit mit ihm bereit. Damit wollen sie zum einen die Missachtung der religiösen Gesetze im weltlichen Israel so gering wie möglich halten. Zum anderen haben sie früh erkannt, dass sie durch die Zusammenarbeit mit der zionistischen Verwaltung ihre eigenen Belange effektiver vertreten können. So war die Agudat Israel im Laufe der Jahre an zahlreichen Regierungen beteiligt, weigert sich jedoch bis heute standhaft, einen Minister zu stellen, weil sie dadurch zu einem offiziellen Vertreter des Staates würde. Im Parlament gehört die Agudat Israel heute zur Fraktion der Partei *Vereinigtes Thora Judentum*. Obwohl der Antizionismus der Agudat Israel nachgelassen hat, verlassen deren Vertreter noch immer das Plenum, wenn die israelische Nationalhymne gespielt wird. Auch den Feierlichkeiten zum israelischen Unabhängigkeitstag bleiben sie fern.

Die heute stärkste orthodoxe Fraktion in der Knesset, die sefardisch-orthodoxe Schas-Partei, entstand erst 1984 als eine Abspaltung von der Agudat Israel. Auch innerhalb der orthodoxen Gemeinschaft besannen sich die Misrachim damals auf ihre Identität und begannen, sich gegen die Bevormundung durch das aschkenasische Judentum zu wehren. Die Schas-Partei nimmt insofern eine

Sonderstellung ein, da sie ihre Stärke im Parlament nicht nur orthodoxen Wählern verdankt, sondern als ethnische Partei auch von vielen religiös-traditionellen Misrachim unterstützt wird. Schas ist nicht antizionistisch, wünscht aber einen größeren Einfluss der religiösen Gebote auf die weltliche Gesetzgebung.

Ganz anders der aschkenasische Rabbinerrat *HaEda HaCharedit*, ein Verbund verschiedener antizionistischer Gruppen. Die Eda HaCharedit akzeptiert die Staatsgewalt nur bei der Verbrechensbekämpfung, hält die Teilnahme an Wahlen aber für eine Sünde und ruft deshalb im Wahlkampf mit Plakaten zum Wahlboykott auf. Noch gründlicher, und vor allem lautstark, praktizieren die Mitglieder der Splittergruppe *Neturei Karta* (»Hüter der Stadt«) ihre Ablehnung des jüdischen Staates: Die rund ein- bis zweitausend in Israel lebenden Anhänger der Gruppe bezeichnen sich selbst als »Bürger Palästinas«. Sie haben keine israelischen Pässe, zahlen keine Steuern und weigern sich sogar, Papiergeld mit dem Konterfei berühmter Zionisten zu benutzen. Ein Rabbiner, Mosche Hirsch, ging soweit, als »Minister für jüdische Angelegenheiten« Jassir Arafats Schattenkabinett beizutreten. Die Neturei Karta setzt sich für die Auflösung des israelischen Staates ein und fordert eine »Rückgabe« des Landes an die Palästinenser. Aufgrund dieser Position waren 2006 einige ihre Anhänger sogar bei einer sogenannten Holocaust-Konferenz im Iran zu Gast, wo sie bei dem Treffen ewiggestriger Holocaustleugner als Alibijuden jeden Verdacht auf Antisemitismus ausräumen sollten.

Für die Neturei Karta und einigen ihr nahe stehenden chassidischen Gruppen ist der Zionismus für fast alle Übel der Welt verantwortlich. Der ehemalige Präsident der Eda HaCharedit, Joel Teitelbaum, macht in seinem Buch »WaJoel Mosche« die Zionisten nicht nur für den Holocaust und den modernen Antisemitismus verantwortlich, sondern sieht in den Nahost-Kriegen und dem Terrorismus eine Strafe Gottes für die Gründung des israelischen Staates.

Am anderen Ende des orthodoxen Spektrums stehen die Vertreter des »religiösen Zionismus«. Deren Vordenker, Rabbiner Abraham Isaak Kook, der von 1921 bis zu seinem Tod 1935 aschkenasischer Oberrabiner Palästinas war, sah im Zionismus den »Beginn der Erlösung«. Die Aktivitäten der häretischen Zionisten seien ein Teil der notwendigen Vorbereitungen für die endgültige Erlösung. Da die Zionisten somit – wenn auch selbst ahnungslos – an Gottes Erlösungsplan mitarbeiteten, um den Staat Israel in der Zukunft zu heiligen, wurden dadurch auch ihre Handlungen, zumindest teilweise, legitimiert. Religiöse Zionisten scheuen deshalb die Einbindung in die israelische Zivilgesellschaft nicht, sie leisten Militärdienst und üben ihre Berufe in einer weltlichen Umgebung aus. Auch in ihrer Kleidung setzen sie sich von säkularen Israelis nur durch ihre gestrickte, mehrfarbige *Kippa* ab.

Politisch werden sie durch die Nationalreligiöse Partei (NRP) vertreten, die seit ihrer Gründung 1956 bis 1992 an allen Regierungen beteiligt war. Die Nationalreligiöse Partei radikalisierte sich nach den Eroberungen des Sechs-Tage-Krieges 1967. Heute vertritt die NRP eine militante Siedlungspolitik zur Wiederherstellung Israels in seinen biblischen Grenzen. Einige Nationalreligiöse propagieren gar den »Transfer« der palästinensischen Bevölkerung aus den besetzten Gebieten nach Jordanien.

Den linken Gegenpol zur NRP bildet die kleine, ebenfalls orthodoxe *Meimad*-Partei, die bei Wahlen gemeinsam mit der Arbeitspartei antritt und dafür den zehnten Platz auf deren Wahlliste mit ihrem Kandidaten besetzen darf.

Der »Status quo«

Die Einstellung der Staatsgründer gegenüber der orthodoxen Gemeinschaft war zunächst von – wenn auch etwas herablassendem – Wohlwollen geprägt. Man wollte die Religiösen nicht verprellen, der Staat sollte schließlich ein Staat aller Juden sein. Zudem waren sich die zionistischen Gründer der verbindenden Kraft der Religion wohlbewusst. Der Wunsch, ihren Staat auf einer säkularen, hebräischen Kultur aufzubauen, hielt sie nicht davon ab, traditionelle religiöse Symbole zu nationalisieren. So ist zum Beispiel die *Menora*, der siebenarmige Leuchter, zu einem Symbol des Staates geworden. Die israelische Fahne basiert auf dem *Tallit*, einem Gebetsschal, an dessen Ecken vier geknotete weiße Wollfäden, die *Ziziot*, hängen, die einem biblischen Gebot zufolge ununterbrochen an Gottes Gebote erinnern sollen. Auch bei dem Streit um die Erwähnung Gottes in der Unabhängigkeitserklärung waren beide Seiten zu einem Kompromiss bereit.

Eine besonders folgenschwere Einigung zwischen den Gruppen fand allerdings schon ein Jahr vor der Staatsgründung statt. Im sogenannten »Status-Quo-Brief« versicherte David Ben Gurion 1947 den religiösen Autoritäten, der zukünftige Staat Israel werde bestehende Abmachungen bezüglich des Verhältnisses von Religion und weltlicher Autorität nicht antasten. So wurde der Sabbat zum nationalen Ruhetag, an dem kein Staatsdiener arbeiten muss, und das bereits existierende religiöse Schulsystem durfte bestehen bleiben. Alle Regierungsküchen wurden darauf verpflichtet, die jüdischen Speisegesetze, die *Kaschrut*, einzuhalten und das Rabbinat behielt die alleinige Hoheit über Eheschließungen, Scheidungen und Beerdigungen.

Große Bedeutung maß Ben Gurion seinen Zugeständnissen nicht bei. In den Augen der säkularen Zionisten waren die paar Tausend Orthodoxen ein Kuriosum, das innerhalb weniger Generationen verschwinden würde. Das sollte sich als Irrtum herausstellen. Wie viele orthodoxe Juden heute in Israel leben, ist schwer zu sagen. Wahrscheinlich sind es ungefähr 20 Prozent der Bevölkerung. Etwa die Hälfte von ihnen bezeichnet sich selbst als *Charedim*, Außenstehende sprechen auch von »Ultra-Orthodoxen«. Diese

600 000 bis 700 000 Menschen praktizieren eine besonders strenge Form des Judentums und leben abgeschieden in ihren Städten und Vierteln. Ihre Geburtenrate liegt mit 7,6 Kindern pro Frau ebenso hoch wie die von palästinensischen Frauen im Gazastreifen. Und nicht nur die Zahl der *Charedim* hat sich seit der Staatsgründung vervielfacht, auch die Spannungen haben sich im Laufe der Jahre nicht verringert, sondern verschärft.

Was Ben Gurion einst verhindern wollte, die Spaltung der israelische Gesellschaft, ist eingetreten: Säkulare und religiöse Juden haben sich im Heiligen Land immer weniger zu sagen und wenn sie miteinander reden, ist der Ton unangenehm scharf geworden.

Izig Meierson findet dafür noch etwas deutlichere Worte: »Ich weiß, die Säkularen hassen mich«, sagt er und diese Erkenntnis ist ihm sichtlich unangenehm. »In ihren Medien werden wir als ›Schmarotzer‹ und ›Parasiten‹ bezeichnet, dabei bete ich jeden Tag für das Wohl aller Juden.«

Was genau in den Medien der Säkularen so steht, weiß Izig nur vom Hörensagen. Einen Fernseher hat die Familie nicht, »das verdirbt die Kinder«. Izig liest nur orthodoxe Zeitungen und hört orthodoxe Radiosender. »Da kann ich sicher sein, dass der ›böse Geist‹ keinen Einzug hält«, stellt er fest. Um niemanden in Versuchung zu bringen, finden sich in den Zeitungen der *Charedim* zum Beispiel keine Bilder von Frauen, auch Wörter wie »Sex« oder »Vergewaltigung« sind tabu. Das geht soweit, dass in der Berichterstattung über die Vergewaltigungsvorwürfe gegen Israels ehemaligen Präsidenten Mosche Kazav in den orthodoxen Blättern immer nur von »Vergehen gegen die Moral« zu lesen war. Und als im Oktober 2007 eine staatliche Radiokampagne gegen sexuelle Belästigung auch im orthodoxen Sender *Kol Chai* gesendet werden sollte, stellten sich die Betreiber quer. Der Sender werde den Werbespot nur ausstrahlen, wenn dort von nicht spezifizierter »Belästigung« die Rede sei. Auch Brustkrebs gibt es in orthodoxen Medien nicht, dort heißt er Frauenkrebs.

Die *Charedim* leben eben in ihrer eigenen Welt. Izig Meierson hat zum weltlichen Israel außerhalb seines Viertels so gut wie keinen Kontakt. Wahrscheinlich ist sein Hebräisch deshalb so seltsam steif, jeder noch so profane Satz klingt bei ihm wie ein Bibelzitat. Der Alltag in seinem orthodoxen Heimatviertel Mea Schearim in Jerusalem findet auf Jiddisch statt. Izigs Kontakt mit dem Hebräischen beschränkt sich auf einige Stunden Bibelstudium am Tag und viel Beten. Denn das macht er hauptberuflich. Täglich geht er um sieben in der Früh in sein *Kollel*, eine Religionsschule für verheiratete Männer, um die heiligen Texte zu studieren. »Etwas Wichtigeres gibt es nicht«, sagt er. Erst zum Abendessen kehrt er zu seiner Frau und den sieben Kindern zurück. Die beiden älteren Söhne lernen ebenfalls in Religionsschulen. Acht Stunden täglich würden sie sich in ihrer *Jeschiwa* bereits mit »Heiligen Dingen« beschäftigen, versichert Izik stolz.

»Leben von Seiner Güte«

Obwohl es in Israel zwei gleichberechtigte staatliche Schulsysteme gibt, ein säkulares und ein religiöses, unterhalten die verschiedenen orthodoxen Gruppen zusätzlich ihre eigenen Bildungseinrichtungen. Im Jahr 2006 wurden 23 Prozent aller israelischen Erstklässler – natürlich getrennt nach Jungen und Mädchen – an orthodoxen Schulen eingeschult. Obwohl die meisten dieser Schulen mit staatlichen Geldern unterstützt werden, übt das Bildungsministerium auf den Lehrplan nur einen sehr geringen Einfluss aus. So kann man in orthodoxen Schulen aufwachsen, ohne die israelischen Nationalhymne zu kennen oder jemals die Namen David Ben Gurion, Theodor Herzl oder Mosche Dajan gehört zu haben. Problematischer aber ist, dass auch Fächer wie Mathematik, Geschichte oder Hebräisch im Lehrplan im Vergleich zum Religionsunterricht nur sehr geringen Raum einnehmen. Für einen erfolgreichen Einstieg in den Arbeitsmarkt ist das keine gute Voraussetzung. Über 70 Prozent der arbeitsfähigen ultra-orthodoxen Männer verdienen kein Geld.

Dafür gibt es noch einen anderen Grund: Ein weiteres Zugeständnis des Staatsgründers Ben Gurion nimmt die *Charedim* von der Wehrpflicht aus. Bezog sich die Ausnahmeregelung damals auf wenige hundert Ultra-Orthodoxe, so werden heute jedes Jahr rund 40 000 *Charedim* nicht eingezogen. Sie sind vom Wehrdienst zwar nicht befreit, werden aber aufgrund einer ministeriellen Anordnung jedes Jahr erneut freigestellt. Das geht so lange, wie sie als Vollzeitstudenten in einer *Jeschiwa* lernen und keiner bezahlten Arbeit nachgehen. Die fatalen Folgen dieser Regelung liegen auf der Hand: Nicht nur leisten die meisten *Charedim* keinen Wehrdienst, um ihre Einberufung zu vermeiden, müssen sie auch mindestens bis zu ihrem einundvierzigsten Lebensjahr dem Arbeitsmarkt fernbleiben – wenn sie verheiratet sind und mehr als vier Kinder haben, nur bis zum fünfunddreißigsten Lebensjahr.

Das von Ehud Barak im Jahr 2000 einberufene »Tal-Komitee« sollte an diesem unhaltbaren Zustand etwas ändern, scheiterte mit einem halbentschlossenen Kompromissvorschlag aber kläglich. Ultra-Orthodoxe Juden können seit 2002 entweder einen »Mini-Dienst« von vier Monaten plus zukünftigen Reservedienst leisten, oder ein Jahr unbezahlten Sozialen Dienst tun und dann einen Beruf ausüben. Tatsächlich machen aber kaum mehr als ein paar Dutzend *Charedim* pro Jahr von diesem Angebot Gebrauch. Ohne Chance auf dem Arbeitsmarkt leben viele dann von Sozialhilfe und Kindergeld. Steuern zahlen sie selbstverständlich auch nicht. Wenn man Izik deshalb fragt, wovon er und seine Familie leben, zögert er keine Sekunde: »Von *Seiner* Güte.«

Nur wenige Autominuten entfernt sieht man das anders. »Die *Charedim* leben nicht von irgendeiner Güte sondern von meinen Steuern«, meint Assaf Vissitzky. Der Rechtsanwalt bewohnt mit seiner Frau Rina ein geräumiges Einfamilienhaus am Stadtrand von Jerusalem. Mea Schearim ist hier weit weg, ein »Paralleluniversum«, wie Assaf sagt. »Die Geisterbahn um die Ecke.« Die Vissitzkys bezeichnen sich als liberal, aber für den Lebensstil der *Charedim* haben sie kein Verständnis. »Wir gehören zur oberen Mittelklasse und zahlen horrende Steuern, damit Leute wie dieser Meierson nicht arbeiten müssen«, ärgert sich Assaf. »Meine beiden Söhne haben jeweils drei Jahre beim Militär verbracht, während es für die Kinder der Ultra-Orthodoxen Ausnahmeregelungen gibt und sie das Land nur mit ihren Gebeten verteidigen dürfen.« Sein Ton wird schärfer als er fortfährt: »Ungefragt zahlen wir bei jedem Einkauf Unsummen für irgendwelche Koscher-Zertifikate von schwachsinnigen Rabbinern. Und von Freitagabend bis Samstagabend fährt im ganzen Land kein öffentliches Verkehrsmittel.« Seine Stimme überschlägt sich. »Das ist einfachkein haltbarer Zustand. Wir leben doch nicht in einer religiösen Diktatur.«

Assaf Vissitzky sieht Israel auf dem Weg dorthin: »Seit Jahren hält eine religiöse Minderheit das ganze Land in Geiselhaft und erpresst einen Ministerpräsidenten nach dem anderen.« Tatsächlich sind die orthodoxen Parteien bei der Regierungsbildung oft das Zünglein an der Waage: Ob Rabin, Barak oder Netanjahu – ohne die Religiösen konnte keiner eine handlungsfähige Regierung bilden. Die wiederum ließen sich ihre Unterstützung mit großzügigen Zuwendungen an ihre parteibetriebenen Einrichtungen teuer bezahlen. Bei den Koalitionsverhandlungen ging es bisweilen wie auf dem Markt zu. Wenn die Regierung einige 100 Millionen Schekel in die von ihnen betriebenen Einrichtungen pumpte, waren die Orthodoxen auch schon mal dazu bereit, im Kabinett den Friedensprozess zu unterstützen. Da sie mit Ausnahme der Nationalreligiösen Partei dem israelischen Staat keine religiöse Bedeutung zumessen, haben sie Friedensverhandlungen gegenüber zumindest keine prinzipiellen Bedenken. Selbst der Oberrabiner der sefardischen Schas-Partei, Owadia Jossef, ent-

schied vor einigen Jahren, die Aufgabe besetzter Gebiete sei erlaubt, wenn dadurch jüdische Leben gerettet werden könnten.
Dieses Verdikt ihres geistigen Oberhauptes schien zunächst eine gewisse Kompromissbereitschaft bei Friedensverhandlungen zu signalisieren. Da aber ein großer Teil der misrachischen Schas-Wähler politisch eher Rechts steht, hat sich die Partei seitdem dennoch nicht dadurch hervorgetan, die Friedenspläne der Linken zu unterstützen. Wahrscheinlich ist der Parteiführung bald klar geworden, dass ein liberales sicherheitspolitisches Programm ihre Stammwähler wieder dem nationalistischen Likud in die Arme treiben könnte.

Wie jüdisch ist der Judenstaat?

Der Konflikt zwischen säkularen und orthodoxen Israelis dreht sich seit dem »Status-quo-Brief« um dieselben Fragen. Wie jüdisch ist der jüdische Staat? Ist Israel schon deshalb ein jüdischer Staat, weil er überwiegend von Juden bewohnt wird und Juden das Recht zur Einwanderung haben, wie einige säkulare Juden glauben? Oder wird Israel seiner Bestimmung nur dann gerecht, wenn das religiöse Gesetz zur Leitlinie seiner Bewohner wird?
Seit der Staatsgründung verhindern die Orthodoxen eine Verfassung für den Staat. Nur das biblische Gesetz könne dem jüdischen Staat Verfassung sein, argumentieren sie. Alle Bemühungen um einen Kompromiss waren bisher vergeblich. Im Oktober 2007 stellte ein Komitee der Knesset einen mühsam erarbeiteten Kompromiss-Entwurf vor, doch Justizminister Daniel Friedmann meldete sofort ernste Bedenken an. Als Gegenleistung für die Zustimmung der Orthodoxen zur Verfassung sollte dort festgeschrieben werden, dass das Oberste Gericht des Landes keine Entscheidungsgewalt über gewisse Fragen zu Staat und Religion habe. Der vorgeschlagene Verfassungsentwurf würde es den Rich-

tern verbieten, die Entscheidungen der Rabbinergerichte bezüglich Heirat, Scheidung, Übertritte zum Judentum und den Status des Schabbat auf ihre Vereinbarkeit mit den in der Verfassung dargelegten Grundsätzen zu überprüfen. Doch genau in diesem Bereich liegen heute die explosivsten Konfliktpunkte, die dringend einer Einigung bedürfen.

So kennt Israel keine Trennung von ziviler und religiöser Eheschließung. In der Praxis bedeutet das nichts anderes, als dass der Staat zwar Ehen anerkennt, die von den religiösen Autoritäten der verschiedenen Glaubensgemeinschaften geschlossen wurden, aber selbst niemanden verheiratet. Juden können in Israel deshalb nur vom orthodoxen Rabbinat verheiratet werden, Christen müssen sich kirchlich trauen lassen. Rabbiner von Reform- oder liberalen Gemeinden können ihre Schäfchen zwar verheiraten, die Eheschließung wird vom Staat aber nicht anerkannt. Besonders problematisch ist die Situation für Israelis, die nicht nach der *Halacha*, dem jüdischen Gesetz, Juden sind, da das Rabbinat sie unter keinen Umständen mit einem »echten« Juden verheiraten wird. Da bleibt meist nur der Flug nach Zypern, denn im Ausland geschlossene Zivilehen erkennt der Staat wieder an.

Noch schwieriger kann die Lage bei Scheidungen werden, denn eine Ehescheidung ist nach jüdischem Recht nur gültig, wenn der Ehemann einen Scheidungsbrief, den *Get*, ausstellt. So steht es bei Deuteronomium Kapitel 24, Vers 1 und so wird es in Israel – dank des orthodoxen Rabbinats – heute noch praktiziert. Eigentlich war das jüdische Scheidungsrecht einmal äußerst fortschrittlich: Der Mann konnte seine Frau nicht einfach vor die Tür setzen und musste zudem für ihren Unterhalt sorgen. Doch heute kann die Regelung für Frauen große Probleme aufwerfen, wie in Anat K.s Fall. Ihr gerissener Ehemann stellte sich quer und verlangte das gemeinsame Haus, alle Ersparnisse und das neue Auto, bevor er ihr den *Get* ausstellen wollte. Das rabbinische Gericht mag das ungerecht finden, es kann auf den Erpresser einreden und ihn –

in seltenen Fällen – sogar in Beugehaft nehmen; ohne *Get* bleibt die Ehe gültig. Anat ignorierte die Forderungen und lebt längst mit einem anderen Mann zusammen. Woran sie nicht gedacht hat: Als offiziell noch verheiratete Frau gelten ihre zwei jüngeren Kinder als Bastarde und sind als solche bis ins zehnte Glied in der Wahl ihrer Ehepartner beschränkt.

Die Angst, irgendwann die »richtigen« Juden nicht mehr von den »falschen« unterscheiden zu können, quält die orthodoxen Rabbiner schon jetzt. Am meisten Kopfzerbrechen bereitet ihnen dabei die Frage der Konvertiten. Bis vor einigen Jahren waren in Israel nur Übertritte anerkannt, die das orthodoxe Rabbinat nach seinen strengen Regeln durchgeführt hatte. Nach und nach weichte aber der Oberste Gerichtshof diese Regelung auf. Mittlerweile muss der Staat auch Übertritte in Reformgemeinden anerkennen und den Konvertiten als »Jude« ins Bevölkerungsregister eintragen.

Die orthodoxe Gemeinschaft reagierte auf das Urteil mit Entsetzen. Die Oberrabbiner Jona Metzger und Schlomo Amar sowie zahlreiche andere einflussreiche Rabbiner veröffentlichten eine wütende Erklärung:»Übertritte, die nicht von einem orthodoxen Rabbinergericht nach den im *Schulchan Aroch* festgelegten Regeln durchgeführt werden, haben keinerlei Wert. Jeder derart Konvertierte bleibt in jeder Hinsicht ein Nichtjude.« Der Vorsitzende der Schas-Partei, Eli Ischai, nannte das Urteil einen »Sprengstoffgürtel gegen die jüdische Nation« und drohte an, fortan einen Stammbaum für jeden Bürger anlegen zu wollen. Das ist durchaus konsequent, würde doch sonst bald kein orthodoxer Rabbiner mehr wissen, wen er mit wem verheiraten darf oder wer auf einem jüdischen Friedhof bestattet werden darf.

In der israelischen Bevölkerung stößt die Monopolisierung des Judentums durch die Orthodoxen auf viel Kritik. Mit einem radikal-säkularen Programm trat die Schinui-Partei 2003 bei den Knessetwahlen an und errang überraschend 15 Mandate. Doch die angekündigte »säkulare Revolution« blieb aus. Das lag nicht nur an den Komplikationen der Regierungsbildung, sondern auch daran, dass der aggressive Säkularismus der Schinui-Partei von der Mehrheit der Israelis nicht geteilt wird. Eine überraschend große Zahl der Israelis definiert ihre nationale Identität eben zumindest zum Teil auch über religiöse Traditionen. Nur rund 20 Prozent der Israelis legen überhaupt keinen Wert auf religiöse Vorschriften – das ist ein ebenso hoher Prozentsatz wie die Gesamtzahl der Orthodoxen in Israel. Aber immerhin 50 Prozent der Israelis beginnen den Schabbat stets mit dem Entzünden der Schabbat-Kerzen, 71 Prozent zünden zum Lichterfest *Channuka* die Kerzen an, 67 Prozent fasten am Versöhnungstag *Jom Kippur* und 68 Prozent essen zu *Pessach* kein gesäuertes Brot. Ja, 58 Prozent halten die *Kashrut*-Gesetze ein und essen koscher, während immerhin 44 Prozent sogar das Geschirr für milchige und fleischige Speisen trennen.

Zugegeben, die Aussagekraft dieser Zahlen bezüglich der Religionsausübung ist beschränkt. Auch in unseren Gefilden ist nicht jeder, der sich einen Weihnachtsbaum ins Wohnzimmer stellt oder Ostereier färbt, gleich ein tiefgläubiger Christ. Dennoch lässt sich wohl sagen, dass religiöse Traditionen einen wichtigen Bestandteil der israelischen Identität ausmachen. Selbst säkulare Israelis wie der Vorsitzende der Merez-Partei, Jossi Beilin, definieren den »jüdischen Charakter« ihres Staates über die Tatsache, dass israelische Kinder in einem jüdischen Umfeld ganz von selbst jüdische Feste feiern.

Vielfalt orthodoxen Lebens

Der säkulare Durchschnittsisraeli weiß über die *Charedim*, die Ultra-Orthodoxen in seinem Land, meist nicht viel mehr, als dass er sie nicht ausstehen kann. Dabei ist die orthodoxe Gemeinschaft von beeindruckender Vielfalt. Wer sich gut auskennt, kann schon

Für säkulare Israelis »die Geisterbahn um die Ecke«: Straßenszene im ultra-orthodoxen Viertel Mea Schearim in Jerusalem

anhand der Form und des Materials ihrer Hüte die verschiedenen religiösen Gruppierungen identifizieren. So tragen die meisten *Chassidim* einen *Schtreimel*, nicht aber die *Ger*, *Amschinow* und einige andere aus Polen stammende Gruppen. Die tragen einen *Spodik*. Einen *Kolpik* sieht man auf den Köpfen von unverheirateten Söhnen und Enkeln von Rabbinern, aber nur am Schabbat. Andere *chassidische* Kinder unter 13 tragen einen *Kaschket* am Schabbat, während die *Belzer-Chassidim* ihren Jungen unter 15 denselben Hut ausgerechnet an Wochentagen aufsetzen, nie aber am Schabbat. Die Fellhüte der *Chabad-Lubatwitsch Chassidim* sind dieselben wie die zahlreicher *Charedim*, nur würden diese niemals wie die *Lubatwitscher* ihren Hut in Dreiecksform drücken. Und so könnte es seitenlang weitergehen …

Doch wer sind all diese Gruppen eigentlich? Und worin unterscheiden sie sich? Die Bezeichnung »Charedim« leitet sich von dem hebräischen Wort »Charada« (Furcht) ab. In Anspielung auf ein Zitat aus dem Buch des Propheten Jesaja sind die *Charedim* jene, die sich »vor Gottes Wort fürchten«. Schon im 18. Jahrhundert bildete sich in Osteuropa die *chassidische* Bewegung. Das Wort »Chassid« bedeutet »rechtschaffend« oder »fromm« und tatsächlich hat der *Chassidismus* ein gewisse Ähnlichkeit mit dem protestantischen Pietismus. Der Vater der Bewegung, Rabbi Israel Ben Elieser (1698–1760), besser als Baal Schem Tow (Herr des guten Namens) bekannt, lehrte, dass die wahre Religion nicht in der Religionswissenschaft und der Lehre zu finden sei, sondern im tief empfundenen Glauben. Der einfache Mann, dessen Gebete von Herzen kämen und der Gott eine warme Liebe entgegenbringe, sei gottgefälliger als jeder Thoragelehrte, der seine Studien ohne Glauben und Gefühl betreibe. Der *Chassidismus* gewann schnell an Boden, mehr und mehr Juden fühlten sich zu dieser emotionalen und tröstenden, aber oft auch fröhlichen Spiritualität hingezogen.

Die Gegenbewegung ließ nicht lange auf sich warten: Die *Mitnagdim* (Gegner) wandten sich mit Vehemenz gegen die neuen Ideen. Sie verstanden den Ausspruch des Baal Schem Tow, »Gott ist in allem und alles ist Gott«, als ein häretisches Bekenntnis zum Pantheismus. Die große Verehrung, die einige *Chassidim* ihren Rabbinern entgegenbrachten, weckte zudem Befürchtungen, die Gruppe könne zu einer messianischen Sekte werden. Tatsächlich wurden wunderheilende *chassidische* Rabbiner in der Vergangenheit schon mal zum Messias erklärt.

Eine relativ neue Erscheinung in der orthodoxen Welt Israels sind die *Chardalim*. Bei ihnen handelt es sich um nationalreligiöse Zionisten, die sich dem strengeren Lebensstil der *Charedim* zugewandt haben, ohne dabei ihre pro-zionistische Einstellung aufzugeben. Und schließlich sind da die sefardischen *Charedim* der Schas-Partei unter ihrem geistlichen Führer, dem in Bagdad geborenen Rabbiner Owadia Jossef. Die meisten dieser Gruppierungen sind einander nicht besonders wohlgesonnen und würden niemals ihre Kinder untereinander verheiraten oder auch nur gemeinsam an einem Tisch essen – schon allein deshalb, weil man dem *Kashrut*-Zertifikat eines anderen Rabbiners auf keinen Fall vertrauen kann.

Eines haben sie aber doch gemeinsam: Die Orthodoxen sehen sich als die Bewahrer des wahren Judentums. Konservative, Reform- oder liberale Gemeinden sind für sie ein Graus. Ein orthodoxer Jude glaubt an die Verbalinspiration der Thora und er hält sich an die 613 *Mizwot*. Diese regeln das Leben eines gläubigen Juden vom Aufwachen bis zum Einschlafen. Sie regeln, welche Nahrungsmittel, Gegenstände, Handlungen oder auch Personen *koscher*, also rein und damit erlaubt, sind.

Eine überwältigende Zahl dieser Gebote leuchten auch dem säkularen oder Nichtjuden ein. Es war sicherlich nicht verkehrt mal zu kodifizieren, dass man die Schwachen nicht unterdrücken soll und Sex mit seiner Mutter, Schwester, Tochter, Schwiegermutter, Stiefschwester, Enkeltochter, Nichte und mit Tieren untersagt ist. Andere *Mizwot* können bei modernen Menschen etwas Befremden wecken.

Exkurs: Was ist koscher?

Wie sehr die Regeln ins Detail gehen, lässt sich anhand der *Kaschrut*, der Speisevorschriften, sehr anschaulich erklären. Dass Juden kein Schweinfleisch essen dürfen, ist allgemein bekannt. Doch warum eigentlich nicht? Ein Säugetier ist *koscher* (tauglich, rein), wenn es gespaltene Hufe hat und sein Futter wiederkäut – was Schweine nicht tun. Koscher sind dagegen zum Beispiel Schafe, Ziegen, Rinder, Rehe und Hirsche. Doch halt: Theoretisch sind Rehe und Hirsche zwar für Juden genießbar, praktisch leben sie aber in freier Wildbahn und müssten vor dem Verzehr gejagt werden. Deshalb sind sie auch nicht koscher, denn ein Tier ist nur dann *koscher*, wenn es nach jüdischem Ritus geschächtet wurde. Und auch dafür gibt es Regeln: Der *Schochet*, ein dem Rabbiner unterstellter, speziell ausgebildeter Schächter, durchtrennt mit einem einzigen Schnitt Halsschlagader und Luftröhre des Tieres. Um dem Tier keine unnötigen Schmerzen zuzufügen, sollte das Messer sehr scharf sein und keine Scharten haben. Dann muss das getötete Tier ausbluten, es wird gespült und gesalzen. Schließlich heißt es in Leviticus 17: »Denn die Seele des Fleisches ist im Blut.« Dass man die Seele nicht mit dem Fleische essen soll, steht wiederum bei Deuteronomium 12. Deshalb wird kein koscher lebender Jude jemals sein Steak »blutig« bestellen und der seltene Tropfen Blut, der sich bisweilen im Frühstücksei findet, muss sorgfältig entfernt werden.

Eine weitere biblische Regel besagt, dass man »das Zicklein nicht in der Milch seiner Mutter bereiten« solle. Gleich dreimal wird im *Pentateuch* darauf hingewiesen. Traditionell wird dieser Hinweis so interpretiert, dass es den Juden untersagt ist, milchige und fleischige Speisen zusammen zu essen. Ein Capuccino nach dem (fleischigen) Mittagessen ist also tabu. Ob zwischen Steak und Joghurt aber eine, drei oder sechs Stunden vergehen müssen, ist Ansichtssache. Und während strenggläubige Juden niemals den gleichen Löffel für Fleischiges und Milchiges benutzen würden und sich zwei Kühlschränke in die Küche stellen, sehen reformierte oder liberale Gläubige das lockerer. So kann dem einen Juden ungenießbar sein, was dem anderen als koscher gilt.

Manche Regelung ist auch einfach Tradition. Da die bei Leviticus 11 für koscher erklärten Vögel keine Milch geben, könnte man sie eigentlich lecker in Sahnesoße bereiten. Die meisten Juden würden das trotzdem nicht tun. Genauso wenig wie sie Fleisch mit Fisch essen. Das ist zwar nicht direkt unkoscher, aber laut Überlieferung ungesund. Ansonsten sind die Auflagen bei den Meeresbewohnern jedoch weniger streng. Ein Fisch muss sowohl über

Flossen als auch über Schuppen verfügen, um es auf den koscheren Tisch zu schaffen. Die Schuppen sollten mit der Hand entfernbar sein, ohne dabei die Haut des Tieres zu beschädigen. Der schwer entschuppbare Stör fällt aus diesem Grund weg und Aale wie Haie sind in Ermangelung jeglicher Schuppen ebenfalls vom Verzehr ausgeschlossen.

Überhaupt keine Probleme gibt es beim Gemüse. Alle Pflanzen sind erlaubt. Man sollte aber darauf achten, dass sich keine Käfer zwischen den Salatblättern verstecken. Die sind nämlich strengstens verboten. Manchmal muss man eben etwas um die Ecke denken, um sich nicht versehentlich zu versündigen.

Gummibärchen waren lange unkoscher, weil ihre Gelatine aus Schweinehaut und -knochen hergestellt wurde. Für den jüdischen und islamischen Markt wurde schließlich eine Variante erfunden, deren Gelatine aus Fischgräten hergestellt wird. Die koscheren Bärchen glänzen zwar etwas weniger, dafür prangt auf der Tüte ein *Hechscher*-Siegel. Die Buchstaben »OU« stehen für *Orthodox Union* und bezeugen, dass das Produkt nach den orthodoxen Richtlinien hergestellt wurde. Wem das nicht reicht, der muss ein paar Schekel mehr investieren, denn das *Badatz*-Siegel der *Eda HaCharedit* wird zwar von so gut wie allen Orthodoxen anerkannt, dafür sind die Produkte aber etwas teurer.

Auch Wein muss übrigens koscher sein. Dabei sind Trauben zwar, wie alle Früchte, koscher und es gibt eigentlich keinen Grund, warum der Gärungsprozess daran etwas ändern sollte. Dennoch sind sich die jüdischen Gelehrten einig, dass Wein eine zu große religiöse Bedeutung hat, um ihn einfach unkontrolliert für genießbar zu erklären. So könne man es Juden nicht zumuten, mit einem Rebensaft *Pessach* zu feiern, der vielleicht auf einem klösterlichen Weingut von Mönchen produziert wurde. Koscherer Wein wird also von Juden angebaut, abgefüllt und am besten auch ins Glas eingeschenkt. Weniger streng beurteilt wird gekochter Wein, *Jain mewuschal*. Dieser kurz aufgekochte Wein war früher im Tempel nicht zugelassen, der Kontakt mit Nichtjuden kann ihm deshalb nichts anhaben. Leider schmeckte das aufgekochte Zeug bisher ziemlich grausam. Erst vor kurzem wurde eine neue Pasteurisierungsmethode zur Rettung der jüdischen Geschmacksnerven eingeführt, bei der der Wein nur für den Bruchteil einer Sekunde wirklich Kochtemperatur erreicht.

Solch ein Vorgehen ist nicht untypisch: Das Judentum scheint sich immer auf der Suche nach neuen Tricks zu befinden, die das Einhalten der 613 *Mizwot* ein wenig angenehmer machen. Zeitschaltuhren erleichtern gläubigen Juden bereits seit Jahren den Schabbat; ist es ihnen doch verboten, den Lichtschalter mit der Hand zu betätigen, weil sie damit – indirekt – Feuer machen würden. Nicht wenige Hotels in Israel lassen am Schabbat einen Fahrstuhl fahren, der automatisch in allen Stockwerken hält. Das führt zwar zu langen Wartezeiten, aber niemand wird gezwungen, am Ruhetag einen Knopf zu drücken. Die automatische Drehtür am Eingang wird selbstverständlich auch abgestellt – ein sich schließender Stromkreis ist eben immer irgendwie ein Feuer.

Als koscher gelten auch Windeln, die mit einem Klettverschluss versehen sind. Schließlich ist es am Schabbat verboten, etwas zu zerreißen. Darum muss auch das Toilettenpapier schon am Freitag vor Sonnenuntergang abgerissen werden. Die israelische Bank *Leumi* hat für die eine Million orthodoxen Juden in Israel die erste koschere Kreditkarte auf den Markt gebracht. Sie ist von Freitagabend bis Samstagabend gesperrt. Und nicht nur das: In Geschäften, deren Besitzer den Schabbat nicht ehren, funktioniert sie gar nicht.

Schönheit und Schrecken der Orthodoxie

Außenstehende Beobachter – viele Juden eingeschlossen – neigen angesichts dieser Regelflut dazu, die Orthodoxen für wahnsinnige Spinner zu erklären. Für viele gläubige Juden aber führt gerade das Ritual zu Gott. Wer einmal einen Schabbat im Kreise einer orthodoxen Familie erleben durfte, wird sich der ehrfürchtigen Feierlichkeit dieser Menschen kaum entziehen können.

Vom orthodoxen Blickwinkel aus sehen dann auch viele Dinge ganz anders aus. So müssen orthodoxe Frauen ihre Ellenbogen und Knie stets bedeckt halten und dürfen sich nie mit fremden Männern allein in einem Zimmer aufhalten. Auch ihr Haar dürfen sie nicht zeigen. Manche tragen ein Kopftuch, andere wiederum entscheiden sich für Perücken – nur sefardische Frauen dürfen Perücken nach einer Entscheidung des Rabbiners Owadia Jossef nicht tragen. Das geht soweit, dass Orthodoxe auf einigen Buslinien der staatlichen Busunternehmen fordern, getrennte Busse einzurichten, die Frauen nur durch die Hintertür betreten dürfen, um dann hinten Platz zu nehmen. Frauenfeindlicher geht es kaum, könnte man denken. Am Freitagabend aber, im Kreise der orthodoxen Familie, stimmt der Vater mit den Söhnen kurz vor Sonnenuntergang einen geradezu hymnischen Lobpreis auf die Frau an:

Ein »wackeres Weib« sei noch mehr wert als Korallen, singen sie aus den Sprüchen Salomos. Sie »arbeitet mit der Lust ihrer Hände«, heißt es. »Kaufmannsschiffen gleich, von fernher, bringt sie ihr Brot herbei.« Anschließend »sinnt sie auf ein Feld und erwirbt es; von der Frucht ihrer Hände pflanzt sie einen Weinberg«. Schlafen muss sie nicht, denn »des Nachts geht ihr Licht nicht aus; sie legt ihre Hände an den Spinnrocken, und ihre Finger erfassen die Spindel. Sie verfertigt sich Teppiche; Byssus und Purpur sind ihr Gewand. Sie verfertigt Hemden und verkauft sie, und Gürtel liefert sie dem Kaufmann. So lacht sie des künftigen Tages«.

Das Fazit kommt angesichts dieser Arbeitsflut wenig überraschend: Die jüdische Frau »isst nicht das Brot der Faulheit«.

Wohl kaum eine orthodoxe Jüdin wird viel Gelegenheit haben, das »Brot der Faulheit« zu essen. Sie trägt nicht nur die Verant-

147

wortung für die Erziehung der Kinder, oft ist sie auch Alleinverdiener im Haus, da ihr Mann die Thora studiert.

Mädchen studieren die Thora nämlich nicht – auch das wieder so eine Ungerechtigkeit, möchte man einwerfen. Doch es findet sich in der jüdischen Tradition durchaus eine respektvolle Erklärung: Frauen haben die Beschäftigung mit »Hohen Dingen« nicht nötig, da sie als Mütter spirituell prinzipiell auf eine höhere Ebene vordringen. Auch von vielen anderen *Mizwot* wurden Frauen entbunden, um ihren Alltag nicht noch mit allerlei religiösen Sonderpflichten zu erschweren. In den vergangenen Jahrhunderten ist die zunächst positive Entbindung von einer Pflicht oft allerdings zum Verbot geworden.

Während also die kleinen orthodoxen Jungen sich mit Religion beschäftigen, werden in den Mädchenschulen allerlei praktische Dinge unterrichtet, die später beim Broterwerb hilfreich sein können. Da verwundert es nicht, dass zwar 70 Prozent der *charedischen* Männer keinen Beruf ausüben, aber immerhin 40 bis 50 Prozent ihrer Frauen arbeiten. Da rund 60 Prozent der orthodoxen Familien unter der Armutsgrenze leben, bleibt vielen Frauen nichts anderes übrig, als arbeiten zu gehen oder ihr eigenes kleines Geschäft zu Hause zu gründen, um die kärgliche Sozialhilfe und das Kindergeld etwas aufzustocken.

So war es auch bei Schlomit Rosenblum, die heute in einer größeren Firma als Sekretärin arbeitet. »Wir kamen einfach überhaupt nicht mehr über die Runden.« Da hat Schlomit sich daran erinnert, dass sie mit Computern umgehen kann, denn sie war einmal säkular. »Ich bin zwar orthodox aufgewachsen, aber mit 17 davongelaufen, in die große Stadt, nach Tel Aviv. Ich war die Älteste und ich habe eigentlich den ganzen Tag lang nur auf meine acht Geschwister aufgepasst. Bald wäre ich verheiratet worden. Das hat mich erstickt!« Trotz des Kopftuches und dem formlosen Kleid, das sie trägt, merkt man Schlomit an, dass sie einst in der säkularen Welt zu Hause war. Immerhin redet sie mit einem fremden

Mann, auch wenn sie mir nie in die Augen sieht.»In Tel Aviv habe ich dann als Kellnerin gearbeitet, in Cafés und Bars«, erzählt sie. Dann habe sie einen Computerkurs gemacht, um bessere Jobs zu bekommen. »Irgendwann habe ich diese Leere in mir entdeckt. Da bin ich zurückgekehrt.« Die Rückkehr in den Schoß der Gemeinschaft war nicht leicht: »Ich hatte den Ruf meiner Familie geschändet, alle haben getuschelt.« Außerdem wollte keine angesehene Familie ihren Sohn mit »so einer« verheiraten. »Dass ich Mosche gefunden habe, war ein Glücksfall«, sagt sie. Mosche sei *Choser leTschuwa* – jemand, der »zur Antwort« zurückgekehrt sei. Mosche hat sich nach einem Basketballspiel bekehren lassen. Ein Kleinbus *chassidischer* Juden sei auf einmal neben ihm und seinen Freunden aufgetaucht, erzählt der schüchterne junge Mann, dessen Züge hinter seinem dichten Bart nur schwer auszumachen sind. »Es war ein Partybus, mit riesigen Lautsprechern beladen, aus denen Techno-Musik dröhnte. Und diese orthodoxen Männer tanzten auf dem Dach …« Für Mosche war es ein surreales Erlebnis, aber die Fröhlichkeit dieser religiösen Männer ließ ihn nicht mehr los. Wenige Monate später studierte er in einer ihrer *Jeschiwot* tagein tagaus die Thora. Auch für ihn war die Heirat mit Schlomit ein Glücksfall. Als Neureligiöser werde man eben nicht von allen Glaubensbrüdern mit derselben Freundlichkeit aufgenommen, sagt er. Obwohl die Thora das eigentlich vorschreibe. Außerdem sei seine säkulare Mutter sicher nicht zur *Mikwe*, dem Ritualbad, gegangen, bevor sie mit ihm schwanger wurde – für wahre Gläubige ein weiterer Makel.

Jedes Jahr kehren mehrere Tausend Israelis in den Schoß der Religion zurück und wenden sich dem orthodoxen Lebensstil zu. Doch nicht für alle, die dem Glauben in ihrem Leben einen Platz einräumen wollen, muss es gleich die orthodoxe Kompromisslosigkeit sein. Seit einigen Jahren haben Reformgemeinden großen Zulauf, alternative jüdische Gemeinden schießen vor allem im angeblich säkularen Tel Aviv aus dem Boden. Immerhin geben 65 Prozent der Israelis an, an Gott zu glauben. Die größte Reformsynagoge der Stadt, das *Beit Daniel*, beschäftigt heute zwei Rabbiner und eine Rabbinerin. An jüdischen Feiertagen ist es aussichtslos, in der Synagoge einen Sitzplatz ergattern zu wollen – während anderswo in der Stadt unzählige andere Synagogen leer stehen. Denn 98 Prozent der fast 10 000 Synagogen in Israel gehören der orthodoxen Gemeinschaft. In Tel Aviv findet sich fast an jeder Straßenecke eine verwaiste orthodoxe Synagoge. Niemals aber kämen die Orthodoxen auf die Idee, den alternativen Gemeinden ihre Gotteshäuser zur Verfügung zu stellen.

»Die Thora verbietet das Neue« – diese Feststellung des Rabbiner Chasam Sofer galt dem im 18. Jahrhundert in Deutschland aufkommenden Reformjudentum. Der Rabbiner wollte damit sagen, dass die Grundfesten des Judentums nicht verändert oder gar modernisiert werden können. Die *Charedim* sehen das heute noch genauso. Eine gewisse Intoleranz gegenüber Andersdenkenden lässt sich da nicht vermeiden. Sünde bleibt eben Sünde – da drücken die Hüter des wahren Judentums kein Auge zu.

Orthodoxe gegen Schwule

Wenn regelmäßig einmal im Jahr die *Gay Parade* durch Tel Aviv zieht, dann marschieren auch Familien mit Kindern bei dem knallbunten Happening mit. Jeder achte Bewohner der Küstenstadt soll homosexuell sein – und niemand stört sich daran. Israel ist weltweit eines der Länder mit den homosexuellenfreundlichsten Gesetzen. Nicht alle Israelis sind von dieser Toleranz besonders angetan. Als 2006 auch in der Heiligen Stadt Jerusalem eine *Gay Parade* stattfinden sollte, waren sich die sonst heftig zerstrittenen Führer des Judentums, des Islam und des Christentums plötzlich einig: Schon Wochen vor der geplanten Parade forderten Plakate zu einem »gemeinsamen Kampf von Juden und Arabern gegen die Sodomiten der Sünderparade« auf. Der Jingle-Sänger der sefardisch-orthodoxen Schas-Partei brachte gar ein Duett mit dem arabischen Popstar Nassim Schamia. Wegen ihres Songs »Jerusalem wird brennen« hätten sich die beiden fast wegen Volksverhetzung vor Gericht verantworten müssen.

Bei so viel jüdisch-arabischer Eintracht wollte sich auch der Vatikan nicht lumpen lassen und erklärte ebenfalls seine Opposition. Die Parade verletze die religiösen Gefühle der Gläubigen aller Religionen und müsse deshalb abgesagt werden, forderte der päpstliche Nuntius in Jerusalem. Wenn die religiösen Führer der drei Weltreligionen sich immer so gut verstünden wie beim gemeinsamen Hass auf Homosexuelle, müsste man sich um die Zukunft der Heiligen Stadt keine Sorgen machen.

Die Proteste gegen die Parade hatten schon Wochen vor dem geplanten Termin begonnen. Zahllose Plakate zeigten ein verängstigtes Kind. »Mama, ich habe Angst«, stand in roten Lettern darunter. Es folgte die Erklärung. Das Kind habe Angst, weil Homosexuelle Menschen seien, die »kleinen Kindern grauenvolle Dinge zufügen, sodomitische Dinge, in den Parks von Jerusalem«. Bald meldeten die Zeitungen, einige orthodoxe Gegner würden sich nicht mit verbalen Protesten zufrieden geben und hätten benutzte Babywindeln, vergammelte Eier und verfaultes Obst, aber auch gefährlichere Waffen wie Rasierklingen für ihre Gegendemonstrationen gesammelt. Im orthodoxen Viertel Mea Schearim wurden Kurzanleitungen zum Bau von Molotow-Cocktails verteilt.

Die Angst vor einer Eskalation der Gewalt war groß: Schon im vergangenen Jahr hatte ein orthodoxer Demonstrant einen der marschierenden Homosexuellen mit einem Messer angegriffen und verletzt.

Wie geplant konnte die *Gay Parade* schließlich nicht stattfinden. Wegen der Angst vor einem palästinensischen Terroranschlag als Vergeltung auf einen fatalen israelischen Raketenangriff sah sich die israelische Polizei nicht in der Lage, sowohl die *Gay Pride* als auch den Rest des Landes angemessen zu sichern. So wurde aus der Parade ein Happening im Stadion. 3000 Polizisten sorgten für die Sicherheit der rund 3000 Teilnehmer. Die Orthodoxen erklärten sich bereit, die geschlossene Veranstaltung nicht zu stören. Als Gegenleistung verlangten sie eine Amnestie für alle Demonstranten, die bei den teilweise gewalttätigen Protesten von der Polizei in Gewahrsam genommen worden waren. »Nach dem ganzen Hickhack haben schließlich doch wieder die Orthodoxen gewonnen«, beschwerte sich eine Teilnehmerin, die aus Tel Aviv angereist war.

So hatte sich die homosexuelle Gemeinschaft ihre Parade nicht vorgestellt. Im Stadion wollte trotz aller gewollten Fröhlichkeit, Rap-Musik und vieler bunten Fahnen so richtige Feierlaune nicht aufkommen. »Sie haben uns in einen Käfig gesperrt«, beschwerte sich ein Redner und fragte: »Die heutige Parade ist das Gegenteil eines *Coming Out*. Was werden junge Schwule jetzt denken, wenn sie sehen, wie man uns von der Öffentlichkeit wegschließt und wir eben nicht einen Teil der Jerusalemer Bevölkerung ausmachen? Sie werden sich natürlich zweimal überlegen, ob sie auch so leben wollen.«

Jehuda Levin, ein für die Proteste extra aus New York angereister orthodoxer Rabbiner, sagte am Abend im Fernsehen fast dasselbe: »Heute hat die Religion einen großen Sieg errungen«, verkündete er stolz. »Die Sodomiten dürfen nicht mehr provozieren.«

Die Organisatoren der Parade aber wollen nicht aufgeben. Fortan soll es jedes Jahr eine *Gay-Pride*-Parade in Jerusalem geben. Und zwar nicht im Stadion, sondern auf den Straßen der Hauptstadt.

Ein Sieg, der zum Fluch wurde –
Der Sechs-Tage-Krieg, die Siedler und die Friedensbewegung

Am 5. Juni 1967 um 7:45 Uhr begann der Sechs-Tage-Krieg mit einem Überraschungsangriff der israelischen Luftwaffe. 182 Flugzeuge drangen unbemerkt in den ägyptischen Luftraum ein und zerstörten innerhalb weniger Stunden fast die gesamte Luftwaffe des Landes. Um 10:00 Uhr rief der stellvertretende Generalstabschef Eser Weizman seine Frau an: »Wir haben den Krieg gewonnen!«, jubelte er. Drei Tage später fiel Jerusalem. Zum ersten Mal in der Geschichte ihres Staates konnten israelische Soldaten an der Klagemauer beten.

Als die Kämpfe nach nur sechs Tagen endeten, hatte Israel einen berauschenden Sieg errungen. Der Zustand kollektiver Panik, in dem sich das Land zu Beginn der Kampfhandlungen befunden hatte, war einem ebenso irrationalen Siegesrausch gewichen. Gerade noch hatte man der Auslöschung durch die feindlichen arabischen Armeen geharrt; nur eine Woche später befand sich ein Gebiet doppelt so groß wie das bisherige Staatsgebiet in israelischen Händen. Das hatte weder irgendjemand erwartet noch geplant. Doch nach dem überwältigenden Anfangserfolg der Luftwaffe war jegliches Abwägungsvermögen verschwunden. Nicht ein Minister im Kabinett fragte, ob die Eroberung Ostjerusalems überhaupt sinnvoll und langfristig im israelischen Interesse sei. Wichtige strategische Entscheidungen wurden aus dem Bauch heraus getroffen. Dabei hätte man es besser wissen müssen: Ein halbes Jahr vor dem Krieg hatten sich die israelischen Geheimdienstchefs zusammengesetzt und beraten, was zu tun sei, falls die jordanische Regierung stürzte. Auf keinen Fall, so lautete schließlich die Empfehlung der Geheimdienstler an die Regierung, solle Israel sich das Westjordanland aneignen. Das sei nicht im israelischen Interesse. Der israelische Historiker Tom Segev zitiert in seinem Buch »1967 – Israels zweite Geburt« aus dem geheimen Memorandum, das der Chef des *National Defence College*, General Elad Peled, im Dezember 1966 der Regierung vorlegte.

Die prophetische Weitsicht, mit der Peled die Gefahren einer Besatzung oder gar der Annexion des Westjordanlands benennt, ist erstaunlich. Spätestens 2050, wahrscheinlich aber schon 2035 werde es in den von Israel kontrollierten Gebieten ebenso viele Araber wie Juden geben, heißt es in dem Papier. Da man den arabischen Bewohnern des Westjordanlandes nicht dauerhaft die Bürgerrechte vorenthalten könne, würden die Araber dann 40 bis 50 Abgeordnete in der Knesset stellen und einen berechtigten Anspruch auf wichtige Ministerien haben. Jüdische Gruppen, die sich gegen diese demokratisch legitimierte Dominanz der Araber zu wehren versuchten, müssten mit eiserner Faust vom Staat unterdrückt werden. In der arabischen Bevölkerung würden sich unvermeidlich Oppositionsbewegungen bilden. Ja, die arabischen Gebiete könnten gar zu Terrorstützpunkten werden. Der israelische Staat würde zunehmend zu polizeistaatlichen Maßnahmen greifen müssen und sich »auf der internationalen Bühne in eine schwierige Lage bringen«. Rassismus und Unterdrückung drohten sich zu entwickeln und den Staat »in ein zweifelhaftes Licht« zu setzen.

In der Euphorie des Kriegserfolges aber – davon zeugen die Kabinettsprotokolle – hat diese Einschätzung niemanden mehr interessiert. So haben viele Probleme, die Israel heute quälen, ihren Ursprung in dem schicksalhaften Jahr 1967 und einem Sieg, der zum Fluch wurde.

»Wir haben niemandem etwas weggenommen«

Der triumphale Sieg erschien den Israelis so unglaublich, dass manch jüdischer Atheist zweifelte, ob nicht vielleicht doch die Hand Gottes im Spiel gewesen sein musste. Bald meldete sich eine *Bewegung für Groß-Israel* zu Wort und forderte, Israel dürfe die Kontrolle über die eroberten Gebiete nicht wieder aufgeben. Auch sonst eher nüchterne Intellektuelle, wie die Schriftsteller Samuel Josef Agnon und Nathan Altermann, unterstützten die Initiative. Um die Rückgabe der Gebiete für immer unmöglich zu machen, wollten bald die ersten Siedler in die besetzten Gebiete ziehen. Zunächst stellte die Regierung sich dem Ansinnen entgegen. Man hatte wohl doch eine unbestimmte »Hoffnung«, große Teile der Eroberungen im Rahmen von Friedensverhandlungen wieder aufgeben zu müssen.

Ein Jahr nach Kriegsende waren trotzdem die ersten zwei Siedlungen im Westjordanland entstanden. In beiden Fällen handelte es sich aber auf gewisse Weise um eine Wiederbesiedlung: Sowohl in Hebron wie auch in Kfar Etzion hatten vor 1948 Juden gelebt. Auch hatten an beiden Orten noch vor der Staatsgründung Araber Massaker an der jüdischen Bevölkerung verübt. Der Anfang war gemacht. Bald schossen auch andernorts Siedlungen wie Pilze aus dem Boden. Im Herbst 1974 versuchte eine kleine Gruppe von Israelis gleich siebenmal, sich auf den Ruinen des osmanischen Sebastia-Bahnhofes in der Nähe der palästinensischen Stadt Nablus niederzulassen. Nachdem die Armee die Siedlung sechsmal geräumt hatte, gab die Regierung schließlich nach und erlaubte 25 Familien, im nahe gelegenen Armeelager *Kadum* ihre Wohncontainer aufzustellen. Der Erfolg fand bald Nachahmer – wie Ron Nachman.

»Ich hatte schon 1973 beschlossen, die erste jüdische Stadt in Samarien zu gründen«, erzählt Nachman, der heute Bürgermeister von Ariel, seiner Stadt, ist. »Aber ich wollte keine Gesetze brechen, es sollte alles mit rechten Dingen zugehen. Also habe ich einen Antrag gestellt und auf die Antwort gewartet.« Nach langer Verzögerung kam 1977 die Genehmigung zur Siedlungsgründung, unterschrieben vom damaligen Verteidigungsminister und heutigen Präsidenten Schimon Peres. Kurz darauf warf ein Hubschrauber zwei Zelte mitten im Westjordanland ab und Nachman bezog mit einigen befreundeten Familien den unwirtlichen Hügel. Die Anfangszeit sei nicht leicht gewesen: »Wir hatten zehn Maschinenpistolen für 40 Familien, kein fließendes Wasser, keine Infrastruktur, gar nichts.« Doch er, Ron Nachman, habe aus dem Chaos eine blühende Stadt geschaffen.

Bescheidenheit kann man dem Bürgermeister nicht vorwerfen. Nachman spricht schnell und wiederholt sich oft, am liebsten und ausführlichsten erzählt er von sich. Manchmal redet er auch ein wenig über Gott. »Dieses Land gehört nicht uns, es gehört Gott«, erklärt Bürgermeister Nachman. »Deshalb können wir es auch nicht weggeben. Gott hat es uns nämlich im ewigen Bund versprochen.« Für Nachman ist das alles ganz logisch: »Eine Besatzung gibt es nicht. Ich kann doch kein Land besetzen, dass mir gehört. Wir haben niemandem etwas weggenommen!« In der Thora, da gebe es keine Grüne Grenze, kein Westjordanland und gewiss keinen Palästinenserstaat. »Da gibt es nur das Land Israel, das Gott uns versprochen hat.«

Dabei ist Nachman gar nicht besonders religiös. Er trägt nicht einmal eine *Kippa* und kann gar nicht oft genug erwähnen, was für eine moderne, säkulare Stadt Ariel doch sei. Fast die Hälfte der Bewohner sind russische Einwanderer. »Ich hatte die brillante Idee, die Russen in den neunziger Jahren direkt vom Flughafen abzuholen und in Ariel unterzubringen«, sagt Nachman stolz. Ansonsten sei die Bevölkerung bunt gemischt. Es gebe eine nationalreligiöse Minderheit, viele traditionell-religiöse Familien und Menschen, die nach Ariel gezogen seien, »weil es hier so schön ist und man in einer halben Stunde in Tel Aviv sein kann«. In der Tat

Eine Stadt mitten im »biblischen Kernland«: Die Siedlung Ariel im West-jordanland

führt eine Autobahn quer durch das Palästinensergebiet nach Israel. Für die Bewohner von Ariel ungeheuer praktisch, für die lokalen Palästinenser, denen das Befahren und Überqueren der Straße meist untersagt ist, eine ungeheure Einschränkung ihrer Bewegungsfreiheit. Weder Bürgermeister Nachman noch die meisten seiner Mitbewohner stören sich daran. Die Bevölkerung der Kleinstadtsiedlung mag bunt gemischt sein, politisch zieht sie an einem Strang. Bei den Wahlen im Frühjahr 2006 hat die Arbeitspartei hier nicht mehr als 3,9 Prozent bekommen.

1998 hat die Regierung Ariel den langersehnten Stadtstatus verliehen. Und das schläfrige Städtchen bemüht sich durchaus, seinen Bewohnern etwas zu bieten: vierzehn Synagogen, vier Grundschulen, ein Gymnasium, drei Supermärkte, ein Einkaufszentrum, eine Bücherei und ein Minigolf-Parcours stehen den 18 000 Einwohnern zur Verfügung. Zwei Industriegebiete sollen Arbeitsplätze schaffen und den Bewohnern das tägliche Pendeln nach

Israel ersparen. Dennoch fahren 65 Prozent der Bewohner von Ariel zur Arbeit ins israelische Kernland – für eine Siedlung eine erstaunlich niedrige Zahl. Bürgermeister Nachman will mehr. Ein Hotel am Stadtrand soll Touristen in die »Hauptstadt von Samarien« locken, es preist sich selbst als das »einzige Erholungshotel im Herzen des biblischen Israels«. Dort kann man nicht nur im Schwimmbad unter künstlichen Wasserfällen sitzen, das Hotel bietet seinen Gästen auch einen Schießstand nach olympischen Standards. Die Lobby ist frisch renoviert, seit sich dort im März 2002 ein palästinensischer Selbstmordattentäter in die Luft sprengte und 10 Israelis verletzte. Es war nicht das einzige Mal in den vergangenen Jahren, dass Ariel vom Terrorismus getroffen wurde. Im Oktober desselben Jahres wurden bei einem Selbstmordattentat auf eine Tankstelle in der Nähe der Siedlung drei Menschen getötet und zwanzig verletzt. Im August 2003 wurden bei einem weiteren Anschlag drei Menschen schwer verletzt.

Hindernisse für den Frieden

Ariel ist heute eine der größten Siedlungen und wahrscheinlich – auf israelischer Seite – auch eines der größeren Hindernisse für den Frieden. Kaum jemand kann sich vorstellen, dass die Kleinstadt eines Tages komplett geräumt werden könnte, andererseits liegt sie so weit im Westjordanland, dass sie sich schwer in das Kernland Israel einbinden lässt. Als Israel bei der Planung der Sperranlage zum Westjordanland Ariel und die umliegenden Siedlungen ursprünglich der israelischen Seite zuschlagen wollte und dafür das Westjordanland praktisch in zwei Hälften teilen wollte, sollen die Vereinigten Staaten ihren Einfluss geltend gemacht haben. Deshalb wurde zunächst ein Zaun um Ariel herum gebaut, der zu einem unbestimmten späteren Zeitpunkt mit der Sperranlage verbunden werden soll.

Ron Nachman sieht meinen ungläubigen Gesichtsausdruck: »Sie werden ja sehen. Ariel wird sich schließlich auf der israelischen Seite des Zauns befinden.« Dann beugt er sich geheimnisvoll nach vorn und fügt verschwörerisch flüsternd hinzu: »Das haben mir verlässliche und einflussreiche Kreise in der Regierung zugesagt.« Man sollte solche Bemerkungen nicht unterschätzen, denn wenn in den vergangenen 40 Jahren nicht immer wieder »einflussreiche Kreise in der Regierung« den Siedlern hilfreich unter die Arme gegriffen hätten, würden heute im Westjordanland wahrscheinlich nicht 267000 Israelis in 121 Siedlungen leben. Politiker der israelischen Rechten haben eine beeindruckende Virtuosität darin entwickelt, durch allerlei, auf den ersten Blick unschuldige Kanäle Millionenbeträge in die Siedlungen zu pumpen. Ein Meister dieser Kunst war Ariel Scharon. Ob er gerade als Landwirtschafts-, Industrie- oder Infrastrukturminister in der Regierung saß – sicher war, dass am Ende der Legislaturperiode einige neue Siedlungen auf der Landkarte eingezeichnet werden mussten.

Seit etwa zehn Jahren sind zwar keine neuen Siedlungen mehr entstanden, dafür wächst die Zahl der Siedler in den bereits bestehenden Siedlungen jedes Jahr um einen weit über dem nationalen Durchschnitt liegenden Prozentsatz. Das war in Zeiten der Intifada nicht anders als in den hoffnungsvollen Augenblicken des Friedensprozesses. War in Artikel 7 des Osloer Abkommens von 1993 noch vereinbart worden, dass keine der beiden Parteien einseitige Schritte unternehmen sollte, um die Situation auf dem Boden zu verändern, so hatte sich die Zahl der Siedler zehn Jahre später trotzdem verdoppelt. In den 18 Monaten, die Ministerpräsident Barak im Amt war und sich im Sommer 2000 in Camp David an einem endgültigen Friedensabkommen mit den Palästinensern versuchte, wurden 6045 neue Wohneinheiten in den Gebieten gebaut.

Längst nicht alle Siedler sind fanatische Ideologen oder auch nur religiös, eine überraschend hohe Zahl von 40 Prozent bezeichnet sich als säkular. 47 Prozent ordnen sich dem nationalreligiösen Lager zu und 13 Prozent bezeichnen sich als orthodox. Eine Umfrage der Friedensorganisation *Frieden Jetzt* ergab 2002 zudem, dass 77 Prozent der Siedler sich wegen des »besseren Lebensstandards« in den Palästinensergebieten niedergelassen hätten. Die Mehrheit der Siedler würde sich deshalb auch einer Räumungsentscheidung der Regierung fügen und bei angemessener Entschädigung ihre Wohnungen räumen.

Für Joram Almog und seine Familie kommt das nicht in Betracht. »Zweimal bin ich bereits vertrieben worden. Ein drittes Mal geschieht mir das nicht«, sagt er kategorisch und streichelt sich mit dem Finger sanft den ergrauenden Bart. Zum ersten Mal musste Joram Almog sein Haus räumen, als im Rahmen des Friedensabkommens mit Ägypten 1982 die Siedlungen Jamit im Sinai von israelischen Sicherheitskräften geräumt wurde. Joram hatte sich auf dem Wasserturm der Siedlung verschanzt und sah weinend zu, wie sein Haus von israelischen Planierraupen zerstört wurde. Doch als wahrer Zionist konnte er nicht aufgeben. In der Siedlung Nezarim im Gazastreifen fand er seine Bestimmung und gründete eine Familie. »Es war das Paradies. Das Meer, der Garten, die Gemeinschaft mit den anderen ...« Das Glück währte bis 2005, als ausgerechnet einer der Väter der Siedlungsbewegung, Ariel Scharon, die Siedlungen im Gazastreifen räumen ließ. »Ich habe seitdem die Nationalhymne nicht mehr gesungen, wir haben nicht einmal eine israelische Fahne hier im Haus. Und was hat es uns gebracht: ein Terrorregime der Hamas!« Joram ist wütend. Menschen, die ihn lange kennen, sagen, er sei nicht mehr der Alte. Nach Ariel sei er eigentlich nur aus Trotz gezogen, der Zionismus sei tot. »Es ist unglaublich, ausgerechnet der israelische Staat verbietet uns jenen Pioniergeist, dem er seine Entstehung verdankt.« Und was ist mit den Palästinensern? Was ist mit ihren Rechten und ihrem Streben nach nationaler Unabhängigkeit? Joram horcht auf, er wittert Fangfragen. Während unseres Gespräches scheint er immer auf der Hut zu sein, jede Frage versteht er als Angriff. »Die Araber wollen ja keinen Frieden. Man gibt ihnen etwas und was passiert? Sie wollen nur noch mehr Juden umbringen.« Und die Toten der anderen Seite? Selbstverständlich täten ihm auch deren Opfer irgendwie leid, sagt Joram, um gleich relativierend hinzuzufügen: »Aber es würde nicht passieren, wenn die Araber nicht dauernd versuchen würden, uns umzubringen.« Dann schenkt er noch etwas Tee ein. Seine Frau bittet zum Abendessen, doch was sie auf den Tisch gezaubert hat, gleicht mehr einem Festmahl. Die Almogs sind eben freundliche Menschen, hilfsbereit, unkompliziert und idealistisch. Man fühlt sich geradezu zärtlich aufgenommen und doch, eine wirkliche Diskussion ist unmöglich. Ihr ideologisches Gedankengebäude gleicht einer Festung, sie sind immun gegen Selbstzweifel und Kritik. Nur eine Frage bringt sie aus der Fassung. Was, wenn die Regierung entscheide, Ariel zu räumen und Joram zum dritten Mal sein Zuhause verlieren würde?

Am Tisch herrscht Totenstille, selbst die zwei Kinder hören für einen Moment auf zu kauen. Joram Almog ist wohl das, was man gemeinhin einen »radikalen Siedler« nennt, er ist unzweifelhaft ein Hindernis für den Frieden. Doch wie er jetzt verzweifelt mit den Fingern ringt, kann man sich des Mitleids nicht erwehren.

»Wir leiden an uns selbst«

Kurz bevor Amit (Name geändert) zum Friedensaktivisten wurde, hat er einen Menschen getötet. »Es war ein Junge, eigentlich noch ein Kind«, sagt er stockend. Es fällt ihm schwer, darüber zu sprechen. »Die palästinensischen Jugendlichen haben Steine auf uns geworfen«, erzählt er. »Da kam der Befehl, das Feuer zu eröffnen. Wir hatten Gummigeschosse geladen. Normalerweise feuert man immer drei Projektile gleichzeitig, dann sind die Geschosse

161

nicht gefährlich. Aber die Dreierpacks fliegen immer irgendwohin, mit denen kann man kein Ziel treffen. Deshalb haben wir einzelne Geschosse abgefeuert. Alle haben es getan, ich auch. Dabei wussten wir, dass es tödlich sein kann.« So wurde Amit zum Mörder. »Erst habe ich mir selbst gegenüber behauptet, es sei Notwehr gewesen. Aber das stimmt einfach nicht.« Eine offizielle Untersuchung des Vorfalls hat es nie gegeben. Doch Amit ist fast durchgedreht, ein Psychologe hat ihn schließlich für untauglich erklärt. Da hatte seine Freundin ihn schon verlassen. »Mit so einem trübsinnigen Typen wollte sie nicht mehr zusammen sein. Ich hatte ihr nicht erzählt, was passiert war.«

Einige Monate später fand sich Amit plötzlich bei einer Friedensdemonstration wieder. »Ich war noch nie vorher bei so einer Demonstration gewesen. Ich hatte immer gedacht: Wir haben doch keine andere Wahl. Der Krieg ist uns aufgezwungen worden. Darum habe ich mich bei der Armee auch für eine Kampfeinheit gemeldet.« Doch sei jenem Abend lässt Amit fast keine Friedensdemo aus, er ist inzwischen Mitglied von zwei verschiedenen Friedensorganisationen und hilft manchmal bei der Organisation von Demonstrationen. Er sehe die Bewegung durchaus noch kritisch, versichert er: »Manchmal scheinen mir die Leute naiv, sie idealisieren die andere Seite. Das tue ich nicht. Mir ist es egal, wie sehr die Palästinenser uns hassen oder ob sie uns umbringen wollen. Die Terroristen müssen gestoppt werden, keine Frage. Aber genauso wichtig ist, dass wir uns vor uns selbst retten.«

Man habe in Israel in der Vergangenheit gern von der »aufgeklärten Besatzung« der Palästinensergebiete gesprochen. Doch das sei Selbstbetrug. Moralische Unbeflecktheit gehe nun mal mit dem Status als Besatzungsmacht nicht zusammen. »Israel spricht zweierlei Recht«, erklärt er. Bücher, die ganz legal in den Regalen der israelischen Buchläden auf Käufer warteten, könnten im Haus eines Palästinensers ein Grund zur Festnahme sein. »Und wenn er erst mal festgenommen wurde, kommt er so schnell nicht wieder raus.«Die sogenannte Administrativhaft könne von einem Militärrichter nämlich unbegrenzt verlängert werden. Die Beweismittel, auf denen die Inhaftierung basiere, seien oft geheim und dürften weder vom Beklagten noch von seinen Anwälten eingesehen werden. Eine effektive Verteidigung werde so praktisch unmöglich. Es sei durchaus nicht ungewöhnlich, dass nach mehreren Monaten oder gar Jahren der Administrativhaft dann doch keine Anklage erhoben werde – was die Frage aufwerfe, ob überhaupt jemals ernsthaft belastendes Material vorgelegen habe.»Das ist total undemokratisch und innerhalb Israels undenkbar«, stellt Amit fest.»Die meisten Israelis verstehen nicht, dass dieses Unrechtssystem auf uns zurückfällt.«

Amit will die Palästinenser gar nicht von ihrer Verantwortung für die tragische Situation im Nahen Osten entbinden. Doch im Endeffekt sei die Schuldfrage irrelevant.»Wir leiden aneinander, aber auch an uns selbst und an dem, was wir aus uns gemacht haben«, sagt er. Man sieht Amit in diesem Augenblick an, dass er wohl für den Rest seines Lebens an sich selbst leiden wird.

Frieden – aber noch nicht jetzt

Im Sommer 2006, der Libanonkrieg dauerte schon drei Wochen und noch immer fielen täglich Raketen im Norden Israels, saß der Generalsekretär der Organisation *Frieden Jetzt* in seinem Büro und erklärte mir geduldig, warum er die Militäraktion unterstütze und jetzt eigentlich noch keinen Frieden wolle.»Ich glaube, dass Israel nur tut, was es tun muss«, sagte Jariw Oppenheimer. Israel verteidige eine international anerkannte Grenze, der Krieg sei deshalb gerechtfertigt und müsse weitergehen.»Solange, bis es eine Chance auf eine funktionierende Absprache gibt, die Israel Sicherheit gewährt, sehe ich nicht, wie wir die Militäraktion einstellen könnten«, sagte Oppenheimer damals und dies hätte genauso gut irgendein General sagen können. Oppenheimer wusste wohl um die Sprengkraft seiner Worte. Er bekam damals pro Tag über fünfzig Anrufe von Journalisten, die ihn nach seiner Meinung zum Krieg befragten. Die meisten seien von seiner Reaktion überrascht, erklärte Oppenheimer sichtlich amüsiert. »Sie suchen Kriegsgegner und das ist in diesen Tagen nicht ganz leicht.« Da es auch in seiner Organisation unterschiedliche Meinungen zum Vorgehen der Armee gebe, könne er natürlich entsprechende Telefonnummern weitergeben, aber eigentlich herrsche selbst innerhalb von *Frieden Jetzt* ein Konsens: »Wir haben diesen Krieg nicht angefangen, aber jetzt müssen wir ihn zu Ende führen.«

Es schien damals, als hätten fast alle, die der Friedensbewegung einst ihre gewichtigen Stimmen geliehen hatten, das Lager gewechselt: Der Schriftsteller Amos Oz hielt das israelische Vorgehen für »gerechtfertigt und notwendig«, seine Kollegen David Grossmann und Abraham B. Jehoschua äußerten sich ähnlich. Der Dramatiker Jehoschua Sobol, bisher ebenfalls dem politisch linken Spektrum zuzuordnen, sprach sich deutlich gegen einen sofortigen Waffenstillstand aus: »Jeder, der jetzt einen Waffenstillstand fordert, unterstützt damit indirekt die Hisbollah«, sagte er im Rundfunk. Es sei ihm unverständlich, wie irgendjemand in der Linken dazu bereit sein könne. Dann gab er zu: »Ich habe mich geirrt, als ich glaubte, ein Rückzug auf anerkannte Grenzen würde Frieden bringen.«

Sobol brachte damit das Dilemma der israelischen Linken auf den Punkt. Die Ideologie der Friedensbewegung basiert seit jeher auf der Formel »Land für Frieden«. Demnach würde ein Rückzug aus besetzten Gebieten den Terrororganisationen ihre Existenzberechtigung nehmen und so Frieden bringen.

Schon die 1968 als Reaktion auf die Aktivitäten der Siedler gegründete *Bewegung für Frieden und Sicherheit* sah in den eroberten Gebieten ein »Faustpfand für Friedensverhandlungen mit den arabischen Staaten«. Diese Sichtweise teilen eigentlich alle der zahllosen Gruppierungen, die seitdem mit dem Ziel gegründet wurden, den Nahen Osten dem Frieden näherzubringen. Diese Rechnung aber ging weder im Libanon noch in Gaza auf und stellte die Grundfeste der Friedensbewegung in Zweifel. Dass die israelische Friedensbewegung nicht automatisch jede kriegerische Auseinandersetzung ablehnt, ist vielen Europäern nur schwer verständlich. Denn während die Europäer und insbesondere die Deutschen als Konsequenz aus den Verheerungen des Zweiten Weltkrieges heute jegliche Gewaltanwendung kategorisch ablehnen, haben die Israelis einen ganz anderen Schluss gezogen: Nie wieder werde man sich widerstandslos hinmorden lassen. Das Recht auf Selbstverteidigung sprechen dem jüdischen Staat demnach auch die Anhänger der Friedensbewegung nicht ab. Darum unterstützen auch sie zum größten Teil den Bau der Sperranlage zum Westjordanland, die in Europa schon immer kontroverser diskutiert wurde als in Israel. Das palästinensische Leid, das der problematische Verlauf der Sperranlage verursacht, verblasst aus dem israelischen Blickwinkel gegenüber ihrem Nutzen: israelische Leben zu retten.

Ein Zaun wird Konsens

Um kurz nach zwölf setzt der Trupp sich langsam in Bewegung. Vorneweg marschieren einige eifrige junge Männer. Sie schwingen ein einsames Transparent und skandieren unverständliche Slogans. Dann folgen die sogenannten »Internationalen«; Friedensaktivisten aus dem Ausland und sogar aus dem Feindesland Israel, die ihre Solidarität mit den Bewohnern von Bilin zum Ausdruck bringen wollen. Erst ganz hinten, fast ein wenig abgeschlagen, trotten die Einheimischen hinterdrein. Dazwischen, davor und dahinter laufen, wie eigentlich immer im Heiligen Land, die Journalisten und Kameraleute hin und her. An diesem Freitag sind es überraschend wenige. Neben *Al-Dschasira, Al Arabiya* und den wichtigsten Nachrichtenagenturen sind nur eine japanische Reporterin, ein stellvertretender Chefredakteur aus Chile und eine spanische Journalistin mit von der Partie.

Der inszenierte Medienzirkus sollte nicht darüber hinwegtäuschen, dass die Bewohner von Bilin ein durchaus legitimes Anliegen haben. Seit dem Bau der israelischen Sperranlage zum Westjordanland befindet sich ein großer Teil ihrer Olivenhaine plötzlich auf der falschen Seite des Zauns, dort, wo einflussreiche Bauunternehmer bereits die nächsten Wohnhäuser der Siedlung Modiin Illit planen. In Bilin wollte man sich mit dem Landraub nicht abfinden und organisierte deshalb eine wöchentliche Demonstration, die längst Kultstatus erlangt hat: Jeden Freitag nach dem Mittagsgebet zieht die buntgemischte Menge zum Zaun, an dem die israelischen Soldaten bereits warten. Dort wird ein wenig geflucht, man beschimpft die Soldaten und früher oder später kommt es zur gewalttätigen Konfrontation. Angefangen haben dabei natürlich immer die anderen.

Auch heute ist nicht klar ersichtlich, ob zuerst Steine flogen oder zuerst Tränengaskanonen abgefeuert wurden. Jedenfalls geht es schon bald ziemlich rund in den Bergen von Judäa. Auf einem Hügel strahlt derweil ein vollbärtiger Sanitäter in seiner Leuchtweste. Er muss so eine Art Schiedsrichter sein, jedenfalls bläst er bei jedem Foulspiel munter in eine Trillerpfeife und gestikuliert wild mit den Händen. Weder die palästinensischen Jugendlichen noch die Gruppe israelischer Grenzpolizisten, die jetzt Gummigeschosse abfeuernd durch eine Öffnung im Zaun zieht, schenken ihm Beachtung. Ein kleiner Dicker von der Grenzpolizei hat offensichtlich Spaß an der Sache. Mit angelegtem Gewehr watschelt er den Demonstranten hinterher, zielt und feuert. Irgendwo in der Ferne knallt es. Ein Rauchwolke steigt auf. Dann knallt es auch neben mir, der beißende Geruch von Tränengas erfüllt die Lungen, die kleine japanische Reporterin rennt kreischend und zit-

Sicherheitszaun oder Apartheidmauer: Die Sperranlage in Abu Dis nahe
Jerusalem

ternd um ihr Leben, eine jugendliche Friedensaktivisten aus Schweden hustet wild und flüstert immer wieder »unbelievable« vor sich hin. Nur ein griechischer Fotograf bleibt ruhig, hält sich ein T-Shirt vors Gesicht und weist müde daraufhin, dass Tränengas bei Demonstrationen in seiner Heimatstadt Athen nun wirklich nichts Besonderes sei.

Ein langer, doppelter Pfeifton – das muss der Schlusspfiff sein, die letzten Demonstranten machen sich langsam auf den Rückzug. Neben uns schlägt noch eine verspätete Tränengaskanone ein; wahrscheinlich hat der kleine Dicke von der Grenzpolizei sich nicht beherrschen können. Dann hat die Show ein Ende, die Grenzpolizisten und Soldaten ziehen sich hinter den Zaun zurück, die Demonstranten verlaufen sich und langsam ziehen auch die dichten Rauchwolken gen Himmel.

Der bereitstehende Krankenwagen wird dieses Mal nicht benötigt. »Wenn's Verletzte gibt, kommen wir ins Fernsehen«, sagt Juwal Bakiki. »Aber seit zwei demonstrierende Israelis von Soldaten angeschossen wurden, setzt die Armee scharfe Munition vorsichtiger ein als bei rein palästinensischen Demos.« Juwal ist von der Gruppe *Anarchisten gegen die Mauer*. Mit seinem Rauschebart, dem ungebändigten Haupthaar und den bekleckerten Khaki-Hosen sieht er dann auch genauso aus, wie man sich einen Anarchisten schon immer vorgestellt hat. Er redet sich in Rage: Die »Apartheidmauer« sei ein Verbrechen gegen die Menschlichkeit und müsse abgerissen werden. Die Friedensbewegung sei tot, es gebe längst keinen Unterschied mehr zwischen Links und Rechts. Alle seien für die Mauer – und gestritten werde nur darüber, wie viel Land man den Palästinensern stehlen könne.

In der Tat, man muss heute selbst in der israelischen Linken schon Anarchist sein, um prinzipielle Bedenken gegen den Bau der Sperranlage zu haben, die in Bilin – wie auf über 90 Prozent der bisher fertiggestellten Länge – gar keine Mauer ist.

Eigentlich war der Bau eines Trennungszauns zum Westjordanland sogar die Idee der Linken. Kurz vor seiner Ermordung durch einen jüdischen Fanatiker am 9. November 1995 hatte Izchak Rabin eine Kommission eingesetzt, die den Bau einer Trennanlage vorbereiten sollte. Nach Rabins Tod und dem Wahlsieg des Likud unter Benjamin Netanjahu verschwand die Idee für einige Jahre in der Versenkung. Netanjahus Nachfolger Ehud Barak wollte zwar auch einen Zaun bauen, aber erst nach einem erfolgreichen Friedensschluss. Die Verhandlungen dazu scheiterten im Sommer 2000 in Camp David, kurz darauf brach die Intifada aus und Barak verlor die Wahlen gegen Ariel Scharon. Der war damals noch ein entschiedener Gegner des Zauns.

Im April 2002 wollte der Arbeitspolitiker Chaim Ramon seiner in einer großen Koalition mit Ariel Scharons Likud gefangenen Arbeitspartei wieder zu einem eigenen Profil verhelfen. So präsentierte Ramon seinen Plan eines einseitigen Rückzuges, der von Siedlungsräumungen im Gazastreifen und dem Bau eines Trennzauns begleitet werden sollte. Diese Idee sei »wahlkämpferisches Gold«, versprach er seinen Parteikollegen. Man müsse nur »zupacken und es aufheben«. 74 Prozent der Israelis unterstützten das Vorhaben damals. Später wuchs die Zustimmung auf über 90 Prozent – da hatte Ariel Scharon die Idee schon übernommen. Er hatte einsehen müssen, dass Militäraktionen auf palästinensischem Gebiet dem Terror kein Ende bereiten konnten. So sprach auch er sich für den Zaun aus. Um den größten Teil der jüdischen Siedlungen der israelischen Seite zuzuordnen und um – allen gegenteiligen Versicherungen zum Trotz – die mögliche künftige Grenze des Landes zu markieren, legte er ihn über weite Strecken kurzerhand auf palästinensisches Gebiet und zerteilte Dörfer, versperrte Bauern den Zugang zu ihren Feldern oder ummauerte eine ganze Stadt wie Kalkilja. An einigen Stellen hat das Oberste Gericht inzwischen eine Verlegung des schon gebauten Zauns verlangt, anderswo darf die Anlage auch weiterhin ins Westjordanland hineinragen. 30 000 Palästinenser wurden so von ihrem Land abgeschnitten. Die versprochene Sondergenehmigung, um ihr Land weiter bebauen zu können, haben nach einer Untersuchung der Vereinten Nationen gerade 18 Prozent der Betroffenen erhalten. Und selbst die ist oft von der Entscheidung der Soldaten vor Ort abhängig, die aus unerfindlichen Gründen heute so und morgen ganz anders lauten kann.

So hatten die Linken sich das mit ihrem Zaun nicht vorgestellt. Trotzdem halten sie sich nun mit allzu deutlicher Kritik zurück. Mosi Ras, der einst Generalsekretär der Friedensorganisation *Frieden Jetzt* war und für die Merez-Partei in der Knesset saß, kritisiert zwar den Verlauf, sieht in dem Zaun aber dennoch eine Chance.»Auch an der Grenze zu Jordanien hatten wir erst einen Zaun und nun haben wir ein Friedensabkommen mit Amman. Warum sollte dasselbe mit den Palästinensern nicht möglich sein?«, fragt er. Außerdem lasse sich eben nicht abstreiten, dass mit dem Zaun der Terror nachgelassen habe.

In Israel ist es seit dem Bau der Sperranlage möglich, ein wenig abseits des Konfliktes zu leben. Seit nicht mehr täglich irgendwo eine Bombe explodiert, regiert der Nahostkonflikt den Alltag vieler Israelis nicht mehr von Morgens bis Abends – auch wenn aufgeregte Medienberichte vielleicht noch immer einen anderen Eindruck vermitteln. So ist es den Israelis auch manchmal möglich zu vergessen, dass ihr Schicksal dennoch untrennbar mit dem ihrer Nachbarn auf der anderen Seite verflochten ist.

Genug Leid für zwei Leben – Holocaustüberlebende

Dass er in seinem Leben noch einmal hungern würde, hätte Roman Pfeffer nicht gedacht. »Es ist nicht dasselbe, natürlich nicht«, stellt er gleich klar. »Nichts ist vergleichbar mit der Hölle dort, damals.« Die Lager nennt Pfeffer nicht beim Namen, das war »dort«, »damals«, auf einem anderen Planeten vielleicht, jedenfalls ganz weit weg. Je älter er werde, desto mehr verfolge ihn die Vergangenheit. »Ich träume schlecht«, sagt er. Und sein gesundheitlicher Zustand sei katastrophal. »Kein Wunder, ich habe in jungen Jahren eben schlecht gegessen und viel gefroren. Die Ärzte sagen, jetzt kommen die Spätfolgen. Da könne man, außer Pillen schlucken, nicht viel tun.«

Deshalb hat Roman Pfeffer am vorigen Mittwoch im Alter von 81 Jahren beschlossen, seine letzten Schekel nicht im Lebensmittelladen auszugeben, sondern in der Apotheke. »Es ging nur eines«, sagt der alte Mann nüchtern. »Und die Medikamente sind dann doch wichtiger.« Ein wenig Brot sei ja noch im Kühlschrank und die Nachbarn würden ihm am Wochenende wahrscheinlich auch eine richtige Mahlzeit bringen. »Das machen sie fast jede Woche.« Außerdem könne ihn ein bisschen Hunger nun wirklich nicht schrecken. »Da habe ich schlimmeres durchgemacht, damals«, sagt er.

Kinder, die ihm helfen könnten, hat Pfeffer nicht. Gewollt hätte er sie schon. »Aber es ging ja nicht.« Seine vor zwei Jahren verstorbene Frau war »dort, damals« zu medizinischen Versuchen missbraucht worden, die sie unfruchtbar machten. Seit ihrem Tod ist es die Einsamkeit, die Pfeffer am meisten zu schaffen macht. »Die Einsamkeit und die Geldsorgen.« Er bekommt eine staatliche Rente von 220 Euro, hinzu kommen Reparationszahlungen in Höhe von 188 Euro. Zusammen macht das 408 Euro im Monat. »Einfach nicht genug«, klagt er. »Ich muss 14 verschiedene Medikamente nehmen und die Versicherung zahlt nicht alle. Eine neue Brille kann ich mir nicht leisten und dem Himmel sei Dank, dass ich bisher kein Hörgerät brauche.«

Pfeffer sagt es mit leiser Stimme und irgendwie trotz allem ein wenig liebevoll: Er sei enttäuscht von seinem Staat. »Tief enttäuscht bin ich. Ich habe alles gegeben für diesen Staat, der mich jetzt verstößt und mir nicht helfen will. Dabei haben wir dieses Land aufgebaut. Haben alles hinter uns gelassen, die Lager und all die Toten und haben neu angefangen – ein zweites Leben. Und ich habe immer geglaubt, wir hätten unser Leidenspensum schon im ersten Leben erfüllt. Aber jetzt, da uns die Vergangenheit einholt und wir nicht mehr gebraucht werden …« Er vollendet den Satz nicht und macht auf einmal einen sehr traurigen Eindruck. »Wie weit ist es gekommen«, stellt er dann fest. »Was für eine Schande, dass ich mich ausgerechnet bei einem Deutschen über unseren Staat beschwere.« Und als ihm das bewusst wird, will er lieber gar nicht mehr reden.

In keinem Land der Welt leben heute mehr Überlebende des Holocaust als in Israel. 240 000 sollen es sein, täglich werden es weniger. Ungefähr ein Viertel von ihnen lebt in Armut – das sind 80 000 Menschen. Der größte Teil von ihnen war allerdings nicht in deutschen Konzentrationslagern. Es handelt sich um Menschen, denen die Flucht vor den Nazis gerade noch rechtzeitig gelungen war. Da sie aber aus Gebieten stammen, die von deutschen Truppen besetzt waren, gelten auch sie als Überlebende. Dafür gibt es in vielen Fällen auch gute Gründe: Oft mussten sie auf der Flucht alles zurücklassen, um dann nicht selten in sowjetischen Arbeitslagern in Sibirien zu hungern und frieren. Der größte Teil dieser »geflüchteten Überlebenden« ist erst in den 1990er-Jahren aus der Sowjetunion nach Israel eingewandert. Sie haben keinen Anspruch auf eine Rente und fallen auch durch die Maschen der bisherigen Reparationsabkom-

Eine Gruppe ehemaliger Häftlinge des Konzentrationslagers Buchenwald bei ihrer Ankunft am 19.7.1945

men. Denn wer weniger als sechs Monate in einem Konzentrationslager oder weniger als 18 Monate in einem Ghetto war, geht leer aus. Selbst von den Überlebenden, die – wie Roman Pfeffer– monatliche Zahlungen bekommen, leben 8000 in Armut. Nachdem dieser Skandal im Sommer 2007 für viel Aufruhr sorgte, erklärte sich die Regierung mit großen Worten bereit, die Renten der Überlebenden um rund 15 Euro im Monat aufzustocken. Kein Überlebender solle in Israel auf eine warme Mahlzeit verzichten müssen, kündigte Ministerpräsident Olmert an. Die Reaktionen auf das Angebot fielen vernichtend aus. Der Publizist Tom Segev fragte in der Zeitung *HaAretz*, wann Olmert zum letzten Mal eine warme Mahlzeit für 15 Euro zu sich genommen habe. Der Vorsitzende einer Organisation der rumänischen Überlebenden schlug gar vor, von dem Geld lieber die Entscheidungsträger im Finanzministerium auf eine Reise ins ehemalige Konzentrationslager Auschwitz zu schicken. Vor dem Büro des Ministerpräsidenten demonstrierten die greisen

Überlebenden. Sie hatten Banner an ihre Rollstühle montiert und gelbe Sterne auf ihre Kleidung genäht. Die Aktionen verfehlten ihre Wirkung nicht: Roman Pfeffer wird in Zukunft mindestens 200 Euro im Monat zusätzlich bekommen, auch der »zweite Kreis« der »geflüchteten Überlebenden« soll mit einkommensabhängigen Zahlungen zwischen 35 und 110 Euro im Monat unterstützt werden.

Die doppelte Mauer

Israel tut viel, um die Erinnerung an den Holocaust lebendig zu halten. In den Schulen berichten Zeitzeugen von ihren Erlebnissen, in der Oberstufe wird oft eine Reise nach Auschwitz angeboten. Am Holocaustgedenktag bleiben alle Cafés und Restaurants geschlossen, das Fernsehen zeigt nur Holocaustdokumentationen und wenn am Morgen zwei Minuten lang die Sirenen kreischen, bleiben die Israelis gesenkten Hauptes stehen, sogar auf den Autobahnen stoppt der Verkehr. Der Holocaust ist ein wichtiger Bestandteil der nationalen Identität geworden.

Das war nicht immer so. In den ersten zwei Jahrzehnten des Staates war der Holocaust kein Thema im öffentlichen Diskurs. Europäische Einwanderer, die bis 1953 ins Land kamen, wurden bei ihrer Ankunft allerlei gefragt, umfangreiche Formulare wurden ausgefüllt. Eine Frage nach ihrer Vergangenheit während des Krieges war nicht dabei. In der neuen Heimat schien man sich für die schrecklichen Erlebnisse der Überlebenden nicht zu interessieren. Das Bild vom todgeweihten Juden, der sich »wie ein Schaf zur Schlachtbank« führen ließ, passte so gar nicht in das zionistische Konzept des »wehrhaften Israeli«. Ja, einige Zionistenführer waren sich nicht einmal sicher, ob die Einwanderung der Überlebenden für den jüdischen Staat wirklich erstrebenswert sei. »Wir brauchen Arbeiter und Kämpfer«, sagte der damalige Finanzminister Elieser Kaplan im April 1949 – hinter verschlossenen Türen natürlich. Schwächliche und fürs Leben geschlagene Holocaust-Überlebende fielen nicht in diese Kategorie.

Noch haarsträubender brachte es David Ben Gurion auf den Punkt: »Unter den Überlebenden der deutschen Konzentrationslager waren Menschen, die nicht überlebt hätten, wenn sie nicht gewesen wären, was sie waren – harte, böse und egoistische Menschen. Und was sie dort durchgemacht haben, hat nur noch dazu beigetragen, ihre wenigen guten Eigenschaften zu zerstören, über die sie einmal verfügt hatten.«

So fanden die Überlebenden ausgerechnet im jüdischen Staat Israel, der seine Entstehung auch der Katastrophe des Holocaust verdankte, zunächst wenig Verständnis für das, was sie durchgemacht hatten. Hinzu kam, dass viele Überlebende Scham- oder Schuldgefühle ob des eigenen Überlebens hatten. Die Umwelt wollte nichts von den Erlebnissen der Überlebenden hören und die Betroffenen wollten nicht darüber reden – Psychologen sprechen heute von einer »doppelten Mauer«. Diese Kooperation des Verdrängens war sogar innerhalb der Familien weit verbreitet: Weil viele Eltern nicht freiwillig sprachen und ihre Kinder nicht nachfragten, blieb vieles ungesagt.

Noch in den 1950er- und 1960er-Jahren stand der Holocaust nicht auf dem Lehrplan der Schulen. Das Wort »Auschwitz« war nur wenigen israelischen Schülern geläufig. Wenn des Massenmordes gedacht wurde, dann ging es um den heldenhaften Aufstand im Warschauer Ghetto oder um jüdische Partisanenkämpfer – denn die Protagonisten des jüdischen Widerstandes konnte man zumindest zu brauchbaren Vorbildern für die israelische Jugend stilisieren. Noch heute ist die offizielle Bezeichnung für den Holocaustgedenktag, der am Tag des Aufstandes im Warschauer Ghetto begangen wird, »Holocaust- und Heldengedenktag«.

Erst mit dem aufsehenerregenden Prozess gegen den Nazi-Verbrecher Alfred Eichmann 1961 veränderte sich der Umgang mit dem Holocaust. Eichmann war nach dem Krieg nach Argentinien geflüchtet und wurde 1960 vom *Mossad*, dem israelischen Geheimdienst, nach Israel entführt und dort vor Gericht gestellt. Der Prozess hatte eine therapeutische Wirkung, er personalisierte die abstrakte Katastrophe des Holocaust; durch die aufwühlenden Zeugenaussagen im Gerichtssaal bekamen die Opfer Gesichter. Außerdem machte der Eichmann-Prozess aus dem verschwiegenen, irgendwie unanständigen Trauma einen wesentlichen Teil der israelischen Identität. Unmissverständlich stellte der Staatsanwalt Gideon Klausner während des Prozesses klar, dass nicht die Opfer angeklagt seien, sondern dass der Mörder sich zu verantworten habe.

Zu einer weiteren Identifizierung mit den Opfern führte die Angst der Israelis vor der Vernichtung im Vorfeld des Sechs-Tage-Krieges 1967. Man fürchtete einen zweiten Holocaust, Rabbiner segneten Fußballfelder, die als Massengräber dienen sollten.

Schon 1953 wurde auf Beschluss der Knesset die Gedenkstätte *Jad WaSchem* gegründet. Doch erst seit den 1970er-Jahren besucht fast jede israelische Schulklasse geschlossen die Gedenkstätte. *Jad WaSchem*, zu Deutsch »ein Denkmal und ein Name«, ist nicht nur ein Museum. Dem Vers aus dem Buch des Propheten Jesaja – »Ihnen allen errichte ich in meinem Haus und in meinen Mauern ein Denkmal, ich gebe ihnen einen Namen, der mehr wert ist als Söhne und Töchter: Einen ewigen Namen gebe ich ihnen, der niemals getilgt wird.« (Jesaja 56, 6) – folgend, hat die Gedenkstätte es sich zur Aufgabe gemacht, die Namen der Opfer des Holocausts zu sammeln, um sie dem Vergessen zu entreißen. Seit einigen Jahren sind die bisher versammelten 3,2 Millionen Namen von Ermordeten auch in einer Online-Datenbank zugänglich. Noch immer suchen Millionen von Menschen aus der ganzen Welt in der Datenbank, um etwas über das Schicksal ihrer Familienangehörigen und Vorfahren zu erfahren. Auch israelische Schüler kann man an den Computerterminals der Gedenkstätte bisweilen dabei beobachten, wie sie die

Der Prozess gegen den Nazi-
Verbrecher Adolf Eichmann
veränderte die israelische Sicht
auf den Holocaust: Zuschauer im
Gerichtssaal.

Namen und Herkunftsorte ihrer Familien eingeben und erschro-
cken auf den Bildschirm starren.

Im israelischen Bildungssystem hat der Holocaust längst seinen
festen Platz. Seit 1981 muss der Holocaust an israelischen Schulen
im elften und zwölften Schuljahr mindestens 30 Stunden unterrichtet werden. Viele israelische Kinder kommen aber viel früher
mit dem Massenmord an ihrem Volk in Berührung – nämlich spätestens dann, wenn sie in der fünften oder sechsten Klasse lehr-
planmäßig nach den Wurzeln ihrer Familie forschen sollen. Traditionell ist das der Moment, an dem nichtsahnende Enkelkinder
ihren Großeltern plötzlich unangenehme Fragen stellen. Nicht selten finden die Enkelkinder dann heraus, was die Eltern sich nicht
zu fragen trauten. Plötzlich ist von ermordeten Verwandten die
Rede, deren Namen bisher nie gefallen waren. Alte Fotos werden
herausgekramt, kopiert und in einen Stammbaum eingeklebt.
Nicht immer gibt es Fotos. Dann bleibt nur ein Name; ein Denkmal
und ein Name. *Jad WaSchem.*

Puschkin bei der Müllabfuhr –
Die Russen

In den Regalen des *Moskwa*-Supermarktes in Aschdod findet sich alles, was das russische Herz begehrt: *Borschtsch*, tiefgefrorene Pfannkuchen, Schokolade aus Litauen, *Baltika*-Bier aus St. Petersburg, eine schier unendliche Auswahl an Wodka-Sorten und – im jüdischen Staat lange undenkbar – sogar Schweinefleisch. Vier russischsprachige Tageszeitungen, eine Handvoll Wochenblätter und zwei Hochglanzmagazine konkurrieren im Zeitungsständer neben den hebräischen Blättern um die Gunst der Leser. Olga Kradsky packt gleich zwei von ihnen in den Einkaufswagen: »Am Wochenende habe ich dafür Zeit«, sagt sie. Außerdem komme Putin schließlich nicht jeden Tag nach Israel. Dem Besuch des Präsidenten haben die russischen Zeitungen Sonderseiten gewidmet. An der Kasse wird ebenfalls angeregt darüber diskutiert, auf Russisch natürlich. »Putin will trotz israelischer Bedenken SA-18-Raketen an Syrien verkaufen«, liest Olga eine Überschrift vor. »Das ist doch mal wieder typisch«, beschwert sich ein älterer Mann. »Mehr als eine Million Russen leben hier und der russische Präsident verkauft dem Erzfeind aus Geldgier Raketen.« So könne man das nicht sagen, entgegnet Olga. Es könne nicht nur Geldgier dahinterstehen. »Für die Russen sind wir doch immer nur ›die Scheißjuden‹ gewesen. Weißt du nicht mehr, wie es im Sozialismus damals zuging?«
Olga und ihr Mann kamen 1991 aus der Ukraine. Jahrzehntelang hatten ihre Familien unter dem Antisemitismus des Sowjetregimes gelitten – ihren Kindern wollten sie ein anderes Leben ermöglichen. Zunächst habe sie tatsächlich geglaubt, das Heilige Land

Einwanderer aus der Sowjetunion am Flughafen Ben Gurion 1991. In den Kartons befinden sich Gasmasken zum Schutz vor möglichen irakischen Angriffen im ersten Golfkrieg.

müsse dem biblischen Paradies doch zumindest ein wenig ähneln. Der Begeisterung folgte bald die Ernüchterung. In einer heruntergekommenen Zweizimmerwohnung am Rand der Wüste sollte die Familie eine neue Existenz aufbauen. »In der Ukraine war mein Mann ein bekannter Herzchirurg und auf einmal musste er gemeinsam mit Äthiopiern bei der Müllabfuhr arbeiten, die noch nie etwas von Tolstoj oder Puschkin gehört hatten.« Noch heute schwingt in Olgas Stimme ein Hauch von Empörung mit, wenn sie von der schwierigen Anfangszeit berichtet. Dabei kann sie sich rückblickend vieles besser erklären: »Es war ein großes Missverständnis. Viele Israelis glaubten, da kämen arme, unbedarfte Schlucker in ihr Land. Aber in Wirklichkeit waren die meisten von uns gebildet. Es waren Ärzte, Künstler, Ingenieure und Wissenschaftler, die in Israel ein neues Leben beginnen wollten.« Erst später seien die »Schwarzen« nachgekommen, jene oft dunkelhäutigen Juden aus den muslimischen Sowjetrepubliken, von denen Olga Kradsky mit unverhohlener Verachtung spricht. Wenn von »den Russen« in Israel gesprochen wird, fällt leicht unter den Tisch, dass es sich dabei keineswegs um eine homogene Gruppe handelt.

Rund 1 250 000 Menschen sind seit 1989 aus der ehemaligen Sowjetunion nach Israel eingewandert, in den 1970er-Jahren waren insgesamt schon 250 000 Juden eingewandert. Gemeinsam machen sie heute etwa 20 Prozent der israelischen Bevölkerung aus. Eine solch massive Einwanderung verändert ein Land. Nicht nur, dass der Wodkakonsum in Israel sich in den letzten fünfzehn Jahren mehr als verdoppelt hat. Es gibt Wohngebiete, die nur von Russen bewohnt werden; von den 200 000 Einwohnern Aschdods zum Beispiel sind 80 000 russische Einwanderer. Fast jeder dritte Arzt stammt mittlerweile aus der vormaligen Sowjetunion, in der akademischen Welt haben die Russen ebenso Fuß gefasst wie in den Orchestern und Musikhochschulen des Landes. Rund drei Viertel der Neueinwanderer wohnen heute in den eigenen vier Wänden, die zweite Generation spricht neben Russisch auch fließend Hebräisch.

Das sind beachtliche Erfolge. Auf der anderen Seite können immerhin 40 Prozent der Einwanderer sich, auch nach mehr als zehn Jahren in Israel, noch immer nicht flüssig auf Hebräisch unterhalten. Eine deutliche Mehrheit hält die israelische Kultur der russischen für unterlegen und Hebräisch für eine primitivere Sprache als Russisch. Ja, 65 Prozent würden sich nicht als »israelisch« bezeichnen und immerhin 40 Prozent wollen keine marokkanisch-stämmigen Nachbarn.

Hebräisch sprechen können die Kradskys, und »israelisch« fühlen sie sich auch, aber Nachbarn mit marokkanischen Wurzeln wollen sie lieber nicht: »Das beruht auf Gegenseitigkeit«, versucht Olga ihre Abneigung zu erklären. »Die können uns ja auch nicht ausstehen. All die Misrachim können uns nicht verzeihen, dass wir so schnell nach oben gekommen sind. Aber das ist einfach der Kulturunterschied. Die schlagen nämlich ihre Frauen und grillen im Garten.«

Russen wählen rechts

Auch politisch haben die Russen sich schneller integriert, als viele befürchtet hatten. Die russischen Minderheitenparteien, in den 1990er-Jahren noch überraschend erfolgreich, sind heute von der politischen Bühne verschwunden. Ihre einstige Klientel wählt nicht mehr russische, sondern israelische Parteien. Die allerdings haben ihren Wahlkampf den neuen demographischen Gegebenheiten angepasst. Selbst Ariel Scharon, ein in Israel geborener Sohn russischer Einwanderer, kramte vor einigen Jahren seine rudimentären Russischkenntnisse aus Kindertagen hervor und produzierte Wahlkampfspots in der Sprache der Neuankömmlinge. Das war revolutionär.

Einwanderer sollten – so die zionistische Hoffnung – in Israel so schnell wie möglich ihre alte Identität und Sprache zugunsten

einer neuen, israelischen Identität aufgeben. Doch die 600 000 eingewanderten, russischsprachigen Wahlberechtigten sind wohl eine zu starke politische Kraft, um im Wahlkampf auf zionistischen Prinzipien zu beharren. Ihre theoretische Stärke in der Knesset liegt bei 20 von 120 Sitzen. Wenn man die tatsächliche Wahlbeteiligung in Betracht zieht, sind es noch immer 17 bis 18 Mandate.
Bei den ersten Wahlen nach Beginn der neuen Einwanderungswelle 1989 gelang es der Arbeitspartei 1992, die Russen für sich zu mobilisieren. Diese Verbindung war allerdings nur von kurzer Dauer, stimmten die meisten Neuankömmlinge nicht für Izchak Rabin, um den Friedensprozess zu unterstützen, sondern wollten vielmehr ihre Unzufriedenheit mit dem Likud zum Ausdruck bringen, der ihnen bei ihrer Ankunft das Blaue vom Himmel versprochen hatte – und die Versprechen nicht halten konnte. In Wahrheit war den Russen die Arbeitspartei wegen ihrer sozialistischen Wurzeln stets suspekt. Noch heute werden Politiker der sozialdemokratischen Awoda in den russischsprachigen Medien immer wieder als »Sozialisten« verunglimpft – ein Wort, dessen abschreckende Wirkung auf ehemalige Sowjetbürger kaum zu überschätzen ist. Die traditionellen Maidemonstrationen zum Tag der Arbeit, die roten Fahnen oder einfach die Tatsache, dass die Parteiführung spät in der Wahlnacht schunkelnd die alten zionistisch-sozialistischen Lieder grölt, stoßen die Russen ab.
Auch Olga Radsky aus dem *Moskwa*-Supermarkt würde niemals für die Awoda stimmen: »Die Arbeitspartei ist sozialistisch und wir wissen am besten, wohin das führt.« Außerdem sei das Land zu klein zum Teilen. »Der Stärkere gewinnt – so ist das nun einmal im Leben. Das war in Russland so und das ist in Israel nicht anders. Und wir sitzen einfach am längeren Hebel als die Araber.« Sie würde ihre Stimme entweder dem Likud geben oder *Israel Beiteinu* (Unser Haus Israel), der Partei des moldauischen Einwanderers Awigdor Liebermann, der schon mal den Assuan-Staudamm in Ägypten bombardieren lassen will und dazu aufruft,

den Gazastreifen »platt wie einen Fußballplatz« zu bomben. Der bullige Liebermann will außerdem die arabischen Israelis, die er als »fünfte Kolonne« bezeichnet, dem zukünftigen Palästinenserstaat zuschlagen, um im Gegenzug israelische Siedlungen halten zu können.

Obwohl Liebermann sich längst darum bemüht, seine Partei für alle Israelis attraktiv zu machen, und obwohl es natürlich ungerecht ist, mehr als eine Million Menschen über einen Kamm zu scheren, zeigen Umfragen, dass die Unterstützung für solche Ideen innerhalb der russischen Gemeinschaft deutlich über dem israelischen Durchschnitt liegt. Verschiedene soziologische und psychologische Untersuchungen machen mangelnde Erfahrung mit Demokratie und Menschenrechten in der autoritären Sowjetunion dafür verantwortlich. Die Idee eines Bevölkerungstransfers von arabischen Israelis erscheint vielen ehemaligen Sowjetbürgern schon deshalb nicht absurd, weil brutale Umsiedlungen ganzer Volksgruppen auch in ihrer alten Heimat üblich waren. Bei den Wahlen im Frühjahr 2006 gaben dann auch fast 30 Prozent der Russen Israel Beiteinu ihre Stimme, 18 Prozent wählten die von Ehud Olmert angeführte *Kadima*-Partei, 13 Prozent stimmten für den Likud Benjamin Netanjahus und weniger als ein Prozent unterstützten die Arbeitspartei. Dennoch gibt es einen Themenbereich, in dem die russische Gemeinschaft traditionell eher mit der Linken sympathisiert: Mit Entschiedenheit wehren sich die überwiegend säkularen Russen gegen den Einfluss des orthodoxen Rabbinats auf das öffentliche Leben in Israel.

Christen in Erez Israel

Nach Jahrzehnten des staatlich verordneten Atheismus war die Mehrheit der Einwanderer aus der Sowjetunion nicht mehr in jüdischen Traditionen verankert. »Wir waren wohl die säkularisiertesten Juden, die je nach Israel einwanderten«, gibt Alexander Lifschitz zu, der 1993 mit seiner Familie aus St. Petersburg kam. Er jedenfalls habe in Israel zum ersten Mal seit Jahrzehnten wieder das Pessachfest gefeiert. »Und das nicht, weil ich auf einmal religiös geworden war, sondern weil es hier eben alle taten und niemand blöd guckte.« Wie viele andere jüdische Familien sind auch die Lifschitzs nicht nach Israel gezogen, um ihren zionistischen Traum zu verwirklichen: »Wir hofften, in Israel ein angenehmeres Leben führen zu können«, sagt Alexander.

»Mittlerweile sind wir aber waschechte Israelis und sogar wieder ein bisschen jüdisch.« Augenzwinkernd fügt er hinzu: »Natürlich sind wir nicht zu Fundamentalisten geworden, aber ein wenig jüdische Tradition hat noch niemandem geschadet.« Am Freitagabend spricht Alexander seit einigen Jahren den *Kiddusch*-Segen und seine Frau entzündet die Schabbat-Kerzen. Zu *Pessach* lesen sie die *Haggada*, die Geschichte des Auszuges aus Ägypten, wenn auch »in einer von mir persönlich gekürzten Version, weil das ja sonst stundenlang dauert.« Die Einwanderung nach Israel habe sie ihrem fast in Vergessenheit geratenen Judentum wieder nähergebracht, sagt er. Sie äßen jetzt auch kein Schweinefleisch mehr. »Obwohl es in St. Petersburg zu den Säulen unserer Ernährung gehörte.« Die Lifschitzs haben durch ihre Einwanderung nach Israel ihre jüdische Identität wiederentdeckt.

Boris B. dagegen hat durch seine Einwanderung nach Israel eine ganz andere Entdeckung gemacht. Als der Elektriker vor einigen Jahren nach Israel kam, fühlte er sich jüdisch. Sein Vater, ein Jude, hatte auch seiner christlichen Frau gegenüber darauf bestanden, mit der Familie die jüdischen Feste zu begehen, er hatte aus der Thora vorgelesen und traditionelle jüdische Gerichte zubereitet. Da in der Sowjetunion die Religionszugehörigkeit über den Vater definiert wurde, galt Boris als Jude. Dem jüdischen Gesetz nach ist allerdings nur Jude, wer eine jüdische Mutter vorweisen kann. Für seine Einwanderung nach Israel spielte das keine Rolle. Im

Rahmen des Rückkehrgesetzes darf seit 1970 jeder nach Israel einwandern, der mindestens einen jüdischen Eltern- oder Großelternteil hat. Hinter dieser Regelung stand der Wunsch, niemandem die Einwanderung nach Israel zu verwehren, der von den Nazis seiner jüdischen Wurzeln wegen hätte verfolgt werden können. Zwar gewährt der Staat diesen Einwanderern die gleichen Rechte wie Juden, doch Juden sind sie deshalb noch lange nicht.

»In Moskau war ich Jude, aber nach meiner Einwanderung sollte ich es ausgerechnet in Israel nicht mehr sein«, berichtet Boris von seiner überraschenden Entdeckung. Zuerst habe er beschlossen, die *halachische* Definition des Jüdisch-Seins einfach zu ignorieren. Doch schon bei seinem ersten Termin beim Innenministerium habe die Beamtin gefragt: »Ihre Mutter war Christin?« Noch heute steigt Boris die Zornesröte ins Gesicht, wenn er von diesem Erlebnis erzählt: »Ich habe ihr gesagt, dass ich Jude sei. Sie hat nur entgegnet, bei ihr im Computer stehe etwas anderes. Dann hat sie meine Nationalität als »nicht festgelegt« eingetragen. Sie könnte auch ›christlich‹ eintragen, hat sie gesagt, aber das wollte ich nicht.«

Eine christliche Nationalität? Aber Boris besitzt einen israelischen Pass. Und sowieso: Müsste es nicht Religion heißen? Diese seltsame Begriffsverknüpfung hat ihren Ursprung in der Tatsache, dass der israelische Staat Juden als kulturell-ethnische Gruppe und nicht nur als Religionsgemeinschaft sieht. Zur Abgrenzung der Bevölkerungsgruppen unterscheidet Israel deshalb zwischen »Staatsangehörigkeit« und »Nationalität«. Auch Christen, Muslime und Drusen gelten in Israel als Nationen. Ihre Angehörigen sind dann zum Beispiel israelische Staatsangehörige muslimischer Nationalität. Nach allerlei juristischen Scharmützeln wird die »Nationalität« heute nicht mehr auf den Personalausweisen vermerkt. Zumindest offiziell behandelt der Staat alle israelischen Staatsangehörigen sowieso seit eh und je gleich. »Aber man fühlt sich halt als Außenseiter«, sagt Boris. Und manchmal habe man auch das Gefühl, Juden würden in Israel doch ein wenig »gleicher« behandelt als andere Bürger.

Am deutlichsten wird das im Umgang mit dem orthodoxen Rabbinat: »Da ich mich als Jude fühle, es aber eben nicht bin, musste ich meine Frau im Ausland heiraten«, sagt Boris. Dabei hätte es ihm allerdings auch nicht geholfen, wenn der Staat ihn als Juden anerkannt hätte. »Die israelischen Rabbiner trauen dem Staat nicht und wollen selbst Beweise für eine jüdische Mutter sehen. Die hätte ich eh nicht gehabt.« Heute hat Boris mit seiner Frau zwei kleine Töchter: »Es ist eine Ironie des Schicksals, aber da meine Frau Jüdin ist, sind jetzt auch meine Töchter jüdisch. Ich bin der einzige Makel in meiner Familie.« Und das sagt Boris schon fast wieder mit einem Lächeln.

Israel tut sich mit der Integration der nicht-jüdischen Einwanderer schwer. Als westliche Industrienation strahlt das Land trotz aller Probleme eine gewisse Attraktivität auf Menschen aus wirtschaftlichen Problemländern aus, weshalb in den vergangenen Jahren allerlei Menschen ins Land strömten, die sich plötzlich eines jahrelang vergessenen jüdischen Großelternteils erinnerten. Im Unterschied zu Boris können diese Einwanderer mit dem Judentum meist nichts anfangen, ja, oft handelt es sich um praktizierende Christen. Mindestens 200 000 bis 300 000 der russischen Einwanderer sollen nach *halachischem* Gesetz nicht jüdisch sein. Einige von ihnen durchlaufen den nicht gerade unkomplizierten Konvertierungsprozess des orthodoxen Rabbinats und werden so zu vollgültigen Juden. Andere konvertieren unter der Aufsicht von Reformrabbinern und können sich anschließend zwar den Eintrag »Jüdisch« im Bevölkerungsregister erstreiten, für das orthodoxe Rabbinat sind sie trotzdem keine Juden. Wieder andere geben sich trotzig und praktizieren ihr Christentum in aller Öffentlichkeit. Für sie gibt es seit einigen Jahren Weihnachtsbäume und Schokoladenweihnachtsmänner zu kaufen. Auch bieten Kirchen aller möglichen Konfessionen, zumindest zu hohen Feiertagen, Gottesdienste nach russisch-orthodoxer Liturgie an.

Als bei den Knessetwahlen im Jahr 2003 die radikal-säkulare Schinui-Partei zur drittstärksten Fraktion wurde, waren vom religiösen Status quo enttäuschte Russen für fast ein Drittel aller für Schinui abgegebenen Stimmen verantwortlich. In seinem gemütlichen ungarischen Akzent wollte der Vorsitzende Tommy Lapid aus dem »Land der Bibel« das »Land des Internet« machen, forderte die Einrichtung der Zivilheirat, verteidigte das Recht der Bürger auf Schweinefleisch und ritt Attacken gegen die Orthodoxen, die die Grenzen des guten Geschmacks eindeutig überschritten. Mittlerweile ist Schinui wieder von der politischen Bildfläche verschwunden und auch am Status Quo hat sich nichts geändert.

Nazis im Judenstaat?

Was auf den ersten Blick wie ein schlechter Witz klingt, ist im Heiligen Land schon bittere Wirklichkeit. Ausgerechnet in dem Staat, der den Juden Zuflucht vor Antisemitismus und Verfolgung bieten sollte, gibt es heute echte Nazis. Zwar handelt es sich um eine verschwindende Minderheit, mehr als ein paar Dutzend sollen es nach Angaben der Polizei nicht sein. Für die Bewohner des jüdischen Staates aber sind auch einige Dutzend Nazis schon ein Grund zur Beunruhigung. »Ich hätte nicht gedacht, dass ich in unserem Land jemals die Worte ›Heil Hitler‹ hören würde«, sagt Riva Zagaron. Als die 75 Jahre alte Überlebende des Holocaust eines Morgens im Herbst 2007 ihre Wohnung in Haifa für einen Strandspaziergang verließ, traute sie ihren Ohren nicht, als zwei junge Männer ihr den Hitlergruß entgegenbrüllten, sie beschimpften und schlugen. Der alten Dame gelang die Flucht, doch bald kam es zu weiteren neonazistischen Zwischenfällen. Im orthodoxen Bnei Brak, im überwiegend säkularen Ramat HaScharon und auch in der ärmlichen Wüstenstadt Dimona fanden sich plötzlich Hakenkreuzschmierereien an Synagogen und öffentlichen Gebäuden. In Haifa brachen Neonazis in eine Synagoge ein, setzten die Laubhütte der Gemeinde in Brand und beschmierten die heiligen Thorarollen mit Hakenkreuzen.

Wenige Wochen zuvor war im Tel Aviver Vorort Petach Tikwa eine Gruppe von acht Neo-Nazis festgenommen worden. Alle Festgenommenen waren 16 bis 21 Jahre alte Einwanderer aus der ehemaligen Sowjetunion, nur ein einziger von ihnen war nach dem jüdischen Gesetz Jude. Ihr Anführer, der sich selbst als »Eli der Nazi« bezeichnete, soll bei ihren Treffen gesagt haben, er werde keine Kinder zeugen, weil sein Großvater ein Jude gewesen sei und er kein »Stück Scheiße mit auch nur dem kleinsten Anteil Judenblut auf die Welt bringen« wolle. Die Gruppe wurde gefasst, nachdem sie Videos ihrer Angriffe im Internet auf einer antisemitischen russischen Webseite veröffentlicht hatte.

Eines der Videos zeigte, wie ein thailändischer Fremdarbeiter im Busbahnhof von Tel Aviv brutal zusammengeschlagen wurde. Denn die neuen Nazis können nicht nur die Juden nicht ausstehen. Auf einer anderen – ebenfalls russischsprachigen – Webseite erklären die Betreiber, Ilia aus Haifa und Andrei aus Arad, wer zu ihren Feinden gehört: Juden, Araber, die Einwanderer aus allen muslimischen ehemaligen Sowjetrepubliken, die marokkanischstämmigen Israelis und die Fremdarbeiter. Da bleibt nicht mehr viel von der israelischen Bevölkerung übrig.

Nach dem Grundsatz, dass nicht sein kann, was nicht sein darf, hat man dieses Phänomen lange Zeit für unmöglich erklärt. Hakenkreuzschmierereien an Synagogen sorgten zwar für einen kurzen Aufschrei, wurden aber schließlich als Verirrungen gelangweilter und historisch ignoranter Jugendlicher abgetan. Ganz verkehrt sei diese Einschätzung auch gar nicht, sagt Luba Berenstein vom Einwanderungszentrum *1+1*: »Zahlreiche russische Jugendliche wissen so gut wie nichts über den Holocaust und die Nazi-Zeit«, erklärt sie. »Sie benutzen die Nazi-Symbole, um ihren Hass auf eine Gesellschaft auszudrücken, die sich weigert, sie anzunehmen.« Man habe ja schnell raus, dass nichts die Israelis mehr aufrege als ein »Heil Hitler« oder ein Hakenkreuz. Sie wolle die Taten nicht entschuldigen, aber ob die jetzt überall heiß diskutierte Änderung des Rückkehrgesetzes wirklich die Lösung des Problems sei, bezweifle sie. »Man kann durch eine Änderung des Gesetzes vielleicht die Einwanderung von weiteren nicht-jüdischen Jugendlichen verhindern, aber wir reden immerhin schon jetzt von bis zu 40 000 Kindern und Jugendlichen, die nicht als jüdisch gelten und sich demnach auch nicht wirklich jüdisch fühlen.«

Gerade zur Integration dieser Jugendlichen müsse viel mehr getan werden, Israel könne sich nicht immer nur auf seine Identität als jüdischer Staat berufen und darauf hoffen, dass Neuankömmlinge sich schon irgendwie von selbst integrieren würden. »Nichtjuden sind hier Außenseiter!«, stellt Berenstein fest. Entweder müsse die Akzeptanz ihnen gegenüber größer werden oder man müsse ihnen zumindest die Konvertierung erleichtern. »Wenn man dafür die Macht des orthodoxen Rabbinats einschränken muss – nun gut, dann kann der Staat dieser Konfrontation eben nicht mehr ausweichen.«

Das Bemühen um eine Aufweichung der problematischen Statusquo-Vereinbarung bleibt eines der russischen Hauptanliegen. Gleichzeitig hat die Masseneinwanderung aus den ehemaligen Sowjetrepubliken aber auch das Scheitern des Schmelztiegelprinzips gezeigt. Eineinviertel Millionen Menschen müssen sich nun mal nicht anpassen und ihre Heimatkultur von heute auf morgen aufgeben. Es dauerte eine Zeit lang, bis sich die so entstandenen Inseln russischer Lebensweise mit dem israelischen Festland verbanden. Auf den Spielplätzen sieht man heute Mütter, die mit ihren Kindern Russisch sprechen. Die kleinen Plappermäuler aber antworten auf Hebräisch.

Der vergessene Stamm –
Die Äthiopier

Auf eine der interessantesten Fragen gibt es keine eindeutige Antwort: Wie, um Himmels Willen, hat es Juden ausgerechnet nach Äthiopien verschlagen? An einer Erklärung versuchen sich eine ganze Reihe Legenden, doch so richtig überzeugend ist keine. Die äthiopischen Juden oder *Beta Israel* (Haus Israels) sehen sich selbst als Nachkommen des verlorenen Stammes *Dan*. Rabbi David Simra aus Kairo bestätigte diese Theorie im 16. Jahrhundert. Es handele sich »zweifellos um den Stamm Dan«, entschied er – allerdings wohl in Ferndiagnose. Eine andere Theorie unterstellt Moses eine schwarze Frau, deren Kinder die jüdische Religion nach Äthiopien getragen haben sollen. Oder sind die schwarzen Juden das Ergebnis einer heißen Affäre der Königin von Saba mit König Salomo? In der Bibel ist im Buch der Könige bei dem Bericht über das Treffen zwar nur die Rede von unglaublich wertvollen Geschenken, die die beiden ausgetauscht haben sollen, aber darunter kann man sich mit etwas Fantasie alles Mögliche vorstellen. Die äthiopische Chronik *Kebra Nagast*, die allerdings frühestens 1300 Jahre nach den Geschehnissen aufgezeichnet wurde, bietet dann auch eine viel spannendere Version: Salomo soll der Königin mit einem spitzbübischen Trick eine Liebesnacht abgeluchst haben, aus der ein Sohn hervorging. Eine der zahlreichen Varianten des *Kebra Nagast*, die sich in wesentlichen Punkten unterscheiden, erzählt, dass Menelik als junger Mann an Salomos Hof zurückkehrt. Der Einfluss des Sohnes auf Salomon wächst stetig. Bald fordern die Ältesten des Hofes deshalb vom König, Menelik in seine Heimat zurückzuschicken. Salomo, gerissen wie immer, gibt nach, schickt aber die erstgeborenen Söhne der betreffenden Ältesten gleich mit. Ausgerechnet der Sohn des Hohenpriesters soll bei der Abreise die Bundeslade mitgehen lassen haben. Menelik wird später der erste König von Äthiopien und der Begründer der *Beta Israel*.

Die von Wissenschaftlern favorisierte Version ist etwas weniger spektakulär: Ihr zufolge sind die *Beta Israel* irgendwann zum Judentum konvertiert. Vielleicht habe es sich auch einfach um Christen gehandelt, die es mit der Einhaltung der alttestamentarischen Gesetze sehr genau nahmen und sich deshalb irgendwann als Juden bezeichneten. Für diese Theorie sprechen verschiedene Untersuchungen des jüdischen Genpools. Während Juden in Polen genetisch immer noch mehr mit Juden im Irak zu tun haben als mit nichtjüdischen Polen, teilen die *Beta Israel* die genetischen Gemeinsamkeiten der Juden nicht. Es ist also gut möglich, dass die *Beta Israel* ursprünglich Konvertiten waren. Dennoch streitet heute kaum jemand ab, dass die *Beta Israel* aufgrund ihrer geografischen Isolation seit Jahrtausenden eine sehr ursprüngliche und unverfälschte Form des Judentums praktizieren. Angesichts der immer wiederkehrenden Perioden der Unterdrückung ist es erstaunlich, dass sie sich ihre Religion so lange erhalten haben.

Bis ins 13. Jahrhundert genossen die *Beta Israel* weitgehende Unabhängigkeit. Nach 300 Jahren kriegerischer Auseinandersetzungen kam es um 1622 zur Entscheidungsschlacht, die für die Juden in der Katastrophe endete. Ihre heiligen Schriften und Thorarollen wurden verbrannt, Männer wurden als Sklaven verkauft oder zur Taufe gezwungen. Auch der Besitz von Land war ihnen fortan verboten. Die verbliebenen Juden lebten isoliert und vergessen von anderen jüdischen Gemeinschaften, bis der schottische Entdecker James Bruce Ende des 18. Jahrhunderts die *Beta Israel* in einem Reisebericht erwähnte. Allerdings erst Jahrzehnte später besuchte der französische Professor Joseph Halevy sie 1867 als erster europäischer Jude in Äthiopien und wurde zu ihrem

Fürsprecher in der jüdischen Welt. Sein Schüler, der orthodoxe Jude Jacques Faitlovitch, verbrachte später insgesamt mehrere Jahre bei den *Beta Israel*. Der ehemalige *Jeschiwa*-Student studierte ihre religiösen Traditionen, brachte sie aber auch mit religiösen Bräuchen und Schriften der europäischen Juden in Verbindung und bemühte sich vergeblich darum, ihre Ausreise nach Palästina zu organisieren. Ins Heilige Land sollten die *Beta Israel* erst viel später und unter dramatischen Umständen gelangen.

Noch 1976 lebten nicht mehr als 250 äthiopische Juden in Israel. In verschiedenen Geheimaktionen gelang es bis 1984, rund 8000 Juden aus Afrika nach Israel zu schmuggeln. Dann begann am 18. November 1984 die »Operation Moses«. Innerhalb von sechs Wochen wurden 7000 äthiopische Juden, die nach Sudan geflüchtet waren, ins Heilige Land ausgeflogen. Auf dem Fußmarsch kamen mehr als 2000 Menschen ums Leben. Um die Aktion zu ermöglichen, hatten die Israelis den Präsidenten des Sudan bestochen. Erst als die Nachricht von den Rettungsflügen in den Medien die Runde machte, zog der sudanesische Herrscher auf Druck arabischer Staaten seine Zustimmung zurück und die Aktion musste abgebrochen werden. Die *Beta Israel* waren plötzlich zweigeteilt, 15 000 Juden waren in Äthiopien verblieben. So wurden Familien auseinandergerissen, ohne Hoffnung auf eine baldige Wiedervereinigung.

Erst 1990 gab es vorsichtige Anzeichen dafür, dass die äthiopische Regierung möglicherweise die verbliebenen Juden würde ausreisen lassen. Doch als wenige Monate später Rebellen die Hauptstadt Adis Abeba umzingelten, fürchtete Israel um die Sicherheit der jüdischen Minderheit und handelte im Alleingang. Mit »Operation Salomo« begann die größte Massenevakuierung der Geschichte. Innerhalb von 36 Stunden brachten 34 Flugzeuge vom 24. bis 25. Mai 14 324 äthiopische Juden nach Israel. Mit der Begründung, die Rettung jüdischen Lebens rechtfertige den Bruch der Schabbatruhe, konnte Ministerpräsident Schamir der Fluggesell-

»Operation Salomo«: 14 324 äthiopische Juden wurden innerhalb von 36 Stunden nach Israel geflogen. Um Platz in den Flugzeugen zu schaffen, hatte man die Sitze entfernt.

schaft *El Al* eine Sondergenehmigung beschaffen, die es ihr erlaubte, am Schabbat zu fliegen. Die Maschinen waren vollkommen leer geräumt, die afrikanischen Flüchtlinge saßen dicht gedrängt auf dem Boden. Bis heute hält »Operation Salomo« laut »Guinness Buch der Rekorde« den Weltrekord für die meisten Menschen, die je gleichzeitig in einem Flugzeug transportiert wurden. Sieben Neugeborene kamen während dieser Aktion auf dem Weg nach Israel zur Welt.

Viele Israelis saßen damals gerührt vor dem Fernseher und beobachteten das Wunder, dass sich vor ihren Augen abspielte. Die spektakuläre Rettungsaktion verdeutlichte anschaulich, wie der jüdische Staat seiner Bestimmung als Rettungsinsel für verfolgte und gefährdete Juden gerecht wurde.

Anderswo in der Welt mögen Menschen sich daran erinnern, wo sie erstmals von der Ermordung J.F. Kennedys hörten, in Israel wird jeder sich erinnern, wie er davon erfuhr, dass »Operation Salomo« angelaufen war. So hatte man sich das vorgestellt mit der jüdischen Solidarität, so sah – allen Zweiflern zum Trotz – angewandter Zionismus aus. Kaum jemand jedoch dachte in diesem Moment daran, dass die wahren Probleme noch gar nicht begonnen hatten. Im Vergleich zur Integration der Äthiopier war die Rettungsaktion ein Kinderspiel gewesen.

Eine verlorene Generation?

Asram Sejum war damals 14 Jahre alt. Er erinnert sich noch gut an das Leben in Äthiopien. »Ich war gerade alt genug, um auf unsere Tiere beim Weiden alleine aufzupassen«, erzählt er und lacht erfrischend. Sein Lachen ist ansteckend. Wir sitzen in einem Strandcafé in Tel Aviv und der Gedanke, dieser junge Mann in Turnschuhen, Jeans und einem für israelische Verhältnisse überraschend eleganten Jackett könne in Afrika Kühe hüten, hat etwas Komisches. »Mein erster großer Schock war, dass in Israel keine Tiere lebten«, sagt er. Später habe er festgestellt, dass es natürlich auch im Heiligen Land Kühe und Schafe gebe, »aber nicht dort, wo ich sie gewohnt war: auf den Straßen, im Dorf, vor und zwischen den Hütten.«

Es sollte nicht die letzte Überraschung für den jungen Asram bleiben. »Wir kamen aus einer anderen Welt«, sagt er zögerlich. Er spricht nicht gern davon, wie Fernsehkameras und Fotografen mit voyeuristischer Lust jeden Augenblick der verwirrten Neuankömmlinge auf Film bannten: »Wie wir Buschmänner keine

Toiletten kannten und das Wasser zum Kaffeekochen aus dem Klo schöpften. Oder wie wir uns nicht trauten, das Licht auszustellen, weil wir davon überzeugt waren, es handele sich um ein Wunder, das sich nicht wiederholen lasse. Oder wie die Kinder im Hotelaufzug immer alle Knöpfe gedrückt haben, weil das eben ein tolles Spielzeug für sie war.« Asrams Gesicht ist sehr ernst geworden, er wirkt jetzt fast ein wenig traurig. »Alle dachten, das sei furchtbar lustig, nur wir nicht. Wir haben diese Arroganz gefühlt.« Er wolle gar nicht abstreiten, dass die meisten Israelis warmherzig, gutwillig und ehrlich begeistert waren von der Ankunft des »verlorenen Stammes«. »Trotzdem fühlten wir uns eben wie im Affenkäfig – und natürlich vollkommen hilflos.«

Asram verbrachte mit seiner Familie zwei Jahre in einem Einwanderungszentrum. »Wir Kinder gingen bald zur Schule, lernten schnell Hebräisch und fanden uns in der neuen Welt ganz gut zurecht«, erzählt er. Ganz anders hingegen die Erwachsenen. »Nach zwei Jahren hat der Staat uns zwar 90 Prozent einer Hypothek finanziert, aber Hebräisch konnten meine Eltern immer noch nicht.« Sein Vater sei eben Landwirt gewesen, mit Tieren habe er sich gut ausgekannt. Aber Fähigkeiten, mit denen er seine Familie in einer westlichen Gesellschaft ernähren konnte, hatte er – wie die meisten äthiopischen Einwanderer – nicht.

Noch heute liegt die Arbeitslosigkeit unter den Äthiopiern weit über dem israelischen Durchschnitt, von den Männern über 45 Jahren haben gar zwei Drittel keine Arbeit. Das Durchschnittseinkommen der Äthiopier liegt knapp über der Armutsgrenze, 70 Prozent der Familien sind von Sozialhilfe abhängig. Ebenfalls 70 Prozent der Elterngeneration sind Analphabeten. Obwohl auch die junge Generation Probleme hat, gelang den Kindern die Integration erheblich besser. Diese Diskrepanz hat zu schweren Konflikten innerhalb der patriarchalischen Gemeinschaft geführt. In Äthiopien schauten Kinder älteren Männern aus Respekt nicht einmal ins Gesicht, am Essenstisch bekamen jene Personen zuerst

zu essen, die am meisten zum Unterhalt der Familie beitrugen –
und das waren selten Kleinkinder.

Im westlichen Israel zerfielen diese traditionellen Familienstruk-
turen. Der Vater verlor langsam seine Rolle als Familienoberhaupt,
er konnte sich als Clanchef weder auf der Straße unterhalten noch
seine Familie ernähren. Hinzu kam, dass die oft erheblich jüngeren
Frauen sich schneller an die neuen Umgangsformen anpassten
und auf einmal Widerworte gaben. Kein Wunder, dass die Schei-
dungsrate in äthiopischen Familien sechsmal so hoch ist wie bei
anderen israelischen Familien. Noch erschreckender: Ein Drittel
aller israelischen Familienmorde geschehen in äthiopischen Familien.

Auch Asrams Familie ist unter dem Druck der Veränderungen
zerbrochen. »Als meine Schwester bei der Armee war, kündigte sie
an, hinterher mit ihrem Freund zusammenziehen zu wollen.
Mein Vater schlug sie, meine Mutter verteidigte meine Schwester
und da hat er auch meine Mutter geschlagen. Wenig später ist
meine Mutter ausgezogen.«

Asram blieb als einziges der fünf Geschwister bei seinem Vater.
»Ich wollte nicht, dass er vollkommen vereinsamt. Weißt du, ein-
einhalb Stunden Radio in amharischer Sprache und eine knappe
halbe Stunde Fernsehen die Woche – das ist nicht viel.« Freunde
habe der Vater längst nicht mehr getroffen, irgendwann sei er
überhaupt nicht mehr aus dem Haus gegangen. Dann sei er gestorben. »Er fühlte sich bedeutungslos, daran ist er langsam zu-
grunde gegangen.«

»Zweifelhafte Juden«

Asram arbeitet heute in einem Zentrum für äthiopische Jugendliche in Kirjat Mosche, einem Stadtteil von Rechowot. 60 Prozent
der Einwohner von Kirjat Mosche sind Äthiopier. Kirjat Mosche

gilt als äußerst problematisch, die israelischen Medien vergleichen das Viertel gerne mit der Bronx. »Das ist aber absoluter Unsinn«, widerspricht Asram. Mit Kirjat Mosche gehe es längst aufwärts. »95 Prozent der äthiopischen Jugendlichen gehen zur Armee: Einen besseren Integrationskurs gibt es nicht.« Es gebe mittlerweile auch mehr Universitätsstudenten aus äthiopischen Familien und weniger Kriminelle. Man müsse sich nur mal umschauen: »Im Stadtrat von Rechowot sitzt ein Äthiopier, viele der Polizisten in Kirjat Mosche sind Äthiopier, die Sozialarbeiter sind Äthiopier. Wir haben es geschafft und wollen nun unserer Gemeinschaft helfen.«

Besonders die Neuankömmlinge hätten eben viel Hilfe nötig. Denn noch immer kommen 100 bis 300 Äthiopier im Monat nach Israel. Es handelt sich um die sogenannten *Falaschmura*, Nachkommen von Juden, die im vergangenen Jahrhundert manchmal freiwillig, manchmal auch unter Zwang zum Christentum übergetreten sind. Einige der Konvertiten praktizierten heimlich die jüdischen Bräuche weiter und wurden von ihren christlichen Nachbarn denn auch als Juden diskriminiert. Andere gehören wohl eher in die Kategorie »Wirtschaftsflüchtling«; sie praktizieren nun in Israel ihre christlichen Bräuche weiter.

Es fiel den israelischen Behörden schon bei der Vorbereitung der »Operationen Moses« und »Salomo« nicht leicht zu entscheiden, wer Gebrauch vom »Rückkehrrecht« machen konnte, das allen Juden, die keiner anderen Religion angehören, die Einwanderung nach Israel erlaubt. Verwirrung stifteten besonders die komplizierte Namensgebung in Äthiopien sowie die weitverbreitete Polygamie und Kinderheirat. Deshalb konnte es passieren, dass Angehörige derselben Großfamilie unterschiedlich eingestuft wurden und äthiopische Juden in Israel lang auf ihre Verwandten warten mussten.

Denn selbst als die Regierung 1998 entschieden hatte, die *Falaschmura* einreisen zulassen, setzte man die Quote auf 300 Einreisende pro Monat fest. Als Begründung hieß es, die *Falaschmura* kämen nicht im Namen des Rückkehrrechtes, sondern auf Grundlage einer Regelung zur Familienzusammenführung. Doch der wahre Grund wurde kaum verheimlicht: Die Kosten für die Integration der Afrikaner seien zu hoch. Äthiopische Einwanderer kosten den Staat viermal so viel wie Neuankömmlinge aus anderen Ländern.

Asram wird deshalb sehr wütend, wenn Regierungsbeamten ihm sagen, man dürfe diese »zweifelhaften Juden« nicht nach Israel lassen. »Selbst wenn nicht alle eindeutig Juden sind: Warum dürfen 300 000 nichtjüdische Russen nach Israel einwandern, aber 20 000 Äthiopier nicht?« Die *Falaschmura* könnten doch zum Judentum konvertieren, wenn es sein müsse. »Das haben die Rabbiner von uns doch auch verlangt, obwohl sie zuvor selbst erklärt hatten, wir seien echte Juden.«

Tatsächlich haben die religiösen Autoritäten des Landes es den *Beta Israel* nach ihrer Ankunft nicht leicht gemacht. Die religiösen Traditionen der äthiopischen Juden basieren auf der Thora und einigen wenigen apokryphen Schriften. Vom Talmud hatten sie vor ihrer Ankunft in Israel nie gehört, die Thora-Interpretationen der berühmten aschkenasischen und sefardischen Rabbiner waren ihnen unbekannt. Dem orthodoxen Rabbinat, dem selbsternannten Hüter des wahren Judentums, war das suspekt. Dabei war den *Beta Israel* ihr Judentum im Laufe der Jahrhunderte immer wieder bestätigt worden. So versicherten 1908 44 europäische Rabbiner, die *Beta* seien »authentische Juden«. 1973 schloss sich der damalige sefardische Oberrabbiner Israels, Owadja Jossef, dieser Einschätzung an. Sein aschkenasischer Kollege Schlomo Goren brauchte für diese Erkenntnis zwei Jahre länger. Trotzdem bestand das Rabbinat darauf, dass neu eingewanderte *Beta Israel* »pro forma« zum Judentum übertreten mussten. Der Besuch einer *Mikwe*, eines Ritualbades, war ebenso obligatorisch wie eine symbolische Beschneidung für Männer. Auch mussten die Neuankömmlinge in einer schriftlichen Erklärung versichern, dass sie das Gesetz der *Halacha* anerkannten. Nach heftigen Protesten wurde diese Prozedur 1985 erleichtert. Sehr zum Leidwesen der *Beta Israel* ist es ihren traditionellen religiösen Führern, den *Kessim*, aber noch immer untersagt, religiöse Handlungen vorzunehmen. Für das Selbstwertgefühl der Gemeinschaft sei das eine Katastrophe, merkt Asram an. »Wenn zwei Äthiopier heiraten wollen, müssen sie das meistens vor einem aschkenasischen Rabbiner mit Hut und schwarzem Anzug machen. Unsere jahrhundertealten Traditionen interessieren keinen Menschen, sie gehen einfach verloren.« Und das sei nicht nur bei religiösen Ritualen so. Kaum jemand habe bisher Anstalten gemacht, das äthiopische Brauchtum für die Zukunft festzuhalten.

Aus Hilflosigkeit angesichts der Schwierigkeiten bei der Integration scheint die Regierung in den rigiden Assimilationszwang aus den Anfangsjahren des Staates zurückgefallen zu sein, anstatt den Äthiopiern Raum zur Bewahrung ihrer Kultur zu geben. Vor einigen Jahren eroberte zwar eine CD mit angeblich äthiopischer Musik die israelischen Charts. Doch hat der Star der Aufnahme, ein bleicher Aschkenasi mit Rastalocken, die originalen Melodien und Rhythmen der Äthiopier so seicht verpoppt, dass man die raue Schönheit der Originale nur noch erahnen kann. Zur Bewahrung ihrer Kultur wird die Aufnahme also wohl nicht beitragen. Dafür war die erste CD so erfolgreich, dass bald eine zweite folgte – die der ersten zum Verwechseln glich und wieder ein Bestseller wurde.

Sind die Äthiopier also im Mainstream der israelischen Gesellschaft angekommen? Asram zögert nicht: »Ja, auf jeden Fall. Aber nicht, weil unsere Melodien jetzt in jeder Bar und beim Friseur zu hören sind, sondern weil wir hart gearbeitet haben. Vielleicht dauert es noch zwanzig Jahre, bis wir uns von dem Schock der Einwanderung erholt haben. Dann aber werden wir überall sein – auch in der Knesset.«

Bürger oder Verräter – Araber im Judenstaat

Mitten im Libanonkrieg im Juli 2006 fuhr ich in die, unter Raketenbeschuss liegende Hafenstadt Haifa. Seit Wochen schrillten mehrmals täglich die Sirenen, doch an diesem Donnerstag durften die Bewohner von Haifa ausschlafen, kein Raketenalarm schickte sie noch vor dem Frühstück in die Schutzräume. An diesem Donnerstag gab es in Haifa nämlich einen Stromausfall, der die Warnsirenen lahmlegte und nichts mit dem Krieg im Norden Israels zu tun hatte, sondern allein der Desorganisation der staatlichen Elektrizitätswerke geschuldet war.

Auch Amir Somer genoss die unverhoffte Pause vom Krieg. Als um elf Uhr morgens noch immer keine Sirene geschrillt hatte, rief er seinen Freund Mosche an und schlug vor, ihre wöchentliches *Matkot*-Treffen allen Unwägbarkeiten zum Trotz nicht abzusagen. Einmal wöchentlich, am Donnerstag, treffen Amir und Mosche sich zu einer ur-israelischen Strandaktivität: Knallend schlagen sie sich mit primitiven Holzschlägern einen harten Gummiball um die Ohren. Doch an diesem Donnerstag will Mosches Frau ihren Mann nicht aus dem Schutzraum, geschweige denn ans Meer lassen. Amir, der unverheiratet ist und durchaus ein bisschen bockig sein kann, macht sich also allein auf an den gespenstisch leeren Strand. Da sitzen zwei Familien in einem Restaurant beim Frühstück, ein Liebespaar in Badekleidung genießt die Einsamkeit und Abdullah wartet hinter der Theke seiner Saftbar vergeblich auf Kunden. Amir bestellt einen Karottensaft, beschwert sich über die Langeweile, die politische Lage und seinen feigen Freund Mosche, der ihn im Stich gelassen hat. Und weil auch Abdullah Langeweile hat, hüpfen wenig später am verlassenen Strand von Haifa zwei Männer in den besten Jahren durch den Sand und schlagen gut gelaunt einen Gummiball durch die Luft. Einer ist Jude, der andere ist Araber – beide sind israelische Staatsbürger.

Es gibt im Heiligen Land nicht viele Orte, an denen das möglich wäre – Haifa ist ein solcher Ort.

Ungefähr 270 000 Menschen leben in dieser Stadt, rund 10 Prozent der Einwohner sind Araber. Unter den Arabern wiederum sind die Christen knapp in der Überzahl. Es gibt aber auch Sunniten, Schiiten, Achmeden und sogar Bahais, deren Religion einem schon deshalb sympathisch sein muss, weil sie das Zentrum ihres Glaubens eben ins beschauliche Haifa und nicht auf den Tempelberg nach Jerusalem gelegt haben. Haifa ist also eine gemischte Stadt, auch wenn sich die diversen Bevölkerungsgruppen nur in den wenigsten Wohnvierteln wirklich mischen. Aber man trifft sich beim Einkaufen auf dem Markt, im Krankenhaus oder auch beim Picknick am Strand.

Rund 6000 Araber wohnen im Stadtteil Wadi Nisnas mit seinen charmanten, aber heruntergekommenen Kalksteinhäuschen, den rostenden Fenstergittern, orientalischen Torbögen und Gassen, die so eng sind, dass man sie mit dem Auto besser nicht befahren sollte. In den Innenhöfen hängt immer Wäsche, Männer sitzen am Straßenrand, rauchen Wasserpfeife und beobachten das Geschehen in der Nachbarschaft – Wadi Nisnas ist eine orientalische Insel inmitten einer westeuropäisch geprägten Stadt.

Trotz Raketen scheint das Leben in Wadi Nisnas seinen normalen Gang zu gehen. Das hat wohl auch damit zu tun, dass keines der Häuser einen Keller hat und auch öffentliche Bunker kaum vorhanden sind. »Wir können doch nirgendwohin flüchten«, sagt Ali Wadsch, der Tankwart ist, und heute nicht zur Arbeit muss. »Die Juden auf dem Berg in ihren tollen Häusern, die können sich natürlich in ihren Bunkern verstecken und Fernseh gucken. Aber wir?«

Haifa mag als Modell für friedliche Koexistenz gelten, doch das ist nicht gleichbedeutend mit problemloser Koexistenz. In vielen Bereichen fühlt sich die arabische Minderheit ungerecht behandelt – oft zu Recht. Und auch ihre politischen Meinungen geben sie nicht allzu gern preis. »Ich will in Frieden leben und nicht als ›Verräter‹ beschimpft werden«, sagt Ali. Darum werde er gegenüber Juden auch nicht sagen, dass er die israelische Reaktion für überzogen halte. »Die Hisbollah ist eine Mörderbande, das finde ich auch. Aber Israel hätte einen Gefangenentausch aushandeln müssen. Wie viele Tausend Palästinenser sitzen denn wegen nichts in israelischen Gefängnissen?«

Auf das Zusammenleben zwischen Juden und Arabern angesprochen antwortet Ali ohne Zögern: »Gut, wir bringen uns nicht um. Was will man mehr?« In der Tat ist das für Juden und Araber im Nahen Osten schon eine ganze Menge.

»Verlassenes Eigentum«

1,2 Millionen Araber leben in Israel. (In Ost-Jerusalem sind es noch einmal 250000 Araber.) Das sind etwa 18 Prozent der Gesamtbevölkerung von 7,2 Millionen Menschen. 80 Prozent der Araber sind sunnitische Muslims, 20 Prozent verteilen sich zu gleichen Teilen auf die Religionsgemeinschaft der Drusen und verschiedene christliche Konfessionen. Der größte Teil von ihnen lebt in überwiegend arabischen Dörfern im Norden des Landes. Fast alle in Israel lebenden Araber sind Nachkommen jener 156000 Palästinenser, die nach dem Krieg 1949 in Israel verblieben waren, während mehr als 700000 Palästinenser damals aus Israel flüchteten oder vertrieben wurden.

Noch immer werden die damaligen Ereignisse von Historikern heiß diskutiert: Kam es zu systematischen Vertreibungen? Oder verließen die arabischen Bewohner ihre Häuser auf Anordnung ihrer Führer, um später siegreich zurückzukehren? Spätestens seit Benny Morris' grundlegender Untersuchung, »The Birth of the Palestinian Refugee Problem«, aus dem Jahr 1988, ist unumstritten, dass eine Vielzahl von Faktoren die damaligen Ereignisse bestimmte und sowohl die offizielle israelische als auch die arabisch-palästinensische Version der Komplexität nicht gerecht werden.

Sofort nach dem palästinensischen Exodus begann die israelische Regierung, jüdische Flüchtlinge in den verlassenen arabischen Häusern anzusiedeln. Das Gesetz »Verlassenes Eigentum« von 1950 ermöglichte es dem Staat, das Eigentum der Flüchtlinge zu konfiszieren. Ein weiteres Gesetz von 1953 legalisierte dieses Vorgehen vollständig. Selbst Araber, die sich innerhalb Israels befanden und nur vorübergehend ihre Häuser verlassen hatten, konnten nun mit Hilfe des Gesetzes enteignet werden. In Haifa finden sich im arabischen Viertel Halisa noch heute einzelne Häuser, deren Türen und Fenster von den siegreichen Juden vermauert wurden, um die Rückkehr der früheren Eigentümer zu verhindern.

Manchmal erklärte der Staat arabischen Grundbesitz auch einfach zur militärischen Sperrzone. Das so zwangsweise brachliegende Land konnte auf Grundlage alter osmanischer Gesetze dann später enteignet werden – eben weil es brachlag. Mit diesen sehr unschönen Methoden brachte der Staat bis zu 40 Prozent des ehemals arabischen Eigentums in seinen Besitz. Ein guter Beginn für die Beziehungen zwischen jüdischen und arabischen Bürgern war das nicht.

Auch von der in der Unabhängigkeitserklärung propagierten Gleichberechtigung war zunächst nichts zu spüren: Obwohl den in Israel verbliebenen Arabern automatisch die israelische Staatsangehörigkeit verliehen wurde, lebten sie bis 1966 unter Kriegsrecht. Um sich über eine bestimmte Distanz hinaus von ihren Dörfern entfernen zu dürfen, mussten sie eine Genehmigung beim Militärgouverneur einholen. Sie konnten zeitlich unbegrenzt in Untersuchungshaft genommen werden, in ihren Dörfern wurden Sperrstunden verhängt und es kam sogar zu Ausweisungen. 1966 wurde das Kriegsrecht außer Kraft gesetzt und die Araber hatten zumindest offiziell die gleichen Rechte wie ihre jüdischen Mitbürger. Doch praktisch fühlten sich viele Araber weiter als Bürger zweiter Klasse. Vergleicht man die Höhe der finanziellen Zuwendungen, die arabischen Ortschaften im Vergleich zu jüdischen Städten zugutekamen, kann man die Verbitterung verstehen.

Aufgrund von weiteren geplanten Enteignungen kam es 1976 erstmals zu gewaltsamen Protesten unter den Arabern: Am 30. März riefen die arabischen Führer einen Generalstreik aus. Als bei einigen Demonstrationen Molotow-Cocktails und Steine geworfen wurden, rief die israelische Polizei die Armee zu Hilfe. Sechs arabische Staatsbürger wurden bei den Auseinandersetzungen von den Sicherheitskräften ihres Landes getötet. Seitdem begehen Israels arabische Bewohner am 30. März jeden Jahres den sogenannten »Tag des Landes«.

Symbolische Kleinigkeiten

Eine Zeit der Hoffnung für die Araber war die Amtszeit Izchak Rabins. Nicht nur schien im Rahmen des Osloer Prozesses endlich eine Lösung des Konfliktes zwischen Israel und den Palästinensern in den besetzten Gebieten in Sicht, auch bemühte Rabin sich ernsthaft um die Belange der Araber und war bereit, sich deren Gleichberechtigung etwas kosten zu lassen. Auf einmal wurden Baugenehmigungen erteilt, arabische Dörfer durften legal wachsen, Straßen wurden vom Staat geteert und Abwasserleitungen gelegt. In die Schulen der arabischen Gemeinschaft flossen mehr staatliche Gelder und die Gesundheitsversorgung wurde verbessert. Am wichtigsten für das neue Zutrauen in den Staat aber war wohl, dass Rabin seine Koalition von der Unterstützung zweier arabischer Parteien abhängig machte – wenn er sie auch nicht in die Koalition aufnahm. Er brach so erstmals mit der recht undemokratischen Richtlinie der israelischen Politik, dass eine »jüdische Mehrheit« in der Knesset Voraussetzung für umstrittene Entscheidungen sei. In der Hoffnung, Ehud Barak werde Rabins Weg fortsetzen, stimmten bei den Wahlen 1999 94 Prozent der Araber für den Arbeitspolitiker. Doch Barak ließ nicht nur die arabischen Parteien bei der Regierungsbildung links liegen, er kümmerte sich auch sonst nicht besonders um den vernachlässigten Sektor. Als es bei Ausbruch der Intifada im Oktober 2000 auch unter Arabern im Norden Israels zu Unruhen kam, wurden bei einem Einsatz der Polizei zwölf israelische Bürger getötet. Eine nur zögerlich eingesetzte Untersuchungskommission unter dem pensionierten Richter Theodor Or machte der Regierung schwere Vorwürfe: Israel habe den arabischen Sektor »vernachlässigt und diskriminiert«. Man habe den Bedürfnissen der arabischen Bevölkerung nicht genug Verständnis entgegengebracht und nicht genug getan, die gerechte Verteilung der staatlichen Zuwendungen zu sichern. So seien »ernste Probleme« entstanden, diagnostizierte die Kommission und sprach eindeutige Empfehlungen aus, wie die Situation zu verbessern sei. Ein Jahr später beschwerte Theodor Or sich öffentlich, dass die Regierung noch immer keine einzige der Empfehlungen umgesetzt habe.

Dennoch haben die arabischen Israelis durchaus auch Erfolge zu vermelden. Das können symbolische Kleinigkeiten sein, wie der Sieg der Muslimin Rana Raslan beim Miss-Israel-Wettbewerb 1999. Oder dass der arabische Fußballclub *Bnei Sachnin* 2004 den israelischen Fußballpokal gewann und daraufhin als erstes arabisches Team Israel im UEFA-Pokal repräsentierte. Doch auch in wichtigen politischen Positionen und sogar im diplomatischen Dienst sind Araber seit einigen Jahren vertreten. 1999 wurde erstmals ein arabischer Richter für neun Monate an den Obersten

Gerichtshof bestellt, 2004 kam es zur ersten lebenslangen Ernennung eines arabischen Obersten Richters. Der Araber Ali Jahja wurde 1995 zum israelischen Botschafter in Finnland ernannt. Seit 2006 vertritt er den Judenstaat in Griechenland. Auch einen arabischen Generalkonsul in Atlanta hat es gegeben. Und im Januar 2007 wurde der erste arabische (nicht drusische) Minister einer israelischen Regierung eingeschworen.

Teil des israelischen Gemeinwesens zu sein, birgt aber auch andere, handfeste Vorteile: Die Lebenserwartung unter den Arabern in Israel hat sich seit 1948 um 27 Jahre erhöht. In Israel wohnhafte Araber leben im Schnitt zehn Jahre länger als Araber in den umliegenden arabischen Staaten. Gingen arabische Kinder 1961 noch 1,2 Jahre zur Schule, so liegt die Zahl heute bei 10,4 Jahren. Ausgerechnet der angebliche Araberhasser Ariel Scharon entschied 2004, dass jeder staatseigene Betrieb mindestens einen Araber im Aufsichtsrat haben müsse. Im Juli 2006 erklärte die Regierung alle arabischen Ortschaften zu besonders förderungswürdigen Gebieten. Seitdem kommen arabische Dörfer in den Genuss von allerlei Steuervorteilen, besonders für Unternehmer. Trotzdem verdienen Araber noch immer rund 30 Prozent weniger als Juden. Allerdings sind die Lebenshaltungskosten in ihren Dörfern oft niedriger. Die Immobilienpreise in arabischen Gebieten liegen bis zu 80 Prozent unter den Preisen vergleichbarer Objekte in jüdischen Dörfern. 92 Prozent der Araber leben in den eigenen vier Wänden – das ist die mit Abstand höchste Eigenbesitzrate in Israel.

Arabisch ist Israels zweite offizielle Landessprache, alle Gesetzestexte werden auch in arabischer Übersetzung herausgegeben. In der Schule lernen jüdische Kinder dennoch nur wenig und auf freiwilliger Basis Arabisch, während in arabischen Schulen Hebräisch Pflichtfach ist und auch im Abitur geprüft wird. Das Schulsystem ist zweigeteilt: In Mathematik, den Naturwissenschaften und Englisch lernen jüdische und arabische Schüler fast denselben Stoff aus ins Arabische übersetzten Schulbüchern. Doch in den Humanwissenschaften gibt es unterschiedliche Kurrikula. So dürfen arabische Schüler sich mit mehr arabischer Poesie beschäftigen und müssen auch nicht wochenlang die Geschichte des osteuropäischen Judentums studieren.

Anfang 2007 wollte Bildungsministerin Juli Tamir auf diesem Weg noch einen Schritt weiter gehen und genehmigte ein Schulbuch für arabische Schulen, in dem die unterschiedliche Beschreibung und Einordnung des Krieges von 1948 durch Juden und Araber thematisiert ist. Was bei den Juden »Unabhängigkeitskrieg« heiße, werde von den Arabern *Nakba* (Katastrophe) genannt, sollen arabischsprachige Drittklässler in Zukunft in dem Schulbuch »Zusammen leben in Israel« lesen. Weiter heißt es in der arabischen Version des Buches, in dem Krieg seien »Palästinenser geflüchtet und vertrieben« worden und »viele Ländereien wurden enteignet«.

Für die israelische Rechte waren diese Sätze Grund genug, den Rücktritt der Ministerin zu fordern und den »Masochismus und Defätismus der Linken« zu beklagen. Dabei bemüht sich das Buch tatsächlich um Ausgewogenheit: So wird auch darauf hingewiesen, dass die jüdische Führung den Teilungsplan der Vereinten Nationen angenommen hat, während die Araber ihn ablehnten. »Die arabische Seite verdient es, dass wir ihren Gefühlen auch Raum geben«, begründete Bildungsministerin Tamir ihre Entscheidung. Außerdem müsse man es arabischen Schülern ermöglichen, die Geschichten, die sie zu Hause hörten, besser in einen historischen Zusammenhang einzuordnen. In der hebräischen Version des veränderten Buches wird sich auch in der nächsten Auflage kein Hinweis auf den arabischen Blickwinkel finden. Man wollte jüdische Kinder anscheinend nicht mit zwei Versionen derselben Ereignisse verwirren – im Gegensatz zu ihren arabischen Altersgenossen.

Gespanntes Verhältnis – Juden und Araber

Trotz solch positiver Gesten sind die arabischen Israelis in den vergangenen Jahren immer weiter zwischen die Fronten geraten. Einerseits werden ihnen Solidaritätsschwüre auf den jüdischen Staat abverlangt, andererseits bezeichnen israelische Politiker sie offen als »demographisches Problem« und »fünfte Kolonne«. Nur 14 Prozent der jüdischen Bevölkerung halten die Beziehungen zwischen Juden und Arabern für »gut«, stellte das *Israel Democracy Institute* in einer Umfrage 2006 fest. 62 Prozent meinen sogar, der Staat solle die Auswanderung der arabischen Bevölkerung fördern. 63 Prozent der Juden halten die arabische Bevölkerung für ein Sicherheitsrisiko und 75 Prozent wollen nicht in einem Haus mit Arabern leben.

Aufgrund des hohen Bevölkerungswachstums sehen viele jüdische Israelis in den arabischen Israelis eine demographische Bedrohung für den jüdischen Charakter ihres Staates. Da sich das Wachstum im arabischen Sektor aber mit dem stets steigenden Lebensstandard stark vermindert, sagen neuere Untersuchungen für die Zukunft keine signifikante Verschiebung der Mehrheitsverhältnisse in der israelischen Bevölkerung voraus. So bekamen muslimische Frauen in Israel bis 1970 durchschnittlich neun Kinder. Seitdem lässt sich ein deutlicher Abwärtstrend ausmachen: Waren es 2005 noch 4,6 Kinder pro arabisch-muslimischer Frau, so war der Wert ein Jahr später schon auf vier Kinder gesunken. Arabische Christen haben mit 2,2 Kindern pro Frau sogar die niedrigste Geburtenrate überhaupt in Israel.

Vielleicht ist die Angst der Israelis, ihre arabischen Mitbürger wollten dem jüdischen Staat den Garaus machen, aber so oder so unberechtigt. Überraschende 67,4 Prozent der Araber geben an, sie würden damit zufrieden sein, in einem jüdischen Staat zu leben, wenn es daneben auch einen palästinensischen Staat gäbe. Und sogar 75 Prozent der Araber erklären, sie hätten keinen Einwand dagegen, wenn Israel sich weiterhin als »jüdischen und demokratischen Staat« definiere, solange den Minderheiten gleiche Rechte zustünden.

Das sind erstaunliche Ergebnisse, wenn man bedenkt, dass den arabischen Bürgern die Identifikation mit ihrem Staat nicht gerade leicht gemacht wird. Schon die offiziellen Symbole des Staates müssen den Arabern fremd bleiben: Die israelische Staatsflagge basiert auf dem *Tallit*, dem jüdischen Gebetsschal. Die *Menorah*, der siebenarmige Leuchter, war ein religiöses Symbol in König Salomons Tempel und die Nationalhymne drückt das jüdische Streben nach der Rückkehr ins Heilige Land aus. Als der arabische Minister für Kultur, Sport und Wissenschaft, Raleb Madschadele, der Zeitung *Jediot Achronot* anvertraute, er stehe beim Abspielen der Nationalhymne zwar auf, singe aber nicht mit, ging ein Aufschrei durch das jüdische Israel. Doch will die jüdische Mehrheit wirklich von einem muslimischen Araber verlangen, die Sehnsucht der »jüdischen Seele« nach Zion zu besingen? Der »jüdische und demokratische Staat« sei für die Juden demokratisch und für die Araber jüdisch, hat die Arbeitsparteipolitikerin Jael Dajan einmal treffend gesagt.

Friedenspläne mit Schönheitsfehlern

Unter arabischen Intellektuellen und Politikern kommt deshalb immer wieder die Forderung nach einem »Staat für alle seine Bürger« auf. Ein Verfassungsentwurf des Zentrums für arabische Israelis, *Adalah*, wollte das Rückkehrrecht für Juden im Frühjahr 2007 gleich ganz abschaffen und statt dessen den Flüchtlingen von 1948 und ihren Nachkommen die Rückkehr nach Israel ermöglichen. Solche Vorschläge sind für die jüdischen Bewohner ein rotes Tuch und schüren den Verdacht, die Loyalität der arabischen Israelis liege doch eher bei ihren Familienangehörigen jenseits der Sperranlage. Manchmal sind diese Ängste der Juden sogar berechtigt. In wenigen Fällen haben israelische Araber tatsächlich palästinensischen Terroristen bei der Vorbereitung und Durchführung ihrer Anschläge geholfen.

Zudem gewinnt in den vergangenen Jahren vor allem in größeren arabischen Städten wie Umm-al-Fahm ein radikaler Islam an Kraft. Der Führer der Bewegung ist Scheich Raid Salah, ein charismatischer Prediger, der Israel nicht anerkennt, sich gegen die Teilnahme der Araber an den Knesset-Wahlen ausspricht und die Motivation von Selbstmordattentätern »nachvollziehen« kann. Scheich Salah spricht Israel auch das Recht auf die Klagemauer am Tempelberg in Jerusalem ab. Niemals habe dort ein jüdischer Tempel gestanden, behauptet der Scheich, das hätten Archäologen längst bewiesen. Diese radikalen Ideen fallen bei frustrierten jungen Menschen auf fruchtbaren Boden. Besonders in größeren arabischen Städten mit hoher Arbeitslosigkeit wie Nazareth und Umm al-Fahm zeichnet sich seit einigen Jahren ein Trend zur Islamisierung ab. Ähnlich wie die Hamas im Gazastreifen haben auch die israelischen Islamisten ihre Bewegung durch ein soziales Engagement gestärkt. Wenn islamistische Organisationen in Israel Straßen bauen, Kindergärten, Bibliotheken und Sportplätze betreiben, dann stellen sie damit die sträfliche Vernachlässigung der arabischen Bürger durch die israelische Regierung bloß und können auf den Beifall der Bevölkerung hoffen. Auch mit seinen aus der Luft gegriffenen Anschuldigungen, Israel wolle die *Al-Aksa* Moschee auf dem Tempelberg zerstören, versucht Scheich Salah die muslimischen Massen zu mobilisieren. Auf der zwölften »*Al-Aksa* ist in Gefahr«-Versammlung kündigte er im September 2007 sogar ungeniert an, Israel werde »verschwinden«.

Doch nicht nur religiöse Fanatiker überschreiten bisweilen die Grenze zur Delegitimierung des Staates. So reiste der damalige Knesset-Abgeordnete Asmi Bischara im Dezember 2005 in den Libanon und forderte dort praktisch ein Ende des jüdischen Staates. »Gebt uns Palästina zurück und nehmt eure Demokratie gleich mit«, forderte er die Juden auf. »Wir Araber sind daran nicht interessiert.« Bischara wurde später der Spionage für den Libanon verdächtigt und lebt heute im Exil. Viele israelische Araber sehen in der Anklage allerdings ein weiteres Zeichen für die systematische politische Verfolgung eines unbequemen arabischen Bürgers. Dem Vertrauen zwischen Juden und Arabern war die Episode jedenfalls nicht zuträglich. Von dem wachsenden Misstrauen profitieren dann Politiker wie Awigdor Liebermann. Wenn es nach ihm ginge, dann würde Israel bald 250 000 arabische Einwohner weniger haben.

Lieberman ist wohl eine der schillerndsten Figuren des politischen Lebens Israels. Er kam 1978 mit seinen Eltern aus Moldau ins Gelobte Land. Als Student der Politikwissenschaften in Jerusalem engagierte er sich in der rechten Likud-Partei und traf Benjamin Netanjahu, der damals noch ein politischer Anfänger war. Nach dem überraschenden Wahlsieg des Likud machte Netanjahu ihn 1996 zu seinem Bürochef, doch schon ein Jahr später ging die Allianz in die Brüche. 1999 gründete Lieberman seine Partei Israel Beitenu und zog in die Knesset ein. Dort macht er seither mit kernigen Sprüchen Furore und fordert zum Beispiel die Hinrichtung israelischer Parlamentarier, die Kontakte mit Hamas-Mitgliedern unterhalten.

Lieberman hat aber auch einen Friedensplan, der auf den ersten Blick gar nicht so ganz dumm zu sein scheint. 250 000 Araber und so gut wie keine Juden leben im Wadi Ara, in einem Gebiet im Norden Israels, das Israelis seiner Form wegen einfach »das Dreieck« nennen. Im Rahmen des Waffenstillstandsabkommens von 1948 wurden »das Dreieck« und die dort gelegenen Städte Umm al-Fahm, Baka al-Garia und Taiba Teil Israels. Seine arabischen Bewohner bekamen israelische Pässe. Lieberman will Bevölkerung und Boden tauschen: »Das Dreieck« und seine Bewohner sollen palästinensisch werden, dafür dürfe Israel seine großen Siedlungen im Westjordanland behalten. Warum müsse der zukünftige Palästinenserstaat »judenrein« sein – Lieberman benutzt das Wort im deutschen Original –, während in Israel 20 Prozent der Bevölkerung Araber sind?

Lieberman selbst wohnt natürlich in einer Siedlung im Westjordanland. Er ist sich sicher: Hätten die früheren westlichen Kolonialmächte sich seinerzeit etwas mehr am Grundsatz der »demographischen Grenzziehung« orientiert, dann hätten nicht wenige Bürgerkriege verhindert werden können.

So hat sein Vorschlag auch nur einen kleinen Schönheitsfehler: Die israelischen Araber wollen nicht mitmachen. Denn während viele vertriebene oder geflohene Palästinenser in ihren ewigen Flüchtlingslagern jenseits der Sperranlage noch heute von einer Rückkehr ins Kernland Israels träumen, wollen die wenigsten israelischen Araber umgekehrt Teil eines Staates Palästina werden. Freiwillig jedenfalls wollen sie ihre Pässe nicht abgeben. Lieberman ist das egal. Früher hat der bullige Mann mit dem unüberhörbar russischen Akzent als Rausschmeißer in einer Disco gearbeitet. Ungefähr so will er jetzt auch Politik machen: Dass ein demokratischer Rechtsstaat nicht einfach einen großen Teil seiner Bevölkerung verstoßen kann, will dem ehemaligen Sowjetbürger dabei nicht einleuchten. Und immer wenn in Israel wieder einmal eine Bombe explodiert wächst die Unterstützung für solche Ideen. Es fällt den jüdischen Israelis offensichtlich schwer, zwischen ihren arabischen Mitbürgern und den Palästinensern in den besetzten Gebieten zu differenzieren. Die israelischen Araber werden so kurzerhand in Geiselhaft genommen für Terroranschläge, mit denen sie gar nichts zu tun haben und die die meisten von ihnen auch nicht gutheißen.

Beduinen im Negev

Auch Asman Kafr soll umgesiedelt werden. Genau genommen gibt es das Dorf Abda, das aus nicht mehr als ein paar, akut vom Einsturz gefährdeten Wellblechhütten und allerlei Vieh besteht, gar nicht. Denn Israel hat die Beduinensiedlung mitten in der Wüste nie anerkannt. Darum gibt es in Abda auch kein Wasser, keinen Strom und keine Müllabfuhr. Und da auf Asmans Personalausweis kein Wohnort vermeldet stehen kann, den es offiziell gar nicht gibt, haben die israelische Autoritäten kurzerhand den Namen seines Stammes zum Wohnort umfunktioniert.

»Die Regierung will uns unser Land wegnehmen, sie wollen nicht zu viele Araber in der Wüste«, beschwert Asman sich. Schon mehrmals sei er schriftlich darauf hingewiesen worden, dass sein Haus – das eigentlich mehr ein Zelt ist – illegal sei und deshalb zur Räumung vorgesehen sei. Bisher ist es dazu noch nicht gekommen. »Anderswo haben sie mit ihren Bulldozern aber schon ganze Siedlungen plattgerollt«, erzählt Asman. Jetzt hat die Regierung ihm ein scheinbar versöhnliches Angebot gemacht. »Sie wollen meine Eigentumsrechte auf dieses Land endlich anerkennen«, erzählt er. »Allerdings muss ich mich zuvor verpflichten, mein Land anschließend an den Staat zu verkaufen.« Natürlich habe er abgelehnt, sagt Asman und klingt ein wenig beleidigt. »Meinen Großvater haben sie schon von seinem Land vertrieben und jetzt soll es mir genauso gehen?«

60 000 bis 90 000 Beduinen lebten vor der Staatsgründung in der Negev-Wüste, nach dem Krieg waren gerade mal 11 000 geblieben. Sie bekamen, wie die anderen Araber auch, israelische Pässe. Einer von ihnen war Asmans Großvater. Um den größten und fruchtbarsten Teil des Negev für zukünftige jüdische Besiedlung frei zu halten, wurden die Beduinen damals in ein Gebiet im Nordosten der Wüste umgesiedelt. Doch die beduinische Bevölkerung wuchs rapide, noch Asmans Großvater hatte vier Frauen

und, soweit der Enkel sich erinnern kann, »ungefähr 26 Kinder«. Heute leben im Negev wieder 140 000 Beduinen. Die Hälfte von ihnen pflegt den traditionellen halbnomadischen Lebensstil ihrer Vorfahren.

Dabei macht die Regierung ihnen das Leben nicht leicht. Während jüdische Landwirte ihr Land für eine Zeitspanne von 49 Jahren pachten können, müssen Beduinen ihre Verträge jedes Jahr erneuern. Außerdem bekommen sie weniger Wasser zugeteilt und müssen dann oft Wasser zum dreimal höheren Endverbraucherpreis kaufen, um es ihren Tieren zu trinken zu geben. Die andere Hälfe der Negev-Beduinen lebt in sieben Städten, die seit 1967 zur Urbanisierung der Wüstenbevölkerung gebaut wurden. Schon der Kriegsheld und legendäre Verteidigungsminister Mosche Dajan hoffte, das »Phänomen« der Beduinen werde verschwinden, wenn man sie in Städten ansiedelte. Bald würden die Beduinen abends von der Arbeit nach Hause kommen und »sich die Pantoffeln überziehen«, versprach Dajan in den 1960er-Jahren. In einer gewagten Vision sah Dajan sogar Beduinenkinder mit »ordentlich gekämmten Haaren zu Schule« gehen.

In Rahat, der größten der Beduinenstädte, leben heute etwa 40 000 Einwohner und – zumindest dem Anschein nach – mindestens ebenso viele Schafe und Ziegen in den Gärten. »Tierhaltung gehört zum Lebensstil der Beduinen«, erklärt Abu Alnabari, der an einer Oberschule in Rahat unterrichtet. »Solche Traditionen kann man nicht von heute auf morgen ausrotten.« Das habe die Regierung bei der Stadtplanung eben doch nicht verstanden, auch wenn man sich wirklich bemüht habe, die katastrophalen Fehler beim Bau der ersten Beduinenstädte nicht zu wiederholen.

»In Rahat wurden Großfamilien in eigenen Wohngebieten angesiedelt, um Streitigkeiten und Ehrmorde zu vermeiden«, sagt Alnabari. Leider habe die Regierung nicht geahnt, dass Beduinen sich auch innerhalb des Stammes oft nicht ausstehen können und es einfach nicht gewohnt sind, dem Nachbarn durch die Fenster

Jahrhundertealte Traditionen lassen sich nicht einfach ausrotten: Eine Beduinenfamilie im Negev sitzt um ein offenes Feuer.

zu schauen. Viele haben es in den riesigen Betonhäusern auch gar nicht lange ausgehalten und wohnen schon wieder in Zelten und Hütten, die sie sich in den Garten gebaut haben. »Dort können sie Feuer machen und ein bisschen so leben, wie sie es gewohnt waren«, erklärt Alnabari. Die Urbanisierung der Beduinen stecke in der Krise, stellt Alnabari fest. Sechzig Prozent der Bewohner von Rahat sind arbeitslos, zweimal im Monat bilden sich, schon eine halbe Stunde bevor die einzige Bank des Ortes öffnet, Schlangen vor dem Eingang. Dutzende Familienväter warten, um sich ihre Sozialhilfe und das Arbeitslosengeld abzuholen. Es gebe einfach nicht genug Arbeit für die meist ungelernten Beduinen, sagt Alnabari.

Dennoch sind da laut Alnabari auch vorsichtige Zeichen einer positiven Entwicklung auszumachen: 95 Prozent aller Kinder gehen zur Grundschule, die Analphabetenrate ist von einst 95 Prozent auf heute 25 Prozent gesunken. »Und das sind vor allem die alten Leute«, sagt der Lehrer stolz. Über die Grundschulzeit hinaus besuchen aber nur 10 Prozent der Mädchen eine Bildungseinrichtung. Einen Abschluss machen noch weniger. »Die meisten Mädchen werden einfach vorher verheiratet.« Immerhin sind heute mehr als 60 Prozent aller Lehrer in den Schulen Beduinen. »Es gibt durchaus Beduinen, die den Sprung an die Universität schaffen«, sagt Alnabari.

Die Bitterkeit gegenüber dem Staat sei in Rahat sehr groß, fährt er fort. Man mache die Regierung eben für alle Probleme verantwortlich. »Oft ist das auch richtig«, gibt er zu. »Aber manchmal sind wir auch einfach selbst schuld.« So habe die Stadtverwaltung von Rahat Gelder aus Jerusalem, die für die Schulen bestimmt waren, zurückgehalten und entgegen ihrer offiziellen Bestimmung eingesetzt. »Jetzt haben die Eltern sich beim Bildungsministerium in Jerusalem beschwert und verlangen, eine vertrauensvolle Person zur Verwaltung der Gelder einzusetzen.« Alnabari seufzt. »Auch die Kriminalität ist ein großes Problem hier. Ich versuche meinen Schülern Eigeninitiative beizubringen. Aber die sagen mir dann, mit Drogenhandel könne man viel schneller zu Geld kommen. Auf legalem Weg könnten sie es in diesem Staat eh nicht schaffen. Natürlich widerspreche ich ihnen – hoffentlich haben sie nicht recht.«

Nicht Juden und nicht Araber –
Die Drusen

F rüher«, erzählt Ejal Schavit, »haben wir am Schabbat auch
  Ausflüge in arabische Dörfer gemacht.« Sogar über die grüne
Grenze hätten sie sich getraut, bis nach Kalkilia. »Es war ja nichts
dabei, das Essen war gut und billig, auf dem Markt dort gab es
alles zu kaufen und die Palästinenser hatten sogar überall Schil-
der auf Hebräisch aufgehängt.« Mit den Besuchen sei es seit der
Intifada natürlich vorbei. Selbst arabische Dörfer in Israel meide
er nun. »Man kann nie zu vorsichtig sein und ich traue den Arabern einfach nicht mehr.« Nach Karmel Stadt aber traut Ejal sich
noch. Auch an diesem Schabbat hat er seine Frau und zwei Töchter eingepackt, um sich wieder einmal ein arabisches Festmahl zu
gönnen und über den bunten Markt zu schlendern.
Der Duft arabischer Gewürze liegt in der Luft, die Händler preisen lautstark ihre Waren an und an den Ständen wird angeregt ge-
feilscht – genau wie überall in der arabischen Welt. Aber auf dem
Markt von Karmel Stadt verkaufen keine muslimischen Araber
ihre Waren, sondern Drusen, jene Anhänger einer fast 1000 Jahre
alten Geheimreligion. Und deshalb fühlt sich Ejal hier wohl. »Den
Drusen kann man vertrauen«, sagt er voller Überzeugung. »Sie
gehen ja auch zur Armee«.
Etwa eine Million Drusen soll es heute weltweit geben, andere
Schätzungen siedeln ihre Zahl deutlich niedriger an. Die Hälfte
der Drusen lebt in Syrien, weitere 30 bis 40 Prozent im Libanon.
In Israel sind es rund 80000, weitere 18000 Angehörige der Religionsgemeinschaft leben auf den von Israel besetzten und de facto
annektierten Golanhöhen. (Das Gesetz vermeidet das Wort »Anne-

xion« und beschränkt sich darauf, die israelische Gesetzgebung auf das Territorium der Golanhöhen auszudehnen.)

Die traditionell guten Beziehungen zwischen Juden und Drusen in Israel gehen bis in die Gründerzeit des Staates zurück. Nachdem die Drusen sich aus Sicherheitserwägungen und religiöser Überzeugung bei den vorstaatlichen Kämpfen von Juden und Arabern neutral verhalten hatten, weigerten sie sich auch im Krieg 1948/49 zum überwältigenden Teil, die arabischen Armeen zu unterstützen. Einige schlugen sich gar auf die Seite der Juden und kämpften – als Söldner und Freiwillige – in der neugegründeten Armee. An dieser Entwicklung waren die Araber nicht unschuldig: Sie waren von der Neutralität der arabischsprachigen Drusen verärgert und bemühten sich deshalb nicht um gute Beziehungen zu ihren drusischen Nachbarn. Die Juden hingegen hofften, einen zukünftigen Verbündeten gefunden zu haben, und knüpften bald erste vertrauensvolle Kontakte – mit Erfolg.

Bald nach der Staatsgründung baten die drusischen Führer bei der Regierung darum, als Soldaten zur Armee zu dürfen. Seitdem leisten israelischen Drusen in der israelischen Armee ihren Wehrdienst. Ihre Vertreter haben es beim Militär bis in die höchsten Ränge gebracht: Oberst Imad Fares war von 2001 bis 2003 Befehlshaber der angesehenen *Givati*-Einheit, Generalmajor Hussein Fares kommandiert heute die israelische Grenzpolizei. Auf der anderen Seite bezahlen die Drusen ihre Loyalität mit einem hohen Preis: Proportional zu ihrer Zahl hat keine Bevölkerungsgruppe in Israel mehr Gefallene zu beklagen. Das mag damit zusammenhängen, dass die Drusen an die Wiedergeburt ihrer Seelen glauben und deshalb besonders furchtlos in den Kampf ziehen. Jedenfalls hat so gut wie jedes drusische Dorf in Israel ein Denkmal für seine Gefallenen, in Karmel Stadt finden sich an der Gedenktafel mehr als 300 Namen.

Der israelische Staat gibt sich zunehmend Mühe, diese Opferbereitschaft anzuerkennen. Im August 2007 ließ sich sogar Generalstabschef Gabi Aschkenasi in der 24 000-Einwohner-Stadt blicken. »Die gesamte Armee empfindet Respekt, Ehre und Dankbarkeit gegenüber den Mitgliedern der drusischen Gemeinschaft«, sagte er. Er wies auch darauf hin, dass allein im jüngsten Jahrgang der Wehrpflichtigen ein Druse zur Pilotenausbildung zugelassen wurde und mehrere Bewerber in Eliteeinheiten wie *Sajeret Matkal* und *Schajetet 13* aufgenommen wurden. Die Drusen seien zum Vorbild für alle Israelis geworden, sagte der Armeechef an diesem schönen Augusttag. Denn mehr als 82 Prozent der drusischen Jugendlichen folgen dem Ruf ihres Staates an die Waffe, eine höhere Zahl als unter ihren jüdischen Altersgenossen. Viele verpflichten sich freiwillig über den obligatorischen Wehrdienst hinaus. Doch längst nicht immer stehen Patriotismus und uneingeschränkte Loyalität zum jüdischen Staat hinter dieser Entscheidung.

»Wir haben gar keine Wahl«, erklärt Aiman Sfadi. »Schau dich doch im Ort um, Arbeit gibt es hier nicht.« Eine Karriere bei der Armee biete ein ordentliches Einkommen, Ansehen, gute Aufstiegschancen und eine sichere Rente. Er sei ja schon alt, sagt er. Er habe seinen Wehrdienst noch in der Druseneinheit geleistet, »damals, als uns noch nicht alle Einheiten offen standen.« Heute verkauft Aiman auf dem Markt von Karmel Stadt knallbunte Teppiche. »Traditionelle drusische Handarbeit, alles drusische Handarbeit!«, preist sein Sohn lautstark die Waren an. Dass verwaschene Etiketten jeden Teppich zweifelsfrei als »Made in India« ausweisen, scheint ihn nicht zu stören.

Samir ist gerade 18 Jahre alt, sein Hebräisch ist flüssig und fast akzentfrei. Er trägt ausgewaschene Jeans, knallbunte Gummisandalen und ein T-Shirt des Fußballclubs *Maccabi Haifa*. Bei einer Tasse Tee macht Samir später seinem Unmut Luft: »Wie viele von uns Drusen sind schon in Uniform gestorben? Aber der Armeedienst bringt uns nicht viel. Unsere Dörfer werden von der Regierung noch immer vernachlässigt. Und sobald wir keine Uniform

219

mehr tragen, verlieren die Juden den Respekt vor uns.« Natürlich, auch er werde zur Armee gehen. »Mein Vater besteht darauf. Weil ich dort Juden kennen lerne und diese Kontakte später als Geschäftsmann nützlich sein können. Und das stimmt auch irgendwie.«

Dennoch kommt Samir zu einem deprimierenden Fazit: »Für die Juden bleiben wir doch immer Araber und für die Araber sind wir mindestens so schlimm wie die Juden.« Seit der Intifada seien schon öfter Drusen für Araber gehalten und von jüdischen Israelis belästigt worden. Stumm sitzt der Vater neben seinem aufgebrachten Sohn. Dann wagt er vorsichtigen Einspruch: Es stimme schon, dass die Regierung mehr für die drusischen Dörfer tun könne. Doch das ändere nichts daran: »Wir Drusen lehnen uns nicht gegen die Obrigkeit auf. Unsere Liebe gilt unserem Land, wir würden niemals unsere Dörfer verlassen und deshalb sind wir der Regierung gegenüber loyal.« Das gelte natürlich nicht nur für die in Israel lebenden Drusen, ihre Glaubensbrüder in Syrien oder im Libanon hielten das ebenso – im konfliktreichen Nahen Osten ist es somit fast ein Wunder, dass die Religionsgemeinschaft noch nicht auseinandergebrochen ist. Geradezu patriotisch stellt Vater Aiman dann fest, dass es in Israel für die Drusen immer noch mehr Chancen gebe als in den Nachbarländern. Man müsse sie nur zu nutzen wissen. Und da widerspricht auch sein Sohn nicht.

»Wir sind eben Drusen und Israelis«

Said Hamsi hat seine Chance genutzt: Stolz führt er den Besucher durch sein blitzblank geputztes Haus. 350 Quadratmeter auf zwei Stockwerken, ein gutes Dutzend Zimmer, Marmor im Flur, im Treppenhaus und in den Badezimmern – die Residenz der Familie Hamsi in Beit Dschann kann sich sehen lassen. Beit Dschann liegt auf dem Berg Meron, 940 Meter über dem Meeresspiegel und hat 11 000 Einwohner. Die Aussicht ist atemberaubend. Wie viele andere drusische Dörfer in Galiläa entstand auch Beit Dschann im 18. Jahrhundert. »Früher lebten hier alle von der Landwirtschaft«, erzählt Said. »Aber heute studieren die jungen Leute in Haifa oder Karmiel und suchen dort Arbeit.«

Auch Said Hamsi hat seinen Wehrdienst abgeleistet, sich dann freiwillig verpflichtet und es bis zum Rang eines Majors gebracht. Zuletzt war er bei der Zivilverwaltung im Westjordanland beschäftigt. Seit seiner Entlassung aus der Armee betreibt Said eine Agentur für Pflegepersonal, die alte Leute in arabischen und drusischen Dörfern versorgt. Die Arbeit sei wichtig, sagt er. »Außerdem macht sie Spaß.« Sein ältester Sohn, Haitham, hilft ihm bei der Rekrutierung des Personals. Gleichzeitig studiert Haitham Sozialarbeit. Said und seine Frau Laya haben sieben Kinder, von denen vier noch zu Hause wohnen.

Wachsen diese Kinder heute anders auf, weil sie in Israel leben? »Natürlich!«, Saids Antwort kommt ohne Zögern. »Laya und ich sind damals von unseren Eltern verheiratet worden, ich war 16, sie war 13. Meine Kinder weihen mich heute erst in ihre Beziehungen ein, wenn Verlobung gefeiert werden soll und sie Geld brauchen.« Eines aber habe sich nicht geändert: Jedes seiner Kinder würde selbstverständlich einen Drusen heiraten, etwas anderes käme gar nicht in Frage.

Aber ansonsten habe die Jugend heute viel mehr Freiheiten als früher, da könne er unzählige Beispiele aus der eigenen Familie bringen. So schaue ein Sohn nur die israelischen Nachrichten, während die jüngste Tochter am liebsten einen libanesischen Sender gucke. Eine andere Tochter höre am liebsten israelische Popmusik auf Hebräisch, während ihr Bruder auf die aktuellen ägyptischen Popstars schwöre. Und selbst in Saids Arbeitszimmer steht auf dem Regal neben einigen arabischen Gedichtbänden auch eine Sammlung mit Versen der israelischen Dichterin Rachel – auf

Hebräisch selbstverständlich. »Das sind wunderbare Gedichte«, erklärt Said und damit hat sich die Sache für ihn erledigt. »Wir sind eben Drusen und Israelis.«

Saids nationales Selbstbild ist typisch für viele Drusen. Es ist ihnen wichtig, ihre religiöse und kulturelle Identität zu bewahren. Andererseits findet man in ihren Dörfern überraschend viele israelischen Fahnen, das Wahlverhalten fällt ungefähr genauso aus wie in jüdischen Städten und die Wahlbeteiligung liegt viel höher als in arabischen Dörfern. Auch im diplomatischen Dienst haben Drusen den jüdischen Staat schon vertreten, als Botschafter in Vietnam und Ecuador.

Saids Sohn Haitham hat eine einfache Erklärung parat dafür, warum das Zusammenleben mit den Juden relativ problemlos funktioniert: »Einer unserer wichtigsten Propheten ist Jethro, der Schwiegervater von Moses. Dadurch sind wir mit den Juden seit Tausenden von Jahren verbunden.« Das Argument kann der Vater nicht gelten lassen: Abraham sei schließlich auch der gemeinsame Stammesvater der Juden und der Araber. Das scheine auf den Konflikt aber überhaupt keinen Einfluss zu haben. Die Situation werde ja immer schlechter, für »uns und für die Araber«. Und mit diesen Worten lässt Said keinen Zweifel, auf welcher Seite er sich in der Auseinandersetzung sieht.

Ein buntes Religionsgemisch

Die drusische Religion entstand vor ungefähr 1000 Jahren im Ägypten des Kalifen Al-Hakim, der das Land von 996–1021 regierte, den Verzehr von Wasserkresse ebenso verbot wie das Schachspiel und sich ansonsten vor allem durch seine christen- und judenfeindliche Politik hervortat. Ein Vertrauter des Kalifen, Hassan Ibn Haidara al-Ahram, vertrat als erster die These, der Kalif sei eine Inkarnation Allahs. Nach al-Ahrams Ermordung verfocht der persische Einwanderer Hamsa Ali Ibn Achmad diese Ansicht mit großer Vehemenz. Hamsa soll auch der Autor eines guten Teils der religiösen Texte der Drusen sein. Wie der Kalif selbst zu seiner Vergottung stand, ist nicht bekannt, die Drusen jedenfalls sehen in ihm den Urvater ihres Glaubens. Eines Nachts im Jahr 1021 verschwand der Kalif spurlos – wahrscheinlich wurde er ermordet. Die Drusen aber glauben, er werde eines Tages zurückkehren um das »Goldene Zeitalter« einzuläuten.

Der Name der drusischen Sekte leitet sich wahrscheinlich von einem weiteren Prediger ab. Muhammad al-Darasi wird oft fälschlich als Gründer der Sekte genannt. Da er die neue Lehre aber noch im Entstehungsstadium verfälscht haben soll, werden die Drusen lieber als *al-Muwahhidun* (Monotheisten) bezeichnet. Al-Darasi wurde dann auch 1019 auf Befehl des Kalifen hingerichtet. Als Abspaltung vom damals in Ägypten vorherrschenden Islam entstanden, stellt die drusische Religion eine bunte Mischung aus Gnostizismus, dem Hinduismus verwandtem Glauben an die Wiedergeburt, Mystizismus, griechischer Philosophie, Zoroastrismus und je einer Prise Christentum und Judentum dar. Weil die Muslime die Anhänger der neuen Sekte wegen Häresie verfolgten, flohen die Drusen bald gen Norden, in die Hügellandschaft des Libanon und Palästinas, wo sie sich leichter verteidigen konnten. Dort leben die meisten von ihnen heute noch.

Sie bilden eine geschlossene Gemeinschaft. In Israel, wie auch im Libanon und in Syrien, sind die Drusen heute als unabhängige Religionsgemeinschaft anerkannt und dürfen ihr eigenes Rechtssystem unterhalten. Seit Mitte des elften Jahrhunderts ist es nicht mehr möglich, der Sekte beizutreten. Wer die Gemeinschaft verlässt oder einen Nicht-Drusen heiratet, darf nicht auf die Toleranz seiner Glaubensbrüder hoffen. So forderten 2001 die religiösen Führer der Drusen, alle Kinder aus gemischten Familien mit nur einem drusischen Elternteil vom Unterricht an den Schulen in ihren Dörfern auszuschließen. Die israelische Regierung weigerte sich dem Gesuch nachzukommen, musste aber nach einem Streik der Eltern zumindest teilweise nachgeben: Die betroffenen Kinder besuchen seitdem andere Schulen.

Die genauen Glaubenssätze der Drusen sind geheim und damit das so bleibt, sind die Weisheiten ihrer Religion auch innerhalb der Gemeinschaft nur ausgewählten Eingeweihten bekannt. 90 Prozent der Drusen gehören zu den *Juhhal* (Unwissenden). Sie kennen die heiligen Bücher ihrer Religion nicht und praktizieren ihren Glauben den alten Traditionen folgend. Nur die *Uqqal* (Wissenden) sind in die Geheimnisse ihrer Religion eingeweiht. Man erkennt die *Uqqal* schon an ihrem Äußeren: Die Männer haben Schnurrbärte, rasieren ihren Kopf und tragen weiße Turbane zu meist dunkler Kleidung. Weibliche *Uqqal* tragen lange schwarze Kleider und einen durchsichtigen weißen Schleier. Da Frauen als den Männern spirituell überlegen angesehen werden und deshalb besonders geeignet sind, *Uqqal* zu werden, gibt es heute mehr weibliche *Uqqal* als »wissende« Männer.

Sowieso haben drusische Frauen vergleichsweise viele Rechte: Sie können die Scheidung einleiten und dürfen sogar Land besitzen. Stirbt eine Frau, geht ihr Eigentum auf eine weibliche Familienangehörige über. Außerdem haben Frauen ein Recht auf Bildung. Kann ein Vater sich nur die Ausbildung seines Sohnes oder seiner Tochter leisten, hat die Tochter Vorrang, da der Sohn auch ohne Ausbildung Arbeit finden kann. In der Praxis haben diese frauenfreundlichen Regelungen allerdings nicht immer viel Beachtung gefunden, da die drusische Gemeinschaft letztlich ein paternalistisches Zusammenleben mit einem ausgeprägten Sinn für den Schutz der weiblichen Ehre ist. Da schicken viele Eltern ihre Töchter lieber nicht in die Schule, als dass sie dort möglicherweise mit Jungen im selben Klassenzimmer sitzen.

Auf dem Golan: Drusen im Zwiespalt

An einem angenehm milden Wintertag im Februar 2007 blieben in den vier drusischen Dörfern auf den Golanhöhen die Geschäfte geschlossen, auch die Schule fiel an diesem Tag aus. Die Führer der Drusen auf den 1967 von Israel eroberten Golanhöhen hatten zum Generalstreik aufgerufen, um gegen die Besatzung zu protestieren. Etwa 2000 Demonstranten hatten sich auf beiden Seiten der Grenze versammelt und skandierten Parolen wie: »Der Golan gehört zu Syrien!« Wer etwas genauer hinschaute, konnte aber kaum übersehen, dass auf der syrischen Seite deutlich mehr Demonstranten erschienen waren. Das habe einen einfach Grund, sagt M., der seinen Namen lieber nicht gedruckt sehen möchte. »Ich liebe Syrien, es ist meine Heimat«, sagt er, »aber Israel ist das bessere Land, Syrien ist eine Diktatur.«

Die 18 000 Drusen auf dem Golan leben im Zwiespalt: Einerseits gaben in einer anonymen Umfrage 75 Prozent der Schüler an, sie wollten in Israel bleiben, falls der Golan im Rahmen eines Friedensabkommens eines Tages wieder Teil Syriens werden sollte. Andererseits haben nur 1000 Drusen die ihnen angebotene israelische Staatsangehörigkeit angenommen. Die anderen werden unter einer »nicht definierten Staatsangehörigkeit« geführt. So steht es auch in ihren, von Israel ausgestellten Reisedokumenten. Die vielzitierte Loyalität der Drusen gegenüber ihrem Heimatland – in diesem Fall also Syrien – ist nur ein Grund dafür. Handfeste Drohungen tun ihr Übriges. So haben einige religiöse Führer zu einem Boykott gegen jeden Drusen mit israelischem Pass aufgerufen. Man dürfe diese Menschen weder heiraten noch mit ihnen Geschäfte machen, verkündeten sie. Außerdem, gibt M. zu bedenken, möchte er sich lieber nicht ausmalen, was die Syrer nach der Rückgabe des Golan mit Kollaborateuren machen würden. Doch eine Rückgabe des Golan hätte natürlich auch Vorteile: »Fast jede drusische Familie auf dem Golan hat Verwandte in

Ein Druse auf den Golanhöhen verkauft am Straßenrand Äpfel. Mittlerweile dürfen die Drusen ihre Äpfel sogar nach Syrien exportieren.

Syrien«, sagt er. Da die beiden Länder sich aber offiziell im Kriegszustand befinden, sind Besuche über die Grenze nicht möglich. Lange Jahre verabredete man sich im »Tal der Rufe«, das so heißt, weil die natürliche Akustik dort es erlaubt, sich laut schreiend über die Grenze hinweg zu verständigen. Starb ein Familienmitglied, wurde ein Kind geboren oder eine Ehe geschlossen, dann erfuhr die Familienhälfte auf der anderen Seite der Grenze es im »Tal der Rufe«. Heute hat sich die Situation etwas gebessert, Telefongespräche zwischen den beiden Ländern sind möglich und auch Briefe aus dem Feindesland erreichen ihre Empfänger. Sogar die von den Drusen auf dem Golan angebauten Äpfel und Kirschen dürfen unter Aufsicht des Roten Kreuzes mehrmals im Jahr über die Grenze nach Syrien exportiert werden. Und einmal im Jahr, vor Beginn des Studienjahres, öffnet sich die Grenze nach Syrien für drusische Studenten.

Nur für Rami Kasem öffnet sie sich nicht. Der langsam ergrauende Mann erinnert sich noch genau an jenen Tag vor fünfeinhalb Jahren, als er seine Tochter zum letzten Mal gesehen hat. Es sei zugleich der glücklichste und der traurigste Moment in seinem Leben gewesen, sagt er. »Ich verheiratete meine Tochter, aber ich wusste auch, dass ich sie so schnell nicht wiedersehen würde.« Sechzehn Jahre jung war das Mädchen, als sie im »Tal der Rufe« mit einem Cousin zweiten Grades auf der syrischen Seite verheiratet wurde. Die Hochzeitsfeier muss ein surreales Ereignis gewesen sein: »Wir haben auf unserer Seite gefeiert, die Familie des Bräutigams auf der anderen Seite«, erzählt Kasem. Schließlich seien Braut und Bräutigam – einander natürlich vollkommen unbekannt – mit ihren jeweiligen Familien nach Hause zurückgekehrt. Erst ein halbes Jahr später sei seine Tochter über Jordanien nach Syrien eingereist.

Heute habe er schon zwei Enkelkinder, die er unbedingt sehen möchte, sagt Kasem wehmütig. Leider gebe es nur zwei Möglichkeiten für ein Treffen: »Entweder es gibt Frieden und die Grenze verschwindet oder wir treffen uns eines Tages in einem Hotel in Jordanien.« Nur sei das leider sehr teuer, seufzt Kasem. Er lege dafür jeden Schekel zur Seite.

Und wenn es doch vorher Frieden gibt? »Dann habe ich eben für ein besonders großes Fest bei uns zu Hause gespart«, antwortet Kasem. Der Gedanke daran zaubert ein vorsichtiges Lächeln auf sein Gesicht.

Gebetene und ungebetene Gäste –
Gastarbeiter und Flüchtlinge

Es ist Weihnachten, aber in Tel Aviv ist davon nichts zu merken. Ja, man kann wohl davon ausgehen, dass die Mehrheit der hektisch-geschäftigen Menschen auf den Straßen gar nicht weiß, dass die Christenheit heute einen ihrer höchsten Feiertage begeht. (Im Heiligen Land wird allerdings Weihnachten auch gleich mehrmals gefeiert, da verschiedene christliche Konfessionen das Fest an unterschiedlichen Daten feiern.)

Sicher, einige nicht ganz einwandfrei jüdisch-russische Einwanderer werden sich – mehr oder weniger heimlich – einen Weihnachtsbaum ins Zimmer gestellt haben und im arabischen Jaffa werden Messen und Gottesdienste für die christlichen Bewohner gefeiert.

Aber die mit Abstand aufregendste, fröhlichste und ungewöhnlichste Weihnachtsfeier findet ausgerechnet im heruntergekommenen zentralen Busbahnhof statt, einem mehrstöckigen Betonungetüm, das mit seinen unzähligen Geschäften, Verkaufsständen und Fast-Food-Restaurants mehr an einen orientalischen Markt als an einen Busbahnhof erinnert. Auf der vierten Etage gibt es dort eine Einkaufspassage, die im Volksmund auch als »Manila Avenue« bekannt ist. Hier werden an normalen Wochentagen CDs mit philippinischer Musik verkauft, hier gibt es philippinische Kekse, philippinische Gewürze, philippinische Bücher und alles, was sich die 30 000 bis 40 000 philippinischen Gastarbeiter in Israel sonst noch so wünschen könnten. Und hier feiern an diesem Heiligabend mehrere Tausend Gastarbeiter das Weihnachtsfest.

In einem Meer von bunten Luftballons tanzen sie zu Klängen aus der Heimat und singen in einer fremden Sprache ein Lied, das dem deutschen »Stille Nacht« verdächtig ähnelt – und doch ganz anders klingt. Ein als Weihnachtsmann verkleideter israelischer Schauspieler verteilt im Namen einer Telefongesellschaft Telefonkarten, mit denen man fünf Minuten in die Philippinen telefonieren kann. Die Stimmung ist ausgelassen, es wird viel gelacht. Sogar die Einwanderungspolizei habe für die Festtage die Verhaftungen illegaler Fremdarbeiter ausgesetzt, sagt Mabel Ong. »Zumindest an Weihnachten können wir aufatmen und ein bisschen fröhlich sein«, freut sich die junge Frau. Mabel ist vor fünf Jahren nach Israel gekommen, »ganz legal, mit einem Visum«. Wie die meisten Filipinas war sie zunächst in der Altenpflege tätig. Drei Jahre hat sie im Hause eines gebrechlichen alten Mannes verbracht, ihn versorgt und sich auch ein wenig mit ihm angefreundet. Dann starb ihr Schützling und Mabel hatte nicht nur ihre Arbeit, sondern auch ihre Aufenthaltserlaubnis verloren. Sie tauchte ab, lebt seither im Untergrund, teilt sich mit vier anderen philippinischen Frauen ein verdrecktes Kämmerlein und putzt heute Wohnungen. »Ich verlasse das Haus frühmorgens und kehre erst nach Sonnenuntergang zurück, damit die Polizisten mich nicht auf der Straße sehen und festnehmen«, sagt sie. »Sie haben schon so viele verhaftet und ausgewiesen!« Dann wünscht sie noch schnell »Frohe Weihnachten« und hüpft vergnügt davon.

Die Geschichte der Gastarbeiter in Israel beginnt etwa 1988, als die Regierung nach dem Ausbruch der ersten Intifada anfing, ausländische Arbeiter ins Land zu holen. Sie sollten die billigen palästinensischen Arbeitskräfte ersetzen, die man aus Sicherheitsgründen nicht mehr ins Land lassen wollte. Bald strömten Gastarbeiter aus China, Thailand, Rumänien, Moldau, aber auch aus Afrika und Südamerika ins Land. Sie wurden in der Altenpflege, als Bauarbeiter und in der Landwirtschaft beschäftigt. 2003 sollen sich fast 300 000 Gastarbeiter im Land befunden haben, von denen 60 Prozent keine Aufenthaltsgenehmigung hatten. Vielen ging es dabei wie Mabel: Selbst wenn sie legal nach Israel eingereist waren, galt ihr Visum nur für einen bestimmten Job. Verstarb der Pflegefall oder wechselte der Bauarbeiter die Firma, erlosch automatisch die Aufenthaltsgenehmigung.

Diese eigentümliche Gesetzeslage liefert die Arbeiter ihren Arbeitgebern hilflos aus. Viele Firmen behandeln ihre ausländischen Mitarbeiter deshalb auch wie Leibeigene. Bei der *Hotline for Immigrant Workers* wissen die Helfer von vielen Fällen zu berichten, in denen Gastarbeitern ihr ohnehin meist weit unter dem Mindestlohn liegendes Gehalt nicht regelmäßig ausgezahlt wurde. Beschweren die Ausländer sich bei der Polizei, werden sie entlassen, verlieren ihre Aufenthaltserlaubnis und können somit ausgewiesen werden. Vor einigen Jahren sollten chinesische Arbeiter gar einen Vertrag unterschreiben, der ihnen die Heirat oder auch nur sexuelle Kontakte mit Israelinnen – einschließlich Prostituierten – verbot. Bei Zuwiderhandlung, so stand es in dem Vertrag, sollte die betreffende Person auf eigene Kosten in sein Heimatland abgeschoben werden. Der Vertragsentwurf wurde später für unzulässig erklärt, ist aber symptomatisch für die Respektlosigkeit, die Ausländern oft entgegengebracht wird. Vielleicht ist es kein Zufall, dass die ausländischen Arbeitskräfte in Israel »Fremdarbeiter« heißen und nicht etwa »Gastarbeiter«.

»Wirtschaftliche und soziale Bombe«

Die Regierung hat das Problem lange zu ignorieren versucht. Es dauerte Jahre, bis sie überhaupt Handlungsbedarf sah. Man war wohl davon ausgegangen, dass die »Fremden« irgendwann von selbst wieder verschwinden würden. Da sie das nicht taten und die Zahl der illegalen Arbeiter die der offiziell geduldeten irgendwann weit übertraf, begann man vor einigen Jahren mit Verhaftungen und Ausweisungen.

Seit 2002 wurden ungefähr 55 000 Fremdarbeiter ausgewiesen, Zehntausende haben das Land freiwillig verlassen – bei vielen spielte dabei die Angst vor dem nicht gerade zimperlichen Vorgehen der Fremdenpolizei eine Rolle. Heute befinden sich noch rund 80 000 legale Arbeiter in Israel, weitere 85 000 schlagen sich ohne Aufenthaltsgenehmigung durch. Sie leben oft unter erbarmungswürdigen Zuständen in Slums, aus denen langsam die letzten Israelis flüchten.

Parallel zu den Massenausweisungen hat die israelische Regierung versucht, einen angemessenen gesetzlichen Rahmen zur Behandlung der Fremden zu entwerfen. So ist heute theoretisch jeder Arbeiter – egal ob er sich legal oder illegal in Israel aufhält – krankenversichert. Leider lässt das Gesetz den Krankenkassen so viele Schlupflöcher, dass den wenigsten Fremdarbeitern im Krankheitsfall wirklich geholfen wird. Zum einen sind nur Krankheiten versichert, die nicht schon vor der Ankunft in Israel vorhanden gewesen sein könnten. Deshalb wurden zum Beispiel die Nierensteine einer rumänischen Fremdarbeiterin nicht behandelt – schließlich hätten sie sich ja auch vor ihrer Ankunft in Israel bilden können. Auch Krebs, Aids und andere schwere Krankheiten fallen so meist aus dem Versicherungsrahmen. Zum anderen kommt hinzu, dass der Versicherungsschutz für Arbeiter erlischt, die voraussichtlich länger als drei Monate ihrer Arbeit nicht nachkommen können. Ohne Arbeit aber droht die Ausweisung. Dr. Mordechai Fried von der Organisation *Physicians for Human Rights* hält diese Regelungen für einen Skandal. Es sei schon vorgekommen, dass eine an Aids erkrankte Frau nach Afrika abgeschoben wurde, wo sie dann wenige Tage später starb, erzählt er. Denn nach der Sichtweise der Krankenkassen sei es nicht notwendig, vor der Abschiebung festzustellen, ob eine angemessene medizinische Versorgung im Heimatland sichergestellt sei.

Wenn Fremdarbeiter wirklich krank seien, gingen sie in eine kleine Klinik in der Nähe des Busbahnhofes, sagt Fried. Hier behandeln Ärzte wie er Fremdarbeiter in ihrer Freizeit unentgeltlich. Sie können mit ihren Patienten oft nur mit Händen und Füßen kommunizieren, verabreichen gespendete Medikamente, deren Haltbarkeitsdatum gerade abgelaufen ist, und können bei komplizierten Fällen nur auf die – natürlich kostenlose – Hilfe befreundeter Spezialisten hoffen. »Es ist unglaublich, dass wir seit Jahren die Versäumnisse des Staates ausbügeln müssen«, entrüstet sich Fried.

Fremdarbeiter werden aber nicht nur krank, manchmal gründen sie auch Familien und bekommen Kinder. So eine Familie sind die Aidoos. Der Vater John Aidoo kam vor acht Jahren aus Ghana nach Israel, seine Frau Elizabeth folgte ihm zwei Jahre später nach. Bald wurde eine Tochter geboren, der sie den hebräischen Namen Esther gaben. »Wir wollten unsere Hoffnung ausdrücken, dass Esther in Israel ihre Heimat finden wird«, erklärt Elizabeth. Esther ist heute ein sechs Jahre altes Mädchen mit zwei Zöpfen, das wie ein Wasserfall auf Hebräisch drauflos plappert: Sie gehe schon in die Schule, erzählt sie. Und die Lehrerin sei nett und jetzt hätten sie was über *Rosch Haschana*, das jüdische Neujahrsfest, gelernt und Granatäpfel gegessen und bald sei *Chanukka* und dann würden sie in der Schule jeden Tag Kerzen anzünden und Mama habe gesagt, dass sie zu Hause auch Kerzen anzünden könnten …

Die kleine Esther ist, da kann schon nach wenigen Minuten kein Zweifel bestehen, ein in der israelischen Kultur fest verankertes Kind. Aber erst seit wenigen Monaten ist sie auch offiziell israelisch. Nachdem jahrelang das Damoklesschwert der Ausweisung über Familie Aidoo geschwebt hat, dürfen sie nun für immer in Israel bleiben. Verschiedene Innenminister hatten in den vergangenen Jahren verschiedene Vorschläge gemacht, einer begrenzten Zahl von in Israel geborenen Fremdarbeiterkindern eine dauer-

hafte Aufenthaltsgenehmigung zu erteilen. Doch Ester fiel aufgrund ihres Alters immer durch die Maschen. 2006 hieß es, für
eine Aufenthaltsgenehmigung kämen nur Kinder in Betracht, die
seit sechs Jahren in Israel lebten, fließend Hebräisch sprächen,
und vor ihrem 14. Geburtstag ins Land gekommen wären. Da war
Esther leider erst fünf Jahre alt, konnte somit auch nicht sechs Jahre in Israel gelebt haben. Erst als der Innenminister die Mindest-
aufenthaltsdauer auf vier Jahre herabsetzte, konnte die Familie
aufatmen. Auch die Eltern und die jüngere Schwester dürfen jetzt
bleiben: »Wir trennen keine Familien«, hatte der damalige Innenminister Roni Bar On angekündigt.
Diese Entscheidung wurde in Israel nicht nur begrüßt. Der Vorsitzende der orthodoxen Schas-Partei warnte, die Regelung sei
»der Anfang vom Ende des jüdischen Staates«. Er sprach von
einer »kulturellen, wirtschaftlichen und sozialen Bombe« – angesichts der Zahl von nur 1200 ausgestellten Visa zeugt dieser
Sprachgebrauch einmal mehr von der Angst der Orthodoxen vor
einer Vermischung des jüdischen Volkes mit Nichtjuden. Und die
Gastarbeiter sind nicht die einzige Gruppe von Nichtjuden, die
in der Hoffnung auf ein besseres Leben heute ins Gelobte Land
drängt.

Ins Land, wo Milch und Honig fließen – Flüchtlinge in Israel

Vom Grauen spricht Awa al Tira beiläufig, so wie andere, glück-
lichere Menschen von einem missratenen Abendessen reden oder
von einer schlechten Theateraufführung. Ruhig, fast gelangweilt
erzählt der junge Mann, wie seine Mutter und seine Schwester
vergewaltigt und dann ermordet wurden. Instinktiv habe er sich
hinter einer Tonne versteckt und ganz lange nicht geatmet. Nach
dem Massaker habe er mit den wenigen anderen Überlebenden

die Toten beerdigt und sein Dorf in der Krisenregion Darfur in Sudan für immer verlassen.

»Das Flüchtlingslager war ein Ort ohne Hoffnung«, stellt Awa fest. Auf einer abenteuerlichen Route ist er nach Ägypten gelangt. In Kairo habt er zum ersten Mal vom »Gelobten Land« gehört.

»Sie haben uns gesagt, in Israel würden wir gut behandelt«, sagt Awa. Plötzlich klingt er fast begeistert, als habe er den Glauben an die verheißungsvollen Worte noch nicht ganz aufgegeben. Nach der biblischen Überlieferung fließen in Israel »Milch und Honig« – das alte Gerücht hält sich in den Flüchtlingscafés von Kairo offenbar bis heute. Awa jedenfalls hat kurzerhand seine Habseligkeiten verkauft. Zum Sonderpreis von 80 Dollar brachten ihn Menschenschmuggler zu Beduinen in den Sinai. »Eine Nacht wanderten wir durch die Wüste. Dann sagten unsere Führer, wir seien in Israel. Und verschwanden.« Wenig später sei eine israelische Militärpatrouille gekommen, habe ihre Namen aufgeschrieben und sie an einer Straßenecke von Beerschewa abgesetzt.

Wer sich unter den rund 1000 Flüchtlingen, die im Laufe des Jahres 2007 aus dem Sudan nach Israel gekommen sind, umhört, bekommt viele Geschichten wie die Awas zu hören. Andere wiederum haben sich aufgrund der hoffnungslosen wirtschaftlichen Situation im Sudan davongemacht und hoffen, in Israel neu anfangen zu dürfen.

Das aber ist nicht leicht. Israel erkennt Flüchtlinge aus dem Sudan nicht als Flüchtlinge an, da sie aus einem Feindesland stammen. Andererseits schiebt Israel die Flüchtlinge auch nicht in den Sudan ab – zum einen, weil das aufgrund mangelnder diplomatischer Kontakte gar nicht möglich wäre, zum anderen aber auch, weil den nach Israel Geflüchteten im Sudan die Todesstrafe sicher wäre. Als »Staatsangehörige eines Feindeslandes« können die Flüchtlinge in Israel allerdings theoretisch unbegrenzt in Gewahrsam genommen werden.

Das wurde auch genauso gehandhabt, bis der Oberste Gerichtshof bestimmte, dass eine große Zahl der Flüchtlinge aus dem Gefängnis entlassen werden musste. Seitdem arbeiten sie in Kibbuzim und Landwirtschaftsgenossenschaften oder in den Hotels von Eilat. Das Ergebnis dieses menschlicheren Umgangs mit den Flüchtlingen war abzusehen: »Täglich kommen nun weitere Flüchtlingsgruppen über die Grenze«, erklärt Anat Ben Dror, die Vorsitzende des Komitees für Flüchtlingsfragen an der Universität Tel Aviv. »Je besser wir die Flüchtlinge hier behandeln, umso mehr werden ins Land strömen«, fürchtet sie.

Die Beduinen hätten schon immer alles Mögliche über die Grenze geschmuggelt: Drogen, Prostituierte, Sprengstoff, illegale Gastarbeiter und nun eben Flüchtlinge. Sowieso sei die Grenze nichts als ein rostiger Zaun, der sich durch die Wüste ziehe und von dem mitunter ein paar Kilometer fehlten.

Ähnlich wie bei den Fremdarbeitern dauerte es auch bei den Flüchtlingen lange, bis die Regierung das Problem erkannte und sich daranmachte, Lösungsvorschläge zu entwerfen. In Jerusalem hatte man sich darauf verlassen, dass Wohltätigkeitsorganisationen und die Lokalverwaltungen, in deren Gebiet man die Flüchtlinge aussetzte, sich etwas einfallen ließen. So ließ die Regierung die Stadtverwaltung von Beerschewa monatelang Hotelzimmer für Awa und einige Dutzend seiner Leidensgenossen bezahlen. Als man sich das in Beerschewa nicht mehr leisten konnte und die Regierung keine Anstalten machte, einzugreifen, nahm sich die *Jewish Agency* der Flüchtlingsgruppe an. »Juden können aufgrund ihrer Geschichte nicht tatenlos bleiben, wenn sie Flüchtlinge sehen«, begründete die Direktorin eines Zentrums für Neueinwanderer in Sderot ihre Entscheidung. Damit spricht sie vielen Israelis aus dem Herzen. Dieses diffuse Mitgefühl und der Wunsch zu helfen, konkurrieren dabei mit einer in der israelischen Psyche tief verankerten Angst, durch nichtjüdische Einwanderung den jüdischen Charakter des Staates zu gefährden.

Dabei sind die Zahlen, ebenso wie bei den Fremdarbeiterkindern, bisher nicht besonders alarmierend: Kaum mehr als 2000 Flüchtlinge befanden sich im November 2007 in Israel, darunter 1000 aus dem Sudan sowie einige hundert aus Ländern wie der Elfenbeinküste und dem Kongo, die nach dem Ende der in ihren Ländern wütenden Bürgerkriege wahrscheinlich dorthin zurückkehren müssen. Auch schützen die Ägypter auf israelisches Drängen die Grenze im Sinai inzwischen besser: Immer weniger Flüchtlingen gelingt deshalb die Flucht. Leider ist das ein zweifelhafter Erfolg, denn die ägyptischen Sicherheitskräfte haben keine Hemmungen, auf unbewaffnete Flüchtlingsfamilien zu schießen. Manchmal verschwinden Flüchtlinge auch einfach wochenlang in ägyptischen Gefängnissen oder sie werden kurzerhand in den Sudan abgeschoben. Viele Flüchtlinge in Israel berichten von Folter in ägyptischen Gefängnissen, zeigen Narben, für die ägyptische Sicherheitskräfte verantwortlich seien.

Als Ende Dezember 2005 Tausende Flüchtlinge vor dem Gebäude der Vereinten Nationen in Kairo demonstrierten, lösten Sicherheitskräfte die Demonstration mit Wasserwerfern auf und schossen in die Menge. Mindestens 30 Demonstranten wurden getötet.

»Nur nicht wieder zurück nach Ägypten« – in dem Punkt sind sich alle Flüchtlinge, die es bis nach Israel geschafft haben, einig. Zumindest einige von ihnen können nun auf eine Zukunft im Gelobten Land hoffen. Im September 2007 stellte auch Innenminister Meir Schitrit fest, Israel könne das Schicksal der Flüchtlinge aufgrund der »Geschichte des jüdischen Volkes« nicht ignorieren. Genau wie Ministerpräsident Begin in den siebziger Jahren einigen vietnamesischen Flüchtlingen die israelische Staatsangehörigkeit verliehen habe, so plane die Regierung auch jetzt, eine gewisse Quote der Flüchtlinge aufzunehmen.

Am 10. Juni 1977 hatte die Besatzung eines israelischen Containerschiffes auf dem Weg nach Japan 66 vietnamesische Flüchtlinge in einem beschädigten Boot entdeckt. Sie waren geschwächt, hatten keine Nahrungsmittel und kaum Wasser an Bord. Trotz ihrer verzweifelten SOS-Signale waren Schiffe aus der DDR, Norwegen, Panama und Japan ungerührt an ihnen vorbeigefahren. Der israelische Kapitän nahm die Flüchtlinge an Bord, der damalige Ministerpräsident Menachem Begin gewährte ihnen und 250 weiteren vietnamesischen Flüchtlingen die israelische Staatsbürgerschaft.

Heute gibt es in Israel eine kleine vietnamesische Gemeinschaft. Die zweite Generation dieser Flüchtlinge wurde schon in Israel geboren, Hebräisch ist ihre Muttersprache. Einige sind gar zum Judentum konvertiert. Doch auch jene, die diesen Schritt nicht gemacht haben, sind aufgrund ihrer Geschichte oft besonders große israelische Patrioten. So sind sie ein weiteres, kleines Steinchen im bunten Mosaik der israelischen Gesellschaft.

Zwei Minuten lang schrillt die Sirene am Holocaustgedenktag – und das Land steht still. Menschen verlassen ihre Autos und stehen schweigend am Straßenrand.

Anstatt eines Nachworts:
Drei Tage im Frühjahr

Jüdische Feiertage beginnen abends, mit Sonnenuntergang. In Tel Aviv ist das eine schöne Sache. Langsam und fast unmerklich kehrt Ruhe in die hektische Stadt und ihre allzeit geschäftigen Bewohner ein. Bereits am späten Nachmittag nimmt der Verkehr ab, die *Falafel*- und *Schoarma*-Läden schließen etwas später. Und wenn sich schließlich der letzte Bus dröhnend davonmacht, kann man im Zentrum der Stadt manchmal Vögel zwitschern hören.

Es gibt in Israel Tage, da wird es besonders still. Der vierte Tag des jüdischen Monats *Ijar* gehört dazu. Denn an diesem Tag gedenkt die Nation jener Soldaten, die bei der Verteidigung des Landes ihr Leben ließen. Mehr als 20 000 sind es seit der Staatsgründung, jedes Jahr kommen weitere hinzu. Vor einigen Jahren wurden offiziell auch Terroropfer ins Gedenken miteingeschlossen. Schon in den vorhergehenden Tagen geben sich die Medien patriotisch: Filme über die Staatsgründung, die Kriege und die Erfolge des jüdischen Staates lösen die Holocaustdokumentationen ab, die das Programm in den Tagen um den *Jom HaSchoa*, den Holocaustgedenktag, bestimmt hatten. Es sei eine richtige »Gedenksaison«, witzeln junge Israelis respektlos, doch wenn an den Gedenktagen dann landesweit die Sirenen ertönen, lassen auch sie alles stehen und liegen, steigen aus ihren Autos und stehen gesenkten Hauptes still.

Auf dem Herzl-Friedhof in Jerusalem wird den gefallenen Soldaten mit militärischen Ehren und in Anwesenheit der politischen Elite gedacht. Am Rabin-Platz geben prominente Sänger dann

239

ihre traurigsten Lieder zum Besten. Das Fernsehen zeigt Filme über das Leid der Hinterbliebenen, die Unterhaltungssender unterbrechen ihr Programm und langweilen ihr Entertainment-verwöhntes Publikum für 24 Stunden mit dem Anblick einer flackernden Kerze. Es herrscht kollektive Trauer.

Doch weil jüdische Feiertage eben immer abends beginnen und weil es Israel ohne den Einsatz jener toten Soldaten wohl nicht mehr geben würde, beginnen die Feierlichkeiten zum Unabhängigkeitstag noch am Abend des Gedenktages. »Im Tod verpflichten sie uns zum Leben«, hat der berühmte Dichter Chaim Bialik einmal geschrieben. Das Leben aber will zelebriert werden und deshalb herrscht plötzlich überall Freude und Heiterkeit. Bei der offiziellen Eröffnungsfeier geht es noch ziemlich zivilisiert zu. Symbolisch für die zwölf Stämme Israels werden zwölf Fackeln von Repräsentanten verschiedener Bevölkerungsgruppen entzündet, die politische Elite schwingt schöne Reden von Einigkeit. Auf dem Rabin-Platz in Tel Aviv aber gibt es bald kein Halten mehr. Statt der melancholischen Gitarrensongs vom Vorabend gibt es nun Techno-Pop, es wird getanzt und kleine Kinder mit aufgeblasenen Plastikhämmern in den Nationalfarben schlagen unberechenbar um sich. Frühreife Teenager versichern sich ihrer Zuneigung, indem sie sich Rasierschaum ins Gesicht sprühen, in ganz Tel Aviv gibt es keinen Parkplatz, dafür an jeder Ecke Bier und blau-weiße Fahnen. Sogar ein Feuerwerk spendiert die Stadt zur Feier des Tages. Ihre Unabhängigkeit zelebrieren die Israelis jedes Jahr wie das kleine Wunder, das sie ja auch ist.

Man feiert gemeinsam, für einen Tag herrscht so etwas wie Einigkeit im Judenstaat. Jedenfalls so weit, wie Einigkeit in Israel überhaupt möglich ist: Die antizionistischen Ultra-Orthodoxen feiern natürlich nicht mit, die Araber auch nicht. Sie begehen am israelischen Unabhängigkeitstag den *Nakba-Tag* und gedenken ihrer Katastrophe, der Niederlage im Krieg 1948/49. Aber Linke und Rechte, Misrachim und Aschkenasim, Russen und Äthiopier lassen an diesem Tag ihre Differenzen hinter sich und freuen sich über die Existenz ihres Staates.

Denn auch 60 Jahre nach der Staatsgründung ist eine unbeschwerte Feier nicht ohne massive Sicherheitsvorkehrungen zu haben. Die Rufe nach dem Ende des Judenstaates sind längst nicht verhallt. Es ist trotz aller ausgelassenen Fröhlichkeit eine zutiefst verunsicherte Gesellschaft, die hier ihren Überlebenswillen zelebriert. Wer weiß schließlich, was im nächsten Jahr sein wird?

Fragt man Israelis, was sie sich für das kommende Jahr am meisten wünschen, lautet die Antwort aller Wahrscheinlichkeit nach: »Frieden«. Den Wunsch teilen sie – da lassen die Umfragen keinen Zweifel – mit der Mehrheit der Palästinenser. Dass im Nahen Osten trotzdem immer noch Menschen sterben, hat viele Gründe: Es liegt an Islamisten und an Siedlern, es liegt an den Ansprüchen beider Parteien auf die heiligen Stätten in Jerusalem und an der Frage des Rückkehrrechtes der palästinensischen Flüchtlinge. Es fehlt an Vertrauen der Konfliktparteien ineinander und es mangelt an der politischen Durchsetzungskraft der politischen Führungen. Von besonderer Tragik ist dabei, dass beide Seiten sich – mit jeweils gutem Grund – als das Opfer in diesem Konflikt sehen und deshalb blind sind für das Leid der anderen.

Die Friedensunfähigkeit zwischen Juden und Muslimen ist nicht zuletzt begründet in dem Selbstbild der verfeindeten Völker. So ist dieser Konflikt auch nicht zu verstehen, ohne die so unglücklich ineinander verflochtenen Gesellschaften zu verstehen. Mit meinem Buch möchte ich dazu beitragen, die Zusammenhänge besser zu verstehen. Ich habe versucht, das unaufgeregte Porträt eines Landes zu schreiben, das an sich schon aufregend genug ist. Ich wollte mich meinem Thema verständnisvoll, aber nicht unkritisch nähern. Unzweifelhaft ist es oft leichter, zu verurteilen als zu verstehen. Bei kaum einem anderen Thema begegnet man so entschiedenen, bisweilen zornig vertretenen Meinungen wie beim Nahostkonflikt. Der Realität wird das selten gerecht. Zorn

241

und Wut blenden, und geblendeten Auges sieht es sich nicht gut.

Wer Israel wirklich verstehen möchte, muss hinschauen. Und zwar am besten vor Ort, im Frühling, wenn das Land drei Gedenktage begeht, die treffender als alle Bücher die Ängste, Hoffnungen, Neurosen und einzigartigen Qualitäten dieses trotz allem ungeheuer lebensfrohen Volkes zum Ausdruck bringen.

Anhang

Zeittafel

Osmanisches Reich

1860   In Jerusalem lassen Juden sich erstmals außerhalb der Mauern der Altstadt nieder.

1862   Der Philosoph Moses Hess propagiert die Gründung eines jüdischen Staates als Lösung des »nationalen Problems« der Juden.

1878   Mit Petach Tikwa wird die erste moderne zionistische Siedlung in Palästina gegründet.

1880   Es bilden sich erste zionistische Organisationen in Europa.

1882   Nach schweren Pogromen in Osteuropa und Russland beginnt die erste große Einwanderungswelle (*Alija*). Bis 1903 kommen etwas 35 000 Juden ins Land. Reiche jüdische Familien wie die Rothschilds kaufen vermehrt Land in Palästina. Der Zionist Leo Pinsker verlangt in seiner Schrift »Auto-Emancipation« die »Schaffung einer jüdischen Nationalität«. Das jüdische Volk solle »auf seinem eigenen Boden leben«.

1890   Elieser Ben Jehuda gründet in Jerusalem den »Rat für die Hebräische Sprache«.

1894   Während der Dreyfus-Affäre tritt der Antisemitismus in Frankreich offen hervor. Theodor Herzl, der als Journalist den ersten Prozess beobachtete, überzeugt dies von der Notwendigkeit eines jüdischen Nationalstaates.

1896   Herzl veröffentlicht sein Traktat »Der Judenstaat«.

1897   Der erste »Zionistische Kongress« in Basel macht die Schaffung einer Heimstätte für das jüdische Volk zum Programm der zionistischen Bewegung.

1904–1914   Im Rahmen der *Zweiten Alija* kommen 40 000, überwiegend osteuropäische Juden nach Palästina.

1909	Am Ufer des See Genezareth wird der erste Kibbuz, Degania, gegründet. Am Mittelmeer entsteht die erste »hebräische« Stadt: Tel Aviv.
1913	Eine Auseinandersetzung um die Unterrichtssprache der im Bau befindlichen Technischen Hochschule *Technion* in Haifa endet mit dem Sieg des Hebräischen.

Britische Mandatszeit

1917	400 Jahre osmanischer Herrschaft enden mit der Eroberung durch die Briten. In der Balfour-Erklärung vom 2. November erklärt der britische Außenminister, seine Regierung stehe der Schaffung einer »nationalen Heimstatt« für die Juden in Palästina »wohlwollend« gegenüber.
1919–1923	Die *Dritte Alija* bringt weitere 35 000 osteuropäische Juden nach Palästina, darunter viele Mitglieder zionistisch-sozialistischer Jugendorganisationen. Sie gründen zahlreiche Kibbuzim.
1920	Die Gewerkschaft *Histadrut* wird gegründet. Um arabische Angriffe auf jüdische Siedlungen in Galiläa abzuwehren, bildet sich die Verteidigungsmiliz *Hagana*.
1922	Der Völkerbund gibt Großbritannien ein Mandat zur Verwaltung Palästinas und der umliegenden Länder. Die neu gegründete *Jewish Agency* soll die jüdischen Belange gegenüber der Mandatsmacht vertreten. Am 29. November erklären die Briten Hebräisch, neben Arabisch und Englisch, zur offiziellen Sprache des Landes.
1924–1929	*Vierte Alija*: Ungefähr 80 000 Juden fliehen vor dem Antisemitismus nach Palästina. Sie kommen vorwiegend aus Polen und Ungarn. 60 000 bleiben langfristig in Palästina.
1929–1939	Fünfte große Einwanderungswelle (*Alija*).
1929	In Jerusalem bricht ein Araberaufstand aus, der rasch auf andere Städte übergreift. In Hebron ermorden Araber 67 Juden, darunter Frauen und Kinder. Insgesamt werden bei den Unruhen 132 Juden getötet.
1931	Das jüdische Nationaltheater *Habima* übersiedelt von Moskau nach Tel Aviv.

1935	Nach der Machtergreifung der Nazis flüchten zahlreiche deutsche und österreichische Juden nach Palästina. Seit Beginn der *Fünften Alija* 1929 sind 150000 Menschen eingewandert.
1936	Ein weiterer Araberaufstand bricht aus. Er richtet sich gegen die zionistische Einwanderung. Während die Peel-Kommission nach einer Kompromisslösung sucht, ebben die Unruhen kurzzeitig ab.
1937	Die Peel-Kommission schlägt vor, Palästina in einen jüdischen und einen arabischen Staat aufzuteilen. Nach langer, angeregter Diskussion nehmen die Delegierten des 20. Zionistischen Kongresses in Zürich den Teilungsplan an. Die Führung der Araber, dominiert von der Husseini Familie, lehnen den nie umgesetzten Plan ab. Die Unruhen flammen erneut auf. Zur Niederschlagung des Aufstandes kooperieren die Briten inoffiziell mit der *Hagana*, der jüdischen Verteidigungsmiliz. Bis März 1939 kommen etwa 5000 Araber, 400 Juden und 200 Briten bei den Unruhen ums Leben.
1939	Die Mandatsmacht erlässt das sogenannte *White Paper*. Es reguliert die Einwanderung der Juden. Bis 1944 sollen insgesamt nur noch 75000 Juden nach Palästina kommen dürfen. Danach soll jüdische Einwanderung allein mit arabischer Zustimmung möglich sein. *Alija Bet,* die illegale Einwanderung, setzt ein. Bis zur Staatsgründung werden 110000 in Europa verfolgte Juden nach Palästina geschmuggelt.
bis 1948	Aufgrund der neuen Beschränkungen verüben militante jüdische Gruppen Attentate auf britische und arabische Ziele.
1947	Großbritannien kündigt an, sein Mandat an die Vereinten Nationen zurückzugeben. Die UN-Vollversammlung beschließt daraufhin am 29. November die Teilung des Mandatsgebietes in einen jüdischen und einen arabischen Staat. Die Araber lehnen diese Entscheidung ab. Der jüdische Bevölkerungsanteil in Palästina beträgt zu diesem Zeitpunkt 30 Prozent.

Staat Israel

1948   Am 14. Mai ruft David Ben Gurion in Tel Aviv den Staat Israel aus. Fünf arabische Armeen greifen Israel an. Der Krieg dauert bis Juli 1949 und wird von Israel gewonnen. 720 000 Palästinenser fliehen oder werden vertrieben. Israel kann sein Staatsgebiet durch diesen Krieg deutlich vergrößern. Ein Palästinenserstaat entsteht nicht: Das Westjordanland wird nach dem Krieg von Jordanien verwaltet, die Kontrolle über den Gazastreifen übernimmt Ägypten.

1948–1952   Masseneinwanderung nach Israel aus Europa und den arabischen Ländern. 1950 verabschiedet die Knesset das Rückkehrgesetz, das allen Juden automatisch das Recht auf die israelische Staatsangehörigkeit verleiht.

1949   Die erste *Ulpan*-Sprachschule wird in Jerusalem gegründet.

1950   Das Gesetz »Verlassenes Eigentum« ermöglicht es dem Staat, sich das Eigentum der geflohenen Palästinenser anzueignen. Jordanien annektiert das Westjordanland.

1956   Sinai-Krieg: Unterstützt von Frankreich und Großbritannien erobert Israel innerhalb von acht Tagen den Gazastreifen und Teile der Sinai-Halbinsel, räumt die Gebiete auf amerikanischen und sowjetischen Druck aber nach wenigen Monaten wieder.

1958   In Kuwait wird die palästinensische Widerstandsorganisation *Fatah* gegründet.

1959   Der siebzehnte und letzte Band des von Ben Jehuda begonnenen hebräischen Wörterbuches erscheint.

1962   Der Nazi-Verbrecher Adolf Eichmann wird in Israel zum Tode verurteilt und hingerichtet. Der Holocaust gerät ins öffentliche Bewusstsein.

1964   Die PLO (Palästinensische Befreiungsorganisation) wird gegründet und verübt erste Terroranschläge.

1966   Samuel Josef Agnon erhält als erster Hebräisch schreibender Autor den Nobelpreis für Literatur. Das Kriegsrecht, unter dem die offiziell gleichberechtigten arabischen Bürger seit der Staatsgründung leben, wird aufgehoben.

1967	Sechs-Tage-Krieg: Ägypten sperrt den Golf von Akaba für israelische Schiffe. Rhetorische Drohgebärden des ägyptischen Staatschefs Nasser und Truppenbewegungen überzeugen Israel davon, dass ein feindlicher Angriff unmittelbar bevorsteht. In einem Präventivschlag zerstört Israel am Morgen des 5. Juni in wenigen Stunden fast die gesamte ägyptische Luftwaffe. Sechs Tage später hat Israel das Westjordanland, Jerusalem, den Gazastreifen und die Sinai-Halbinsel erobert. UN-Resolution 242 fordert Israel dazu auf, »besetzte Gebiete« zu räumen (in der französischen Version heißt es genauer »die besetzten Gebiete«).
1968–1970	Ägypten führt am Suezkanal einen Zermürbungskrieg gegen Israel. Die Grenzgefechte fordern zahlreiche Verluste auf beiden Seiten. 1970 vermitteln die USA einen Waffenstillstand.
1969	Jassir Arafat wird zum Vorsitzenden des Exekutivrates der PLO gewählt.
1970	Das »Rückkehrgesetz« wird modifiziert: Es dürfen nun auch Menschen mit nur einem jüdischen Eltern- oder Großelternteil nach Israel einwandern.
1971	In der Nacht der Panther demonstrieren in Jerusalem 7000 Menschen gegen die Diskriminierung der Misrachim, der orientalischen Juden, die seit der Staatsgründung aus der arabischen Welt und Nordafrika eingewandert sind.
1973	Jom-Kippur-Krieg: Am jüdischen Versöhnungstag wird Israel von einem ägyptisch-syrischen Angriff überrascht. Nach anfänglichen Erfolgen und Landgewinnen der Araber gelingt den israelischen Truppen bald die Wende. Als auf Druck der Vereinigten Staaten und der Sowjetunion ein Waffenstillstand vereinbart wird, stehen israelische Truppen vor Damaskus. Dennoch hat der Krieg den 1967 entstandenen Mythos der israelischen Unbesiegbarkeit zerstört.
1976	Bei Demonstrationen gegen Landenteignungen töten israelische Sicherheitskräfte sechs arabische Bürger. Seitdem begehen Palästinenser am 30. März jedes Jahres den »Tag des Landes«.
1977	Der nationalistische Likud gewinnt die Wahlen und beendet die seit der Staatsgründung andauernde Herrschaft der Arbeitspartei (Mapai/Maarach).

Die Siedlung Ariel im nördlichen Westjordanland wird gegründet.

1978   Bei Verhandlungen im amerikanischen *Camp David* werden die Grundlagen für den ein Jahr später unterzeichneten israelisch-ägyptischen Friedensvertrag gelegt. Israel beginnt den Abzug seiner Truppen aus dem Sinai. Auch die dort entstandenen Siedlungen werden bis 1982 geräumt.

1981   Israel dehnt seine Jurisdiktion auf die 1967 von Syrien eroberten Golanhöhen aus und annektiert das Gebiet damit de facto.

1982   Beginn des ersten Libanonkrieges: Israelische Truppen besetzen den Südlibanon und umzingeln Beirut, nachdem radikale Palästinenser einen israelischen Diplomaten in London ermordet hatten. Die Operation »Frieden für Galiläa« zwingt die von Jassir Arafat geführte PLO ins Exil nach Tunis. Mit Israel verbündete christliche Phalangisten begehen in den palästinensischen Flüchtlingslagern Sabra und Schatila ein Massaker. Daraufhin kommt es in Tel Aviv zu einer großen Demonstration gegen den Krieg.

1984   »Operation Moses« bringt 7000 äthiopische Juden nach Israel. Eine Wirtschaftskrise erschüttert das Land. Die Inflation steigt zeitweise auf 450 Prozent.

1987–1993   Die erste Intifada bricht in den von Israel besetzten Palästinensergebieten aus. Etwa 1000 Palästinenser und 160 Israelis werden bis zum Ende der Unruhen getötet.

1989   Beginn der Masseneinwanderung aus der Sowjetunion. Innerhalb weniger Jahre kommen mehr als eine Million Russen ins Land.

1991   Israel wird im Golfkrieg vom Irak mit Scudraketen beschossen.
In einer spektakulären Aktion (»Operation Solomon«) werden mehr als 14000 äthiopische Juden nach Israel geflogen.

1993   Geheimverhandlungen in Norwegen führen zum Osloer Abkommen. Das von Izchak Rabin und Jassir Arafat unterzeichnete Grundsatzabkommen sieht die Schaffung einer palästinensischen Teilautonomie in großen Teilen des Gazastreifens und der Stadt Jericho vor.

1994	Israel schließt Frieden mit Jordanien. Der radikale Siedler Baruch Goldstein erschießt in Hebron 29 Palästinenser. Chaim Ramon übernimmt die Führung der Gewerkschaft *Histadrut* und beginnt einschneidende Reformen.
1995	Unterzeichnung des zweiten Abkommens von Oslo (Oslo II). Das Westjordanland soll in drei Zonen aufgeteilt werden. Das größte Gebiet von über 70 Prozent bleibt unter israelischer Kontrolle, rund 20 Prozent sollen gemeinsam verwaltet werden, sieben Prozent werden an die neu geschaffene Palästinenserbehörde übergeben. Am 9. November wird Izchak Rabin von einem jüdischen Extremisten ermordet.
1996	Nach einem von zahlreichen palästinensischen Selbstmordattentaten verursachten Rechtsruck in der Bevölkerung gewinnt der Likud-Politiker Benjamin Netanjahu die Wahlen. Der Friedensprozess stockt. Netanjahu treibt die Liberalisierung der Wirtschaft voran.
1999	Netanjahus Koalition zerbricht. Der Arbeitspolitiker Ehud Barak übernimmt nach Neuwahlen die Regierungsbildung.
2000	Israel zieht seine Truppen aus einem seit 1985 gehaltenen Sicherheitsstreifen im Libanon ab. Verhandlungen über den Endstatus zwischen Jassir Arafat und Ehud Barak unter der Leitung von Präsident Clinton scheitern in Camp David. Die zweite Intifada bricht aus. In Tel Aviv findet zum ersten Mal die *Love-Parade* statt.
2001	Ariel Scharon wird Ministerpräsident. Er will zunächst mit Militäreinsätzen den Terrorismus eindämmen. Später leitet er den Bau einer Sperranlage zum Westjordanland ein.
2005	Scharon verwirklicht gegen den entschiedenen Widerstand seiner Partei den Rückzug aus dem Gazastreifen und die Räumung aller israelischen Siedlungen in diesem Gebiet. Nach 56 Jahren wird das arabische Dorf Ayn Chud an das Stromnetz angeschlossen. Zahlreiche andere »illegale« Dörfer warten weiterhin auf ihre Anerkennung.
2006	Die *Hamas* gewinnt im Frühjahr überraschend die Parlamentswahlen in den Palästinensergebieten. Nach einem Überfall von *Hisbollah*-Truppen auf einen Militärkonvoi auf der israelischen Seite der Grenze am 12. Juli bombardiert die israelische Luftwaffe Ziele im Nachbarland. Der

Konflikt eskaliert: Die *Hisbollah* beschießt wochenlang Städte im Norden Israels mit Raketen. Der zweite Libanonkrieg kostet 163 Israelis und ungefähr 1600 Libanesen das Leben.

2007   Nach blutigen Kämpfen fällt der Gazastreifen im Juni in die Hände der islamistischen *Hamas*. Die palästinensische Einheitsregierung von Hamas und Fatah zerbricht.
Ende November kündigen Israels Regierungschef Olmert und Palästinenserpräsident Abbas auf einer Friedenskonferenz in Annapolis (USA) die Aufnahme von Verhandlungen an. Ziel ist es, ein endgültiges Friedensabkommen bis Ende 2008 zu erreichen.

Literaturempfehlungen

Die folgende Auflistung ist kein vollständiges Literaturverzeichnis, sondern soll vielmehr Anregungen zur weiterführenden Lektüre bieten. Aus praktischen Gründen habe ich mich auf deutsch- und englischsprachige Quellen beschränkt.

Adoni, Hana; Caspi, Dan; Cohen, Akiba A.: Media, Minorities and Hybrid Identities: The Arab and Russian Immigrant Communities in Israel, 2006

Aharoni, Meir und Sarah: Industry and Economy in Israel, 2006

Almog, Oz: The Sabra: The Creation of the New Jew, 2000

Arian, Ascher: The Elections in Israel, 1977

Atashe, Zeidan: Druze and Jews in Israel: A Shared Destiny?, 1995

Avineri, Shlomo: Making of Modern Zionism: Intellectual Origins of the Jewish State, 1981

Avineri, Shlomo: Profile des Zionismus. Die geistigen Ursprünge des Staates Israel. 17 Porträts, 1998

Bar Tal, Daniel; Teichman, Yona: Stereotypes and Prejudice in Conflict: Representations of Arabs in Israeli Jewish Society, 2005

Bar-Zohar, Michael: David Ben Gurion. Der Gründer des Staates Israel, 1992

Ben-Eliezer, Uri: The Making of Israeli Militarism, 1998

Ben-Porat, Mordechai: To Baghdad and Back: The Miraculous 2000 Year Homecoming of the Iraqi Jews, 1998

Ben-Rafael, Eliezer: Crisis and Transformation: The Kibbutz at Century's End, 1997

Benton Bretts, Robert: The Druze, 1990

Creveld, Martin van: The Sword and the Olive: A Critical History of the Israeli Defense Force, 2002

Davis, Moshe: Zionism in Transition, 1980

Diaz-Mas, Paloma; Zucker, George K.: Sephardim: The Jews from Spain, 1993

Dowty, Alan: The Jewish State: A Century Later, 2001

Eban, Abba: Dies ist mein Volk. Die Geschichte der Juden, 1986

Efron, Noah J.: Real Jews. Secular Versus Ultra-Orthodox. The Struggle for Jewish Identity in Israel, 2003

Eisenstadt, Samuel N.: Die Transformation der israelischen Gesellschaft, 1998

Elazar, Daniel: Israel: Building a New Society, 1986

Elazar, Daniel: The Other Jew: The Sephardim Today, 1989

Elon, Amos: The Israelis: Founders and Sons, 1983

Elon, Amos: In einem heimgesuchten Land, 1988

Gavron, Daniel: The Kibbutz: Awakening from Utopia, 2000

Gordon, Aaron David: Erlösung durch Arbeit, 1929

Grossman, David: Der geteilte Israeli. Über den Zwang, den Nachbarn nicht zu verstehen, 1992

Haam, Achad: Am Scheideweg, Band I, 1913 und Band II, 1916
(auch unter Ginzberg, Ascher)

Halpern, Ben: The Idea of the Jewish State, 1969

Harris, Lis: Holy Days: The World of the Hasidic Family, 1995

Harshav, Benjamin: Hebräisch. Sprache in Zeiten der Revolution, 1995

Harshav, Benjamin: The Meaning of Yiddish, 1999

Heilman, Samuel: Defenders of the Faith, 1999

Heinsohn, Gunnar: Das Kibbutz-Modell, 1980

Hertzberg, Arthur: The Zionist Idea, 1997

Herzl, Theodor: Zionistische Schriften, 1905

Herzl, Theodor: Der Judenstaat. Versuch einer modernen Lösung der Judenfrage, 2002

Kaplan, Steven: The Beta Israel (Falasha) in Ethiopia: From Earliest Times to the Twentieth Century, 2005

Khawalde, Sliman: Beduinen im gelobten Land: Die Stämme der Krad-Il-Het, Krad-Il-Gannama und Krad-Il-Baggara. Ein Fallstudie zum Strukturwandel im Zuge der Sesshaftwerdung, 1994

Klein, Peggy: Die Drusen in Israel, 2001

Konzelmann, Gerhard: Verlorener Frieden?, 2007

Kuzra, Ron: Hebrew and Zionism. A Discourse Analytic Cultural Study, 2001

Landau, David: Piety and Power, 1993

Lewis, Bernard: The Jews of Islam, 1987

Maschke, Manuela: Was bleibt von der Histadrut? Entwicklungen und Perspektiven im Transformationsprozess der israelischen Arbeiterorganisation, 2000

Meir, Avinoam: As Nomadism Ends: The Israeli Bedouin of the Negev, 1997

Meir, Golda: Mein Leben, 1982

Morris, Benny: Righteous Victims: A History of the Zionist-Arab Conflict 1881–2001, 2001

Morris, Benny: The Birth of the Palestinian Refugee Problem Revisited, 2004

Muakasa, Sahar: Comprehensive Bibliography of the Druze Religion, 2003

Nordau, Max: Zionistische Schriften, 1909

Oren, Michael B.: Six Days of War: June 1967 and the Making of the Modern Middle East, 2003

Rosenthal, Donna: Die Israelis. Leben in einem außergewöhnlichen Land, 2007

Roth, Philip: Portnoys Beschwerden, 1975

Rouhana, Nadim: Palestinian Citizens in an Ethnic Jewish State: Identities in Conflict, 1997

Schlossberg, Eli W.: The World of Orthodox Judaism, 1997

Segev, Tom: Die siebte Million. Der Holocaust und Israels Politik der Erinnerung, 1995

Segev, Tom: Elvis in Jerusalem. Die moderne israelische Gesellschaft, 2003

Segev, Tom: Es war einmal ein Palästina. Juden und Araber vor der Staatsgründung Israels, 2005

Segev, Tom: 1967. Israels zweite Geburt, 2007

Shafri, Gerschon; Peled, Yoav: Being Israeli – The Dynamics of Multiple Citizenship, 2002

Shapira, Anita: Land and Power – The Zionist Resort to Force 1881–1948, 1999

Shapira, Anita: Israeli Identity in Transition, 2004

Shlaim, Avi: The Iron Wall, 2001

Silberstein, Laurence Jay: New Perspectives on Israeli History: The Early Years of the State, 1991

Silberstein, Laurence Jay: Jewish Fundamentalism in Comparative Perspective: Religion, Ideology and the Crisis of Morality, 1993

Sprinzak, Ehud: The Ascendance of Israel's Radical Right, 1991

Sprinzak, Ehud: Brother against Brother: Violence and Extremism in Israeli Politics from Altalena to the Rabin Assassination, 1999

Telushkin, Joseph: Biblical Literacy: The Most Important People, Events and Ideas of the Hebrew Bible, 2002

Timm, Angelika: Israel – Gesellschaft im Wandel, 2003

Vital, David: The Origins of Zionism, 1980

Vital, David: Zionism: The Crucial Phase, 1987

Wasserstein, Bernard: Jerusalem. Der Kampf um die heilige Stadt, 2002

Weingarten, Michael A.: Changing Health and Changing Culture: The Yemenite Jews in Israel, 1992

Wistrich, Robert; Ohana, David: The Shaping of Israeli Identity: Myth, Memory and Trauma, 1995

Wolffsohn, Michael: Israel. Geschichte, Politik, Gesellschaft, Wirtschaft, 1995 und 2007

Yaron, Gil: Jerusalem – Ein historisch-politischer Stadtführer, 2007

Yeor, Bat: Islam and Dhimmitude: Where Civilizations Collide, 2001

Yiftachel, Oren: Ethnocracy: Land and Identity Politics in Israel/Palestine, 2006

Zertal Idith; Eldar, Akiva: Die Herren des Landes, 2007

Zimmermann, Moshe: Wende in Israel. Zwischen Nation und Religion, 1998

Zuckermann, Moshe: Zweierlei Holocaust, 2004

Gerhard Konzelmann
Verlorener Frieden?

Chancen und Risiken im Nahen Osten

Fast täglich macht der Nahostkonflikt Schlagzeilen: Anschläge, Kämpfe, Selbstmordatten-
tate, Krieg und Flüchtlingselend lassen die
Region nicht zur Ruhe kommen. Im Zentrum
des Nahostkonflikts stehen Israel, Saudi-Ara-
bien, Libanon, Syrien, Jordanien, Irak, Iran
und die Palästinensergebiete, deren Regierungen auf verschiedene Weise den Friedensprozess blockieren. Gibt es noch eine
Chance für den Frieden?

Nahostexperte Gerhard Konzelmann erläu-
tert die Konkurrenzsituation zwischen den
Ländern und Gruppierungen und gibt eine
kritische Beurteilung der Kräfteverhältnisse
im Nahen Osten. Er zeigt die Ursachen für
die Konflikte auf und macht die komplexe
Situation für uns verstehbar.

336 Seiten, ISBN 978-3-7766-2526-4
Herbig

Lesetipp

BUCHVERLAGE
LANGENMÜLLER HERBIG NYMPHENBURGER
WWW.HERBIG.NET